U0904136

2012年度浙江省社科联省级社会科学学术著作
出版资金全额资助出版

浙江省社科规划一般课题（课题编号：12CBZZ06）

当代浙江学术文库
DANGDAI ZHEJIANG XUESHU WENKU

证人证言研究中的心理科学

姜丽娜 著

中国社会科学出版社

图书在版编目（CIP）数据

证人证言研究中的心理科学／姜丽娜著．—北京：
中国社会科学出版社，2013.5
ISBN 978－7－5161－2662－2

Ⅰ.①证…　Ⅱ.①姜…　Ⅲ.①司法心理学—研究
Ⅳ.①D90－054

中国版本图书馆 CIP 数据核字（2013）第 104237 号

出版人　赵剑英
选题策划　田　文
责任编辑　许　琳
责任校对　韩天炜
责任印制　王　超

出　　版　中国社会科学出版社
社　　址　北京鼓楼西大街甲 158 号（邮编 100720）
网　　址　http://www.csspw.cn
　　　　　中文域名：中国社科网　　010－64070619
发 行 部　010－84083685
门 市 部　010－84029450
经　　销　新华书店及其他书店

印　　刷　北京君升印刷有限公司
装　　订　廊坊市广阳区广增装订厂
版　　次　2013 年 5 月第 1 版
印　　次　2013 年 5 月第 1 次印刷

开　　本　710×1000　1/16
印　　张　13.75
插　　页　2
字　　数　233 千字
定　　价　39.00 元

凡购买中国社会科学出版社图书，如有质量问题请与本社联系调换
电话：010－64009791

总　序

浙江省社会科学界联合会党组书记　陈　荣

有人说，谁能将中国新时期三十多年的发展奇迹阐释清楚，谁就能荣膺诺贝尔奖。改革开放以来，在中国特色社会主义理论的引领之下，浙江人民发扬与时俱进的“浙江精神”，在经济社会发展各方面创造了历史性的辉煌，走出了一条富有时代特征、中国特色、浙江特点的发展道路，使浙江成为中国市场经济、县域经济都十分发达的省份。当前在省委省政府的领导下，浙江社会各界高举中国特色社会主义伟大旗帜，以邓小平理论和“三个代表”重要思想为指导，深入贯彻落实科学发展观，全面实施“八八战略”和“创业富民、创新强省”总战略，继续解放思想，深化改革开放，加快全面建设惠及全省人民的小康社会，为建设“物质富裕、精神富有”的现代化浙江而奋斗。浙江改革开放和经济社会发展的生动实践，是一个理论研究和理论创新的“富矿”，也是浙江人文社会科学研究的宝贵财富。

经济社会的发展，与特定地区的精神文化传统相关，因此，对引领浙江市场经济大潮的“浙江精神”的研究、对浙江传统历史人文的研究，也构成了一个古典与现代相结合的富有深刻内容的研究领域。此外，浙江乃至中国的改革开放历程，也大大拓展了马克思主义的研究视野，因此对马列理论进行现代阐释也是一项重要工作。另外，人文社会科学的研究最终是为时代所用，指导社会经济和生活实践，并提高国民的文化素质。因此，将当代社会科学研究的成果转化成可操作的政策建议，以及人民群众喜闻乐见的表述，既是学术研究工作的延续，也是时代赋予我们人文社会科学研究人员的一项历史使命。

正是在这样的理论背景与现实需求下，浙江省社会科学界联合会作为省委省政府联系人文社会科学工作者的桥梁纽带，作为全省人文社会科学领域的组织协调机构，围绕理论研究、社科普及、成果转化、机制建设、队伍建设五大重点工作，有针对性地进行了组织、协调、管理、推动工作。繁荣和发展人文社会科学，打造当代浙江学术品牌，突出重点，进一步创新工作机制，努力创建科学发展的新格局，推进社科事业新发展。我们积极培育和提升了浙江文化研究工程、学术年会、重点基地建设、策论研讨、浙江人文大讲堂、科普周等工作品牌，组织和动员了各教学科研单位与学术团体以及广大社会科学工作者，为浙江的经济社会发展和文化大省建设服务，为繁荣发展浙江的人文社会科学事业服务，为建设“物质富裕、精神富有”的现代化浙江服务。在各方面的共同努力下，浙江的人文社会科学研究继承和发扬了自古以来的优秀学术传统，呈现出成果较多、质量较好、气氛活跃、前景喜人的特点。

人文社会科学研究成果要获得社会承认，为社会所用，将学术成果出版是首要环节。但是由于学术作品具有很强的外部性，往往存在出版难的问题。因此，资助我省学者的优秀学术著作出版，是浙江省社会科学界联合会的一项重要工作。自 2000 年以来，在省委省政府的支持下，我省设立了“浙江省省级社会科学学术著作出版资金”，截至 2012 年，已资助了 524 部学术著作出版，有效地缓解了学术著作出版难的问题。

为了集中展示当代浙江学者的学术研究成果，从 2006 年起，我们在获得资助的书稿中，由出版资助评审委员会遴选部分书稿，给予全额资助，以“当代浙江学术文丛”（《光明文库》）系列丛书的方式，分期分批出版。从 2011 年开始，我们将获得全额资助和部分资助的书稿，统一纳入《当代浙江学术文库》系列，并得到了中国社会科学出版社的全力支持。全额资助的《当代浙江学术文库》系列丛书编委会成员，由当年的出版资助评审委员会成员组成。

《当代浙江学术文库》的出版，是浙江省社会科学界联合会集中推出学术精品，集中展示学术成果的重要探索，其学术质量，有赖于我省学人的创造性研究。事实上，当代浙江的人文社科学者，既要深入研究、努力传承和弘扬学术思想的优秀传统，又要立足于浙江经济社会发展的生动实践，力创学术精品，力促学术创新和学术繁荣，自觉服务浙江的改革发展大局。我深信，《当代浙江学术文库》的出版，对于我们坚持学术标准，扶持学术精品，推进学术创新，打造当代浙江学术品牌，一定会产生积极的影响；对于我们研究、阐释改革开放三十多年来的发展奇迹，总结、探索科学发展的路径，深入贯彻落实科学发展观，着力推进建设“物质富裕、精神富有”的现代化浙江，一定会产生积极的作用。

2012年8月

序　一

证人证言是最常见的证据之一，在整个证据体系中占有重要地位，是法学工作者和心理学工作者共同关注的问题。心理学对于法学领域的涉足最早就是从证人证言开始的。目前，心理学关于证人证言的研究已经得到了国外司法实践部门一定程度的认可，而国内关于证人证言的心理学研究却开展得较少，受到的认可程度也比较低。

本书从不可信的证人证言导致的错案，以及裁判者对于证人证言的错误信念谈起，分析了证人证言心理学研究的重要性。在此基础上，介绍了国内外证人证言心理学的历史，分析了证人证言可信性的影响因素，探讨了证人证言可信性的评估，阐述了有效收集证人证言的方法，最后介绍了国外心理学专家证人的相关内容。通读全书，感受到作者的思路是非常清晰的。专著的整体结构也较为合理，内容全面，资料翔实，可以看出作者是在阅读了大量文献资料的基础上完成的。我国从 20 世纪 80 年代开始，开展了一些证人证言的心理学研究，并出版了几本专著，但近 20 年来却没有同类的专著问世。心理学关于证人证言的研究没有被及时、系统地介绍和应用到国内的司法实践中，不得不说是一件令人遗憾的事。

本书综合介绍了国内外证人证言的心理学研究，其中既有理论上的阐述，也有操作性很强的方法、技术的介绍。有许多内容在中国的司法实践中是没有的，开拓了中国证人证言心理学的研究领域，具有借鉴价值。对于心理学工作者来说，本书能够帮助他们了解与心理学有关的法律问题，有利于证人证言心理学研究方法和理论的发展。对于法律工作者来说，能够帮助他们熟悉心理学的研究，有利于心理学研究更好地为司法实践服务。总之，这本书为我们，无论是理论工作者还是实践工作者，均提供了更广阔的视野和思路，有助于规范和提高我们的研究与应用的水平，是一本既具有较好的可读性，又具有一定理论深度的专著。

本书的作者姜丽娜同志既有法学的学科背景，又有心理学的学科背景，在硕士研究生和博士研究生学习期间，一直从事证人证言的心理学研究，因此能够将法学与心理学关于证人证言的研究较好地结合起来。但是作为心理学关于证人证言研究的前沿性成果，其不足与缺陷也是难免的。比如，本书在对国外有关资料的介绍上有重复、杂糅的地方，应在积极消化的基础上加以铺陈。

罗大华

2012 年 9 月 22 日

序　二

作为言词证据的一种，证人证言与心理学有着紧密的联系。长期以来，国外心理学工作者对于证人证言投入了无比的热情，在心理学涉足法学的各个领域，证人证言的相关研究可以说是最丰富的。相比国外进行的如火如荼的研究，国内证人证言的心理学研究要沉寂很多，并且研究成果也没有得到实务部门的重视。

如何架构法学研究和心理学研究之间的桥梁，如何使心理学研究更好地为司法实践服务，是我们必须面对和解决的问题。本文正是从法学和心理学的双重视角来探讨证人证言问题，尝试构建关于证人证言心理学研究较为系统的理论框架。

在本书的写作过程，有几个问题有必要向读者予以交代：

第一，关于本书名称。从写作开始之前，到书稿的完成，整个过程，我都纠结于书名的问题。如何使专著的名称贴切地传达文稿的内容是一个考验作者智慧的问题。本书介绍了心理学关于证人证言的各方面的研究，应该说内容是比较丰富的。也想过采用“证人证言心理学”这样的名称，但细想又觉得作为一门学科，本书的研究还是远远不够的。因此，最终将本书定名为《证人证言研究中的心理科学》。

第二，关于证人证言含义的问题。英美法系证人证言的含义与我国证人证言的含义是不同的，本书中涉及的研究很多都是英美法系国家的研究成果。因此，在本书中，我们对于证人证言的研究并不拘泥于我国法律关于证人证言的规定。进一步说，尽管各国对于证人证言的界定上是存在差异的，但是心理学关于各类言辞证据研究的原理是相通的，所以这些研究对于我国的证人证言心理学研究的发展和成熟是具有借鉴意义的。

第三，本书的适用问题。法学研究中对于不同诉讼中的证人证言会有不同的界定，相关法律规范也会有所不同。限于心理学工作者的知识背景，在心理学的研究中很少作出明确的区分。我们很难说某一证人证言的心理学研究是适用于刑事诉讼还是民事诉讼，或是行政诉讼。这可能也是造成法学工作者不认可心理学研究的原因之一。本书依旧没能突破这一点，原因在于现有的研究还不足以让我们作出这样的区分。

第四，研究的局限问题。目击证言是证人证言心理学研究中最常涉及的内容，但是证人证言的心理学研究并不仅仅局限于“目击”。在国外，已有学者对于不同感官的证人证言进行了研究，但是限于作者能力和本书的篇幅，本书并不涉及通过其他感官的感知所获得的证人证言。

限于作者的水平，不免会有错误、不足之处，敬请批评、指正。

姜丽娜

2012 年 9 月 28 日

目　　录

前　言

多学科的研究如何走向融合

——从心理学关于证人证言的研究谈起

证人证言是最常见的证据之一，相对于物证、书证等实物证据，其受到主客观因素影响的可能性更大。在国外，心理学涉足法律领域是从证人证言的研究开始的。大量心理学研究和实践表明，人们对证人证言具有较大的依赖性，特别是诚实证人的证言，被采信的概率较大。然而，在司法实践中，因采信错误的证人证言而造成的冤假错案时有发生，甚至成为错判案件最常见的原因。

心理学工作者就证人证言问题开展了大量的研究，并且取得了丰硕的成果，许多国家已经将证人证言心理学研究的成果应用于实践，如德国最高法院将心理学关于目击辨认的研究结论作为辨认正确性的评估标准。在国外，心理学专家证人应邀走上法庭的也不在少数，而这些心理学专家证人中有相当一部分是就证人证言发表意见的。当然，心理学专家证人的意见既有被法庭采纳的，也有被拒绝的，证人证言心理学研究的道路依旧坎坷。相对于国外进行得如火如荼的证人证言心理学研究，国内的研究却要沉寂很多。

法学研究讲究规范与价值，规范背后的原理却甚少关注。心理学研究讲究实证与中立，关注的是现象的本质。对于证人证言问题，无论是实践案例，还是研究者的研究结论，都已向我们证实依赖单一学科的研究范式，并不能很好地解决问题。无论是误证还是伪证，都涉及心理学的知识、原理。误证涉及证人的感知、记忆和陈述，伪证涉及证人作证的动机，对这些方面的分析离不开心理科学。因此，对于证人证言的研究，需要运用多学科方法，特别是心理学的研究方法。相信通过法学工作者和心理学工作者的共同努力，能够真正实现学科的融合。

法律工作者应做些什么？

尽管关于证人证言心理学研究的科学性仍然存在着争论，仍有相当一部分人反对将心理学关于证人证言的研究结论应用于司法实践。但在国外，心理学的研究已经得到了法律工作者一定程度的认可。心理学工作者积极利用本领域的信息试图帮助法律工作者作出正确的决策，改善了法律系统中裁决的质量。因此，法律工作者应当客观地看待心理学的研究成果，对心理学研究持更包容的态度，只有这样心理学才能为司法实践更好的服务。

此外，法律工作者也有必要积极地了解心理学研究的成果。尽管要深入了解心理学的原理、程序并不是一件很容易的事，但是对心理学工作者经过长期研究得出的结果加以了解是可能的。对心理学研究成果的了解可能未必时时有效，但也确能帮助我们法律工作者更好地追求正义。

心理学工作者应做些什么？

从心理学试图涉足法律领域开始，心理学研究就受到了很多的批评。其实心理学工作者也应当看到批评者的意见并非是没有道理的。最初，许多心理学家急于将自己的研究成果推向实践，而不论他们的研究是否已经成熟。就此许多持批评意见的人提出，现在将心理学的研究成果应用于司法实践为时过早。因此，心理学工作者应努力地完善自己的研究，使其研究的结论更具有外部的效度。

此外，心理学工作者要想充分地发挥心理学对法律的影响，就要让法律工作者充分了解到心理学的研究成果。而试图让法律工作者从心理学的杂志上来寻找心理学关于法律的研究是不切实际的，让心理学的研究成果出现在法学的杂志中，是让法律工作者了解心理学研究的有效途径。

再者，心理学工作者要始终清楚自己所应关注的问题，不要偏离了自己专业知识的界限范围。心理学是对人类行为的分析，而不是对法律的分析。法律工作者不需要心理学工作者来告诉他们如何应用法律。当心理学试图影响法庭时，应通过提供科学的研究结论来加以影响，而不是通过超越自己专业知识的评论来施加影响。

《证人证言研究中的心理科学》一书，向人们展示的是一种全新的理念与视角，构筑的是一种多学科研究的美好蓝图。然而，要想真正地跨越学科间的藩篱，我们还有很长的路要走。

第一章
绪　论

证人证言是最常见的证据之一，在整个证据体系中占有重要地位。现实中，人们存在倚重证人证言的倾向，而由于错误证言所引起的冤假错案时有发生，使得证人证言成为一个存在颇多争议的问题。证人证言作为言词证据的一种，相对于实物证据更容易受主客观因素的影响而发生失实的情况。从理论上来探讨证人证言的心理机制，用心理学的知识、原理来研究证人证言，能够更清晰地判断证人证言在证据体系中的价值。证人证言的研究中，存在着多学科研究的冲突与融合，证人证言作为法律研究中的一个重要的领域，其研究价值不言而喻。本章对法学与心理学视角下的证人证言进行了阐述，探讨了证人证言心理学研究的价值和内容。

第一节　法学与心理学视角下的证人证言

一　证人证言及相关概念的理解

（一）证人

证人是重要的诉讼参与人，对于诉讼的进行和案件的审理起着重要的作用。但由于历史文化、思维方式等的不同，两大法系对于证人概念的规定有着非常大的差异，这种差异主要体现在对证人范围的规定上。根据英美法系相关的证据法律规定，证人是指“经过宣誓对案件有关事实作证的人”。[①] 在英美法系，证人的外延是非常宽泛的，它既包括普通意义上的证人，也包括当事人、鉴定人等。可以说，英美法系的证人是一个广义的概念。这也决定了证人在英美法系国家的诉讼中占有十分重要的地位，英美法系国家的诉讼都是围绕着证人证言展开的。另外，要说明的是，英美法系的证人包括普通证人和专家证人，这也与大陆法系国家不同。普通

① 白绿铉：《美国民事诉讼》，经济日报出版社 1996 年版，第 145 页。

证人指的是就自己的所见所闻作陈述的人；专家证人指的是具有某一领域的专门知识，能够就该领域的某些专门问题发表意见的人。英国法系国家的法庭在一定条件下允许专家证人走上法庭，并对某些问题发表意见。

在大陆法系，证人是一个相对狭义的概念，证人对诉讼过程的影响也相对较小。在多数大陆法系国家，证人是指知晓案件情况并向有关司法机关陈述的诉讼外的第三人。显然，大陆法系的证人不包括当事人、鉴定人等。在大陆法系国家一般也没有专家证人一说，证人仅能就自己所知晓的案件事实作出陈述，而不允许对案件发表意见。

我国的法律没有对证人概念作明确界定，但理论上认为我国的证人概念与大陆法系的证人概念较为接近，我国采用的是狭义的证人概念。关于证人的概念，尽管学者们的表述有所不同，但基本的理念是一致的，认为证人是指就自己知道的案件情况向有关公安司法机关陈述的第三人。[①]由于本书含有大量英美法系国家关于证人证言的研究，所以在对这些研究进行介绍时并不局限于中国语境下的证人证言。另外，在我们国家也没有专家证人，我国的鉴定人在功能上与英美法系的专家证人类似，但是我国的鉴定人在诉讼中的地位与英美法系的专家证人是不同的。

（二）证人证言

我国关于证人证言的相关规定与大陆法系国家是比较接近的。提供证言的主体仅指诉讼外的第三人，不包括当事人和鉴定人。证人证言是指证人在诉讼过程中向当事人和司法机关所作的与案件情况有关的陈述。[②]

证人证言作为言词证据的一种，具有其特殊性。从法学视角来看，证人证言形象生动并且不可替代，从心理学视角来看，证人证言易失实，但具有不断开发的潜在性。

1. 不可替代

证人证言是当事人以外的、知道案件情况的第三人所作的陈述。证人是特定的，是由其知道案件情况这一事实决定的。[③] 证人的不可替代性就决定了证人证言的不可替代性。并且我国的相关法律也规定了，凡是在诉

---

① 樊崇义、锁正杰、牛学理、吴宏耀、苏凌：《刑事证据法原理与适用》，中国人民公安大学出版社 2001 年版，第 158 页。

② 卞建林主编：《证据法学》，中国大学出版社 2005 年版，第 182 页。

③ 陈光中主编：《刑事诉讼法》，北京大学出版社、高等教育出版社 2005 年版，第 159 页。

讼开始以前知道案件情况的人，都应当优先地作为证人参加诉讼，而不应当作为本案的侦查人员、检察人员、审判人员、辩护人、鉴定人、翻译人员参加诉讼[①]，这从一个侧面也说明了证人证言的不可替代性。证人的不可替代性使得证人证言成为了一种稀缺的信息。在一个案件的发生过程中，能够真实感知案件的人是非常有限的，因此，证人证言常常会成为定案的主要依据。证人证言的不可替代性也增加了心理学关于证人证言研究的难度。

2. 信息量大

证人证言属于言词证据，它与实物证据相比，信息量要大得多。证人所提供的证言往往是关于一个案件的完整的叙述，其中包含人物、时间、地点等多方面的信息。在很多情况下，裁判者倾向于相信证人证言也得益于证言的信息量大，裁判者能够依据证人所提供的证言构建出案件事实，在头脑中形成某种意向。证人证言是人的一种主观的陈述，其可开发的空间相对比较大。当然，不同的询问人员从不同证人那收集到的证言，其信息含量是不同的。另外，即便证人所知道的案件相关情况不是那么全面，证人也会根据自己的知识经验给予补充，从而使自己的证言显得丰富饱满。

3. 直观形象

证人的言语，配之以行为、表情，常常使得证言显得生动形象，有学者将实物证据比喻成一张张的“照片”，将证言比喻成一幕幕生动的“电影”。[②] 证人证言具有一定的系统性和完整性，公安司法人员往往会根据证人证言而在头脑中形成一幅幅生动的画面。证人对于案件的描述往往会给人留下深刻的印象，证人证言的直观形象使得裁判者更愿意接受证人所提供的证言，根据证人的描述，在人的头脑中会形成对案件的判断。

4. 易失实

证人证言的形成经历了感知、记忆、陈述三个阶段，在这三个阶段中，证人证言可能会受到很多因素的影响，从而导致证人证言的失真。即使是一个愿意如实陈述的证人，其提供的证言也未必真实。另外，证人证

---

① 卞建林主编：《证据法学》，中国大学出版社 2005 年版，第 178 页。

② 吴丹红、张洁：《证人证言的形成问题反思——以庭审改革为切入点》，《湘潭工学院学报》2001 年第 3 期，第 53—57 页。

言也受证人作证动机的影响，在伪证动机的影响下，证人极有可能会进行伪证行为，这也是造成证人证言失实的一个非常重要的原因。相对于实物证据，证人证言更容易出现失实的情况，而关于证言的这一特性，人们对于它却没有足够的认识。

5. 具有不断开发的潜在性

有部分研究者认为，只要人们感知过的事件，都会在人脑中留下印迹。在适当的时候，采用适当的方法就能把它提取出来。在很多的情况下，不是记忆痕迹消失了，而是缺乏有效的回忆线索。在司法实践当中，办案人员也在不断地摸索适当的方式来获取更多更可信的证言。有学者就认知访谈技术和传统的访谈技术进行了比较，结果发现，采用认知访谈技术能够获取更多更可信的信息（关于认知访谈技术在下文中将有具体的阐述）。从这个角度说，证人证言具有不断开发的潜在性，司法人员在收集证言的过程中采用适当的方法，能够收集到更多更有效的信息。

（三）目击证人

目击证言是证人证言中最常见的一种，是由目击证人所提供的。目击证人由于“目击”某事件而成为证人。有学者认为目击证人是与传闻证人相对应的，认为目击证人是一种“代称”，因为直接或亲身感知案件事实的途径不只“目击”，还可以通过“耳击”、“鼻击”、“舌击”、“触击”。[①] 我们认为这样的理解是有待商榷的，与目击证人相对应的英文单词为“eyewitness”，指的是亲眼目睹案件发生的证人，而“耳击”、“鼻击”、“舌击”、“触击”的证人也都有相对应的英文单词 earwitness, smellwitness, tastewitness ，touchwitness。因此，在国外关于证人证言的研究中，严格区分目击证人与其他证人，当然，多数的研究都是针对目击证人进行的。笔者认为证人并不等同于目击证人，目击证人是最常见的证人，目击证人非与传闻证人相对应，它并不是一种“代称”。在国内外的关于证人证言的研究中，许多都是以目击证人为研究对象的。

（四）辨认

辨认具有双重性，它可以作为验证案件证据的方法，也可以作为收集证据的方法。[②] 在司法实践中，辨认可能出现在两个环节，一是侦查阶段

① 何家弘、刘品新：《证据法学》，法律出版社 2004 年版，第 169 页。

② 卞建林主编：《证据法学》，中国政法大学出版社 2005 年版，第 290 页。

的辨认，在侦查阶段，相关司法人员通过辨认来收集证人证言；二是庭审阶段的辨认，在庭审过程中，让证人进行当庭辨认，这种辨认方式其实是一种当庭确认的行为。在本书中，笔者所指的辨认是侦查阶段的辨认，是收集证言的一种手段，并且是一种常见的收集证言的手段。关于当庭辨认，在本书中不作探讨。从心理学的角度来理解，辨认就是一种再认，在证人对案件感知后，经过一段时间，呈现与案件相关的事物，让其识别的过程。[①] 辨认程序的不同会对证人证言的可信性产生重要的影响。在国内外通过辨认来研究证人证言可信性的不在少数，各国法律法规一般都会有关于辨认的相关规定。我国的《人民检察院刑事诉讼规则》和《公安机关办理刑事案件程序规定》也都有关于辨认的规定。总之，在对证人证言的研究中，辨认是不可或缺的一部分。鉴于辨认的重要性，我们将在下文以专章进行讨论。

（五）证人证言可信性

关于证人证言可信性，似乎很难用一个定义将其表述清楚。根据现代汉语词典中的解释，“可信”是指可以相信，可以信赖。那么，证人证言可信性强调的就是证人证言可以相信和信赖的程度。根据澳大利亚1995年证据法在术语部分的规定：“证人的可信性是指证人证言任何一部分或全部的可信性，包括证人对其已经、正在或将要作证的事实或事项的观察或记忆能力。”国内学者王进喜认为证人证言可信性应当包括证人的可信性和证言内容的可信性两个方面。[②] 笔者认为证人证言可以相信和信赖的程度既包括证人可以相信和信赖的程度，也包括证言内容可以相信和信赖的程度，而证人以及证言内容可以相信和信赖的程度又受到多种因素的影响。

证人证言可信性与证人证言准确性、自信心密切相关。有学者将证人证言的可信性与证人证言的准确性等同起来，笔者认为这样的观点是有待商榷的。证人证言准确与否是判断证人证言可信与否的基础，但是很多时候对于证人证言可信性的判断还依赖于其他因素，比如，证人的自信心、辨认反应的时间、判断的策略等。总之，在判断证人证言可信性时，需要

① 孙金鑫、王刚：《如何使目击证人进行有效辨认》，《公安教育》2001年第3期，第28—30页。

② 张保生主编：《证据法学》，中国政法大学出版社2009年版，第251页。

考虑多方面的因素。

二　证人证言心理学研究中的法律议题

（一）证人作证资格

证人作证资格解决的是哪些人可以作证的问题。我国《刑事诉讼法》第 48 条规定："凡是知道案件情况的人，都有作证的义务。生理上、精神上有缺陷或者年幼，不能辨别是非，不能正确表达的人，不能作证。"《民事诉讼法》第 70 条也有类似的规定。《行政诉讼法》对此未作规定，但最高人民法院《关于行政诉讼证据若干问题的规定》有类似的规定。同时，相关法律条文还规定证人可以提交书面证人证言的情形。从我国相关法律的规定来看，不能作为证人的包括两种情况，一是生理上、精神上有缺陷或者年幼；二是不能正确表达意志。从上述的规定可以看出，我们国家对于证人资格的规定是相当宽泛的，只有两类的人不具有证人的资格，其余知道案件事实的人都有资格作证。

许多国家都有关于证人作证资格的规定，比如菲律宾《证据规则》规则 130 第 19 条第二款规定：出庭的儿童，年龄幼小、能力差缺，以至于不能正确理解他们被询问的事项，或不能正确地表达事项的，不能作为证人。① 目前的趋势是对于证人资格的限制越来越少。也就是说现在世界各国都倾向于赋予任何人以作证资格。著名的法学家 Beccaria 在《论犯罪与刑罚》（1764 年）一书中指出："一切有理智的人，也就是说，自己的思想具有一定的连贯性，其感觉同其他人相一致的人，都可以作为证人。"② 早先各国有关证人资格的规定，其目的就是摒弃那些不具有可信性的证人证言。而现在是将有可能影响证人作证资格的因素，作为可能影响证人证言可信性的因素来看待，并将判断的权利交给了裁判者，由裁判者来决断某些因素（如年龄、利益关系）是否影响证人证言的可信性。作证资格问题是一个与证人证言可信性密切相关的问题，是证人证言心理学研究的重要课题之一。

---

① 毕玉谦、郑旭、刘善春：《中国证据法草案建议稿及论证》，法律出版社 2003 年版，第 332 页。

② ［意］贝卡利亚：《论犯罪与刑罚》，黄风译，中国大百科全书出版社 1993 年版，第 22 页。

综观世界各国法律对证人资格问题的探讨，主要集中在两个方面：一是儿童能否成为证人？二是利害关系人能否成为证人？

应该说儿童是否能够成为证人是目前学术界探讨的热点之一，在世界各国关于证人资格的相关规定中，对于儿童的限制也是最常出现的。比如在美国，各州对于儿童是否有作证资格就有不同意见，主要的意见有四种：一是小于某个特定年龄的儿童假定其无法作证（通常是小于10岁、12岁或14岁）；二是不能理解宣誓意义的儿童不能作证；三是根据联邦证据法的要求，对于儿童证人的资格无特殊规定；四是只要是性侵害案件的儿童均有作证资格。[①] 之所以对儿童作证资格有一些限制性的规定，是出自对儿童身心特点的顾虑。由于儿童生理与心理都尚未成熟，其感知能力、记忆能力、陈述能力常受到人们的质疑，并且儿童的受暗示性极高，过于年幼的儿童时常不能区分现实与想象，这些因素都造成了人们对儿童证言的不信任，许多国家一度将儿童证言拒绝在法庭大门之外。这种不赋予儿童作证资格的做法，在某种意义上是为了防止不可信的证言进入到裁判者的视线当中，从而误导裁判者的判断。我国相关法律规定，“凡是知道案情的人都有义务作证；年幼不能分辨是非的人不能作证”。从中可以看出我国并没有限制儿童作为证人，但对于年幼不能分辨是非没有明确的标准，完全交由法官进行判断。目前，世界各国的做法是渐趋取消对证人作证资格的限制。虽然在大多数国家，年龄不再成为儿童作证的限制，但并不意味着各国就放任关于儿童作证问题。比如在美国，司法实践中就设置了儿童资格的预先审核程序（voir dire）[②]，旨在审前对证人的作证能力进行考查。事实上，关于儿童是否具有作证资格，也是心理学工作者非常关心的问题，在关于证人证言的心理学研究中，有相当一部分是针对儿童证人展开的。

在探讨证人作证资格时，利害关系人通常是指与案件当事人有着某种特殊关系的人（比如亲人、仇人等）。这些人是否能成为证人？现代社会，各国一般都承认与案件当事人有某种利害关系的人有作证的资格。但许多国家有关于证人的免证权的规定，即特定的公民享有拒绝作

① 参见许洁怡《刑事诉讼程序中儿童证言之研究——以证言可信性为中心》，台湾国立成功大学硕士学位论文，2008年，第20—22页。

② Mueller, C. B., Laird C., & Kirkpatrick, L. C. (2003). Evidence. Mishawaka: Aspen.

证的权利，比如，亲属间的免证权、职业免证权。在我国的古代也有“亲亲得相隐”、“同居相为隐”的规定。这样的规定起到了对证人作证资格的限制，在很大程度上也是为了保证证人证言的可信性。利害关系是影响证人伪证的一个重要的因素，是证人证言心理学研究的重要议题之一。

总之，各国越来越倾向于对证人资格不加限制，而由裁判者凭借自己的良心理性对证人证言可信性进行判断。关于证人的作证资格与证人证言可信性是两个既有联系又有区别的问题。证人资格解决的是哪些人能为证人，哪些人不能为证人的问题。它是基于对某些影响证人证言可信性的因素的综合分析形成的。对证人资格的考虑可以看成是分析证人证言可信性的一项基础性工作。

（二）证人证言的证明力

关于证据的证明力问题，没有一个统一的定义，学界存在一定的争议。比较有代表性的观点有两种，一种认为证据的证明力指证据事实对待证事实的证明价值，另一种认为证明力的主要内容是证据的真实性和证明价值。两种观点的差异在于证据的真实性是否为证据证明力的内容。笔者认为证据的真实性应该与证据资格相关，证明价值的判断是建立在对证据真实性的判断基础之上的。因此，笔者认为第一种观点更合理。那么证人证言证明力即指证人证言对待证事实的证明价值。

许多学者都将证人证言的证明力与证人证言的可信性等同起来，认为研究证人证言的可信性就是研究证人证言的证明力。笔者认为，证人证言证明力与证人证言可信性既有一定的联系也有一定的区别。证人证言的证明力与证人证言可信性都是人们判断证人证言对待证事实证明价值的依据，而人们对证明力大小的审查判断建立在分析证人证言可信性影响因素的基础之上。审查判断证言的证明力应与对证人证言可信性的评估相等同。而证人证言可信性的研究应该包括影响证人证言可信性因素的研究、证人证言可信性的评估等。对证人证言可信性影响因素的分析是审查判断证人证言证明力的基础，但证人证言可信性的研究范围要大于证人证言证明力的研究范围。

（三）证人出庭作证

在英美法系国家，收集、审查判断证人证言几乎是整个诉讼过程的中心，在法庭上对证人的交叉询问被认为是确定证人证言可信性最好的方法。[①] 如美国和英国的相关法律都规定证人证言是由证人在法庭上提供的口头证据。[②] 由此可见，英美法系国家都要求证人出庭作证，以确保法官或陪审团能直接观察证人，从而更有效地辨别证言的可信性。在大陆法系国家同样也强调直接和言词原则，如法国刑事诉讼法规定证人应口头进行陈述。证人当庭作口头陈述，接受双方当事人的质证，才能使裁判者更直观地看到证人的各种反应，发现证人证言中相互矛盾之处，才能使裁判者对证人证言的可信性作出一个客观的判断。应该说，证人当庭作证已经成为许多国家诉讼制度中保障证人证言可信性的一个共同手段。

我国法律原则上也要求证人出庭作证，如《刑事诉讼法》第 47 条规定："证人证言必须在法庭上经过公诉人、被害人和被告人、辩护人双方讯问、质证、听取各方证人的证言并且经过查实以后，才能作为定案的根据。"而在我国的司法实践当中，以书面证人证言代替证人出庭作证的情况已经成为一种司空见惯的事实，证人出庭作证反而成为一种例外。以书面的方式呈现证人证言，法官只能根据文字内容的逻辑来对证人证言的可信性作出判断；以书面的方式呈现证人证言使法律关于证人证言需要经过质证的规定形同虚设。笔者认为，以书面证人证言代替证人出庭作证，大大增加了法官判断证人证言可信性的难度，增加了司法的风险，确保证人出庭作证是正确评估证人证言可信性的前提条件之一。

在法庭上证人要面对被告人，面对法官，面对各方的诉讼参与人，在这种情况下，证人任何的言语和行动都会更加的慎重，包括证人作伪证的情况。而在提供书面证言的情况下，证人的这种压力感要小得多，即使证人作伪证，其自责感和害怕程度也要小很多。从这个角度而言，出庭作证也是保证证人证言可信性的方法之一。再者，证人出庭作证，裁判者还可以通过其非言语的行为来帮助判断证人证言的可信性。

总之，强调证人当庭提供证言、接受当庭质证，是为了使证人证言的可信性得到更好的检验，从而使裁判者作出正确的判断。

（四）证人宣誓

在许多国家，证人需要在法庭上宣誓之后才能提供证言。宣誓制度源于宗教信仰，源于人们对神灵的敬仰，人们害怕提供伪证会遭致神灵的报

---

① 何家弘主编：《证人制度研究》，人民法院出版社 2004 年版，第 91 页。

② 同上。

应，所以宣誓的效能在于对个人良知的约束。[①] 证人需在法庭上经过宣誓之后才能提供证言的原因在于三个方面。一是通过证人的宣誓，制造某种气氛，唤起证人内心的道德感，以促使证人提供真实的证言。二是引起那些虽然经过宣誓，但还是未作真实陈述的证人的紧张感，而使得法官和陪审团能够通过观察他的言行来发现证言的可疑之处。三是通过对证人是否理解宣誓来判断证人是否具有作证资格。在许多国家，宣誓被用以检验儿童是否具有作证的资格。通过观察儿童是否能够理解宣誓的含义，来帮助判断儿童是否能分得清现实和想象，从而决定是否予以儿童以作证资格。比如，美国《加州证据法典》第 701 条第二款规定：不能理解证人说实话义务的不具备证人资格。[②] 我国学者刁荣华、陈朴生等也认为宣誓能够有效地防止证人提供虚假证言。

从以上的分析中我们可以看出，让证人在提供证言之前进行宣誓，与确保证人证言可信性有着密切的联系。宣誓起源于宗教的信仰，与人的信念、道德有着密不可分的关系。在宗教观念日渐淡薄的今天，宣誓对确保证人证言的可信性仍起着一定的作用。在我国的司法实践当中，也有了宣誓制度的尝试。[③] 从某种意义上来说，宣誓对于评估证人证言可信性和提高证人证言可信性都是有帮助的。

三　证人证言心理学研究的困难与可能

（一）证人证言心理学研究的困难

心理学工作者一直在努力地涉足法学领域，开展了各项研究，试图通过自己的努力为法律领域中遇到的问题和困惑提供帮助。在心理学涉足证人证言领域的过程中，存在着种种困难，具体来说，证人证言心理学研究的困难主要体现在以下几个方面。

1. 调研对象的选取十分困难

证人证言心理学研究首要的困难体现在研究对象的选取上。按照大多数人的观点，心理学关于证人证言的研究，当然应当以证人作为研究对

---

① 何家弘主编：《证人制度研究》，人民法院出版社 2004 年版，第 133 页。

② 毕玉谦、郑旭、刘善春：《中国证据法草案建议稿及论证》，法律出版社 2003 年版，第 331 页。

③ 2002 年 7 月，江苏省常熟市人民法院民事审判第二庭在审理一起承包合同纠纷案件中，首次启用证人宣誓制度。

象，而实践中的研究大多并不是如此。在笔者所查阅的国内外关于证人证言的心理学研究中，90%以上都不是以真实案件中的证人作为研究对象。出现这一情况主要是因为真实案件中的证人很难寻找，许多心理学工作者并没有足够的资源去查询各类案件中的证人，并且心理学工作者也没有权利去要求证人配合其研究，事实也证明很少有证人愿意配合心理学工作者的研究。在实践中，通常会选取公安人员、法官、检察官和律师作为调查的对象，因为进行大规模的问卷调查，要使这么多的证人配合调研是不现实的。事实上，即便是选择相关的公安司法工作人员作调研，也比一般的心理学研究要困难得多，他们的工作性质和特殊身份使其不愿意向心理学工作者进行过多的表述。

2. 真实案件的研究困难重重

尽管心理学工作者进行的研究多是一些实验室的研究，但是他们研究真实案件的努力却从未停止。心理学关于真实案件的研究，主要采用两种方式，一是对真实案件的案卷进行分析，从中找到一些有价值的信息，并用以检验实验研究的可推广性；二是对少数真实案件中的证人进行访谈，以深入地了解影响证人证言可信性的因素、收集证人证言的方法，以及心理学关于证人证言研究中存在的一些普遍性问题，以弥补其他研究方法的不足。偶有真实案件的研究都会被学者们视为至宝，但遗憾的是，到目前为止，真实案件的研究却屈指可数。之所以研究真实案件如此困难，一方面与人们对于心理学研究缺乏足够的认识有关；另一方面，关于真实案件的研究也会涉及案件的保密性，以及道德伦理等问题，这也是相关人员不愿意配合心理学研究的原因之一。

3. 实验研究的外部效度受到质疑

关于心理学研究的外部效度问题一直饱受质疑。当然这种质疑并不仅仅针对心理学关于证人证言的研究。许多人认为心理学的科学性仅仅局限于实验室。真实案件的情境与实验室的情境存在很大的差异，证人在不同的情境中其心理的紧张程度是不同的，被试对待实验的态度与证人对待案件的态度也是不同的，比如，被试会认为在实验中说谎并不是什么大的事情，他们也并不担心会因此而受到惩罚。另外，心理学的实验多以大学生为被试，真实案件中的证人大多与大学生群体相去甚远，因此这一群体并没有很好的代表性。由此，许多人提出心理学的研究不具可推广性，其外部效度值得质疑。关于心理学研究的外部效度问题似乎是心理学研究无法超越的一个问题，心理学工作者很难作出有力的回击。弥补心理学实验研究的缺陷，最好的办法就是结合实际案件的分析。

4. 法律工作者对心理学研究的认可程度较低

心理学关于证人证言的研究进行得如火如荼，很多的心理学家自觉为法律事业的进程贡献了不少的力量。而实际上，法律工作者对心理学研究的认可程度并不高。这首先体现在法律工作者对于心理学研究的关注度上，据调查，法律工作者很少关心心理学的研究。另外也体现在法律工作者对待心理学研究成果的态度上，法律工作者对心理学研究成果应用于实践持怀疑的态度。即使在国外，心理学研究走上法庭也经历了很多的挫折，而在国内几乎没有相关法庭接受心理学的研究成果。

（二）证人证言心理学研究的可能

尽管证人证言心理学的研究困难重重，但是心理学工作者从来没有放弃过努力。实践已经证明证人证言的心理学研究并非没有可能。

1. 证人与其他社会人一样，其心理和行为也是有规律可循的

心理学关于证人证言的研究，正是在寻找这种规律。在心理学工作者进行的各项研究中已经发现了某些规律，比如，暗示会影响证人证言的准确性；当记忆不完整时，证人会用自己的想象补充证言，等等。这些对于解决证人证言研究中的困惑具有重要的价值。

2. 证人证言涉及多种心理现象

关于感知、记忆、陈述、动机的研究一直是心理学研究的重要内容之一，而证人证言恰恰与这些心理现象紧密相关。一个愿意作如实陈述的证人，对他所提供证言的心理学分析，主要集中在证人证言形成的三个阶段及在三个阶段中影响证人证言可信性的因素。作虚假陈述的证人，主观上具有欺骗的目的，其证言的不可信主要是由其伪证行为所引起的，伪证行为是在伪证动机的作用下产生的，因此，对于作虚假陈述的证人的心理学分析主要集中在对其动机的研究上。关于这些现象，心理学的研究成果颇丰，并且已经形成了一定的共识，对于分析证人证言可信性具有重要作用。

3. 证人证言的形成过程有其特殊性

证人证言的形成有其特殊性，证人所记忆的案件场景不可能再现，心理学关于证人证言的研究通过许多模拟实验的方式来探索各种有关证人证言的问题，通过心理学的研究方法可以推测出各种可能。这使得这种不能

复制和再现的案件有了进一步研究的可能。

4. 多学科研究方法的兴起

目前，越来越多的法学工作者和心理学工作者开始意识到应当采用多学科的方法研究证人证言问题。证人证言是与心理学联系最为密切的法律问题，国外关于证人证言心理学研究的成果颇多，已有国家采纳了心理学关于证人证言研究的结果作为收集证人证言和评估证人证言可信性的方法。

第二节 证人证言心理学研究的价值

在上文中，我们已经了解无论是在理论上，还是在实践中都需要证人证言的心理学研究。本节内容将从证人证言的危险性、裁判者对于证人证言的信念，以及裁判者的判断标准三个方面来具体分析证人证言心理学研究的价值。

一 证人证言是一种危险的证据

证人证言是法庭上最常见的证据之一，常常对定罪量刑起着关键的作用。而在证人证言的形成过程中存在着大量影响证人证言可信性的因素。证人证言在案件中所起的重大作用与证人证言本身的特点，使得人们常常对证人证言怀着一种矛盾的情绪。加之现实中由于错误的证人证言而导致的冤假错案时有发生，使人们不禁要问：证人证言可信吗？

有学者调查了 1973 年英格兰和威尔士的全部辨认活动。结果发现：2116 个辨认活动中，45% 的证人认出了嫌疑人；在被证人认出后，有 850 人受到控告，而在这些被控告的人当中，有 169 例控告被告人的证据是只由一个目击证人所提供的辨认，有 178 例也只是由几个目击证人所提供的辨认，这些总数为 347 起的诉讼案中竟有 74% 被判有罪，这一数字表明，即使没有其他证据，有一个或几个目击证人的证词也能产生压倒性影响。①

Warden（2005）剖析了伊利洛州自 1978 年 Folman 一案后的 17 起宣判死刑的错案，发现在导致 17 人被错判的案件中，8 起是因为目击证人

① 郑芸珍等译：《心理学与法律》，中国政法大学出版社 1989 年版，第 261 页。

的错误辨认所致（占 47.1%），13 起涉及不可靠的证言（占 76.5%）。Huff，Rattner 和 Sagarin（1986）分析了美国的 500 例错判案件，结果发现近 60% 的案件包含了错误的证人证言。Rattner（1988）对美国 205 起错案进行了剖析，造成这 205 起错案的原因有目击证人的错误辨认、伪证、虚假供述、不科学的鉴定、检察官与警察的不当行为和律师的辩护失职，其中由于错误的证言引起的错判占到了 63.3%。Scheck，Neufeld 和 Dwyer（2001）调查分析了从 1992 年开始被 DNA 检验确定为错案的 74 起案件，发现其中有 60 起是因为错误的辨认所致（占 81%），15 起涉及不可靠的证人证言（占 11%）。通过这份调查，我们可以看出不可信的证人证言导致的错案占了 92%。从上述所举的实例中，不可信证人证言的罪行可见一斑。

国内也有学者进行过有关错案的调查研究。2008 年，何家弘等人以法官、检察官、警察和律师作为调查对象，共发放问卷 140 份，回收有效问卷 139 份，比较了我国现行的七种证据种类中的哪类最容易导致刑事错案，结果有 38% 的被调查者选择了证人证言，在七种证据种类中居于首位，另外调查还显示 87.05% 的被调查者认为证据问题对错案的形成影响很大或较大。① 该调查还涉及证人证言情形中哪一种最容易导致刑事错案，列举了五种情况，结果 63% 的被调查者选择了“证人故意作伪证”的情况。②

上述的案例及学者的调查研究向大家呈现了由错误证言所带来的苦果。很多时候证人证言对于诉讼的顺利进行，案件的公正审判起着关键性的作用。人们对于证人证言具有相当高的期待，而现实的案件和学者们的调查却告诉我们，证人证言在很多的时候并不像我们期待的那样准确。

二 裁判者存在错误的信念

除了错误的证人证言对司法公正有巨大的影响之外，裁判者的信念对司法公正也有着重要的影响。下面我们将从国外的几个实验和国内学者的调查来看看裁判者对于证人证言的信念。

---

① 何家弘、何然：《刑事错案中的证据问题——实证研究与经济分析》，《政法论坛》2008 年 3 月，第 7 页。

② 同上。

Loftus（1974）针对裁判者的信念进行了一项实验研究，要求被试充当一起抢劫案的模拟陪审团，结果发现，在没有目击证言的情况下，有18%的被试认定被告有罪，当增加了一名目击证人的辨认后，有72%的被试认定被告有罪。Wells，Lindsay和Ferguson（1979）研究了感知条件对证言准确性及裁判者信念的影响，他们控制了被试目击的视觉条件，分为清晰、适中和不清晰三种条件，在这三种条件下证人证言的准确率分别是74%、50%和33%。而陪审团对这三类证言的信任率分别为69%、57%和58%。由此可见，在不同的感知条件下，证言准确率下降的比例与陪审团对证言信任率改变的比例是不匹配的，即便是在证人感知案件的条件不清晰的情况下，陪审团仍然表现出了对证人证言较高的信赖。我们分析人们对于证人证言的信念是基于以下三点假设：（1）最初的知觉和事件发生的原始情况是正确的；（2）信息的储存是可靠的；（3）在必要的场合，证人能无干扰地或无遗漏地准确回忆有关信息。对于感知案件时的条件、记忆过程中的各种影响因素人们并不关心，即便是知道存在影响证人证言准确性的因素，人们仍然会坚持自己的信念。

国内也有学者进行过相关的研究。为了调查证人证言在案件审判中的重要性，了解裁判者对待证人证言的态度，2004年，学者吴丹红以法官为对象进行了相关的问卷调查。他在问卷中设计了两道题。第一道问题：使用证人证言作为证据的案件占案件总数的比例是多少？结果表明，有近83%的被调查法官认为使用证人证言作为证据的案件占案件总数的70%以上。[①] 第二道问题：证人证言作为关键证据的案件占案件总数的比例是多少？结果表明，有近60%的被调查法官认为证人证言作为关键证据的案件占案件总数的20%以上。[②] 从该调查中，我们可以看出证人证言对认定案件事实非常重要，裁判者常常依赖证人证言作出相关判决。

尽管现实生活中存在着不少因错误证言导致的冤假错案，但裁判者还是愿意相信证人。为什么会出现这种情况呢？我们认为可以从三个方面进行分析，一是因为人们往往不理解人类的记忆是怎样工作的，总是认为自己能记得很多事情，但事实并非如此，我们的大部分生活经历并不要求准

---

① 刘立霞、吴丹红：《证人制度的实证分析》，《证据学论坛》第七卷，中国检察出版社2004年版，第425页。

② 同上。

确无误的记忆，我们记忆中的错误往往不被觉察，因为这些误差往往不是很大，所以裁判者总是相信证人能够记住，并且认为他记住的应该是对的；二是因为证人所提供的证言通常是内容丰富的，具有逻辑性的，裁判者根据证人所提供的这些信息，能够在脑海中构造出关于案件的意向，形成一个比较完整的构思，因此相对于其他的证据种类，裁判者比较依赖证人证言；三是证人证言往往能够给人们留下深刻的印象，Loftus（1996）提出，当一个证人用手指着犯罪嫌疑人说："就是他！"给人留下深刻的印象是任何证据所不能及的。

三 裁判者的判断不可依赖

在探讨裁判者是否能够对证人证言可信性作出准确的判定之前，我们应该先回答三个问题，一是裁判者对证人证言是否具有足够的知识？二是经验是否总是正确？三是裁判者的判断是否存在一致的标准？

1. 裁判者对证人证言有一定的知识，但不够全面深入。判断证人证言可信性主要涉及两个方面，一是对误证的判定，二是对伪证的判定。无论是误证还是伪证都涉及心理学的知识、原理。在分析误证可信性时，最主要的是要了解证人证言的形成过程及在此过程中各种可能影响证人证言可信性的因素，证人证言的形成包括感知、记忆、陈述三个阶段，在三个阶段中存在大量影响证人证言可信性的主客观因素，法官对此有一定的了解，但对具体原理及一些专门性的问题就知之甚少，比如期望、无意识迁移等问题。

关于伪证的问题，主要是围绕伪证动机展开的，研究伪证动机的方法最常见的是问卷法和访谈法，通过问卷向证人了解其作证动机，或者是用问卷向公安司法人员间接地了解证人的伪证动机，访谈法也主要有针对证人本身的访谈和针对公安司法人员所进行的访谈。由于证人的稀缺性，并且在实践中大多数证人不愿意配合研究人员进行相关的调查、访谈，目前关于证人伪证动机，通常以公安司法人员为被试进行相关的调研。从仅有的一些研究中笔者发现，公安司法人员对于证人伪证动机的判断基本还是比较全面、合理的。但是对于伪证行为的一些判定方法，公安司法人员并没有完全掌握。

综合上述分析，笔者认为裁判者对于证人证言的相关问题是具有一定知识的，但是不够全面深入。我们不能完全否认裁判者依据自身的知识和经验对证人证言所作的相关判定，但也应该意识到裁判者的知识经验是不全面或是不完全正确的，以心理学的视角对证人证言可信性的问题进行全面的分析和探讨是很有必要的。著名的法律现实主义者 Frank 提出，引入心理学的视角有助于诊断并部分治愈法律心理问题。① 我们也认为心理学的研究完全可以为法律问题的解决提供一个更加真实的视角和一个实证层面的解释基础。

2. 经验不总是正确的。目前，各国法律对证人证言的限制越来越少，越来越倾向于将判定证人证言可信性的权利交给裁判者，裁判者凭借自己的经验和理性作出判断。笔者认为裁判者在有关证人证言可信性方面是有一定知识的，他们多年与证人打交道，积累了一定的经验，并且这些经验在很多的时候都发挥了作用。

但是经验并不总是正确的，有学者提出用经验去衡量证言是否可靠的做法本身就不很可靠，这是因为："第一，经验可能是不正确的；第二，经验可能是正确的，但它却含糊不清；第三，和科学分析相比，经验分析可能部分正确但却不完全正确。"② 比如法官倾向于相信自信的证人，证人表现得越自信，法官越容易采纳该证人的证言，心理学的研究表明，证言的准确性与证人自信心之间的关系是复杂的，自信的证人并不代表他的证言就是准确的。另外，公安司法人员对于"双盲程序"③ 的认识与心理学工作者的认识也相去甚远。在组织辨认时，我国的相关法律规定应该由侦查人员来主持辨认，因为他们对案件的相关情况比较了解，而在心理学工作者看来，这种辨认主持形式却是很不恰当的，了解案情的人主持辨认会对证人辨认的可信性产生负面的影响。"双盲程序"在心理学中几乎已经成为了一种共识，要减少辨认中的暗示，采用"双盲程序"是非常必要的。再如，依据《人民检察院刑事诉讼规则》第 211 条的规定，要求侦查人员在辨认前应当先详细询问证人有关犯罪嫌疑人的情况，这样可以

---

① 戴昕：《心理学对法律研究的介入》，《法律和社会科学》第二卷，法律出版社 2007 版，第 4 页。

② ［美］萨克斯、黑斯蒂：《法庭社会心理学》，刘红松、黄熠烽、谢呈秋译，军事科学出版社 1988 年版，第 159 页。

③ "双盲程序"是心理学实验中时常采用的一种方法，它是指在实验中，主试和被试都对实验内容不了解，以避免主试给被试造成暗示。在辨认中采用"双盲程序"，要求主持辨认的人和辨认者都不知道谁是犯罪嫌疑人，以避免主持者对辨认者造成暗示。

了解证人对犯罪嫌疑人的感知情况，以增加证言的准确性，这与心理学的研究结论也是矛盾的。有心理学研究表明，在辨认之前让证人描绘犯罪嫌疑人的相关特征反而会降低辨认的准确性。① 这些看似很合理的规定，却与心理学的研究结论截然相反，而关于这些冲突却很少为法律工作者所知晓。因此，让法律工作者认识到“经验并不总是正确的”很有必要。

裁判者的判断没有统一的标准。法定证据制度时代，法律对证据的取舍、证据证明力的大小都预先作出了规定，人们批判它的固有、僵化，批判它剥夺了裁判者的主观能动性，最后这种证据制度被历史淘汰了。目前，多数国家的法律都赋予裁判者一定的权力，将证人证言可信性的判定交由了裁判者。那么裁判者的判定是否有一个统一的标准呢？如果没有统一的标准，将意味着不一样的裁判者对相同的证人证言可能会作出不同的判断，这对于维护司法的公正是十分不利的。

关于这一点已经引起了实务部门和学者们的关注。美国、德国等国家的法庭都有关于如何评估证人证言可信性的指导意见，这些对于统一裁判者的判断标准具有重要的意义。但是实践中，裁判者判断证人证言可信性的自主空间还是非常大的，并且关于判断的标准也没有强制性的规定。在英美法系国家，弥补裁判者裁判标准不统一的一个主要的方法就是借助心理学专家证人的帮助。心理学工作者对错误证言问题的关注由来已久，并进行了许多调查与实验研究，关于证人证言问题已经达成了一定的共识，借助心理学工作者的知识作为裁判者判断证人证言可信性的参考，在一定程度上可以帮助裁判者统一判断的标准。

综上，从证人证言本身的危险性、裁判者对于证人证言的错误信念，以及实践对于裁判者统一判断标准的需求来看，证人证言的心理学研究是必要的。

第三节 证人证言心理学研究的内容

一 影响证人证言可信性的因素

证人证言在两种情况下是不可信性的，一种是误证，一种是伪证。因

① Schooler, J. W., Engstler-Schooler, T. Y. (1990). Verbal overshadowing of visual memories: some things are better left unsaid. *Cognitive Psychology*, 22 (1), 36 - 71.

此，证人证言可信性的第一个研究对象就是影响误证产生的因素和影响伪证产生的因素。误证和伪证形成的机理是不同的。误证是指愿意如实作证的证人因为意志之外的原因而提供了错误的证言。误证的形成经过感知、记忆、陈述三个阶段，这三个阶段中存在着大量影响证人证言可信性的因素，这些因素一直是证人证言心理学研究的重点领域之一。在这一过程中，既存在与证人主体相关的因素，也存在证人主体之外的因素。在众多影响证人证言可信性的因素当中，有的是司法系统能加以控制的，比如指导语、列队呈现方式等，有的是司法系统无法控制的变量，比如目击时光线的条件，目击者的性别、种族等。

伪证是指证人故意提供虚假的证言，伪证是一种说谎行为。心理学认为，任何的行为都是在动机的指引下完成的。因此，对于伪证的研究主要集中于对伪证动机的探讨。哪些因素会导致证人形成伪证动机？这些因素对证人伪证动机影响力的大小如何？这些是学者们所关心的，常见的影响证人伪证动机的因素主要有安全因素、情感因素、利益因素等。

二　证人证言可信性的评估方法

研究证人证言可信性的影响因素是证人证言心理学研究的基础工作。理解这些影响因素，能为有效地评估证人证言可信性打下基础。证人证言对于司法审判有着深远的意义，能否对证人证言的可信性作出有效评估将影响司法的公正和当事人的命运。证人证言的评估方法是证人证言心理学的研究重点之一。目前关于证人证言可信性的评估主要从三个方面展开，一是从证人的非言语行为评估证人证言的可信性，二是从证人的言语行为评估证人证言的可信性，三是从证人的生理指标评估证人证言的可信性。实践中，三种评估标准的可接受性是不同的，言语行为的评估和生理指标的评估似乎更受人们的欢迎。但事实上，几乎没有仅依靠一种标准来判定证人证言是否可信的情形，多数的情况下，证人证言可信性的评估仍然是一个综合考量的过程。

在国外，许多国家允许心理学专家证人对证人证言的相关问题发表意见，这对于准确地评估证人证言可信性也有重要的价值。当然，心理学专家证人的作用不仅仅局限于此。

三 有效收集证人证言的方法

证人证言心理学研究的目标之一是对证人证言是否可信作出正确的评估，以保证司法的公正。而探索一些能够有效收集证人证言的方法是证人证言心理学研究的另一个主要目标。有效收集证人证言的方法主要是指在收集证言过程中人们所能做的一些工作。从某种意义上说，对于证人证言问题，人们也并非是完全被动的，探求证人证言的有效收集方法就体现了人们的这种主动性。心理学的研究表明，采用某些不同于传统访谈方式的方法能够收集到更多更准确的证人证言。在访谈的过程中，存在着许多影响有效收集证言的因素。而这些情况，对于真实案件中的询问者来说，似乎是很陌生的。

关于证人证言的收集方法，心理学的研究主要集中于认知访谈、催眠访谈和传统访谈的比较。在现实生活中，我们发现有很多时候，某些信息确实存在于人们的头脑中的，人们却一时回忆不出。如何才能有效地使人们回忆出更多更准确的信息，一直是法律工作者和心理学工作者努力的方向。许多心理学研究表明，采用认知访谈比传统访谈能够收集到更多更有效的信息，而所收集到的错误信息并没有因此而增加。而在心理学涉足法律领域的漫长的历史中，采用催眠访谈也多是用来提高证人回忆的途径。在国外，关于认知访谈的认可程度要远远高于对催眠访谈的认可程度。专家们普遍认为催眠访谈的危险性更大，催眠访谈对于施测者的要求也更高，采用催眠访谈，很可能会将施测者的想法移植到被测者的头脑中，从而得到错误的证人证言。而认知访谈对于施测者的技术要求要低于催眠访谈，在实践中的操作性更强，法律工作者经过一定的培训，一般能够掌握此技术。

笔者认为证人证言的心理学研究主要集中于上述三个方面。这其中，对于证人证言可信性影响因素的研究是学者们投入精力最多的领域。相对的，关于对证人证言可信性的评估是实践中最急需的，也是业内人士争论得最多的问题。而关于有效收集证人证言的方法是学者关注较少的一个领域。

本章小结

证人证言问题是法律工作者和心理学工作者共同关注的问题，但不同学科的研究者关注的视角是不同的。在探讨证人证言问题时，法律工作者多从证人作证资格和证人证言证明力的角度出发；心理学工作者多关注于证人证言形成过程中的各种影响因素，证人证言可信性评估的标准，有效收集证人证言的方法、技术。本章共分为三节，第一节内容厘清了证人证言的相关概念，对于证人证言的法律议题进行了探讨，并运用心理学的知识、原理阐述了这些问题与证人证言可信性之间的关系，最后分析了证人证言心理学研究的困难与可能。第二节内容从证人证言的危险性，裁判者对证人证言的信念，以及裁判者的判断依据三个方面分析了证人证言心理学研究的价值。司法实践中，不可信的证人证言成为冤假错案的主要原因之一；而裁判者又存在倚重证人证言的倾向；并且在判断证人证言可信性时，裁判者并没有统一的标准。这些对于维护司法公正都是不利的。因此，进行证人证言的心理学研究是必要的。第三节内容分析了证人证言心理学研究的主要内容，主要包括影响证人证言可信性的因素，证人证言可信性的评估方法，以及有效收集证人证言的方法。

第二章
证人证言心理学研究的历史和现状

心理学关于证人证言的研究，在古代的司法实践中就已经初见端倪，但在当时心理学本身不是一门独立的学科，证人证言的心理学研究也自然较少被人们提及。但是在当时的司法实践中，心理学知识在证人证言研究中已经有所体现，主要表现在对证人资格的限制、证人证言可信性的评估和证人证言的采信三个方面。20 世纪以后，证人证言的心理学研究进展迅速，特别是在西方国家，证人证言领域是心理学研究成果最为丰富的领域之一。在国外，人们对于证人证言的心理学研究已经有了一定的认识，并开始慢慢地接纳心理学的研究成果。在我国，证人证言的心理学研究起步较晚，直到20 世纪 80 年代才开始出现一些移植性的研究。目前，也只有少部分的心理学工作者致力于证人证言的心理学研究，其研究的成果受到的认可程度也不高。

第一节　证人证言心理学研究的历史

一　证人证言心理学研究的源起

在古代，不存在一门单独的心理学学科，所以也就没有明确的采用心理学的方法研究证人证言这一说法。但是在司法实践中，证人证言心理学研究早已得到了应用。早期，心理学对于证人证言领域的涉入主要体现在以下几个方面。

（一）证人资格的限制

春秋战国时期儒家提出了“亲亲相隐”原则，这一原则在三国、两晋、南北朝时期得到了进一步的确认，唐朝时作了进一步具体的规定。《唐律疏议》规定：“其于律得相容隐，即年八十以上、十岁以下及笃疾，皆不得令其为证。”它的意思是，与当事人有某些利害关系，年龄在 80 岁以上或 10 岁以下的，以及有严重疾病的人不能作为证人。该规定一方面考虑到与案件有利害关系的人有可能会提供虚假证言而将他们排除在外；另一方面考虑到某些感知能力或人格上存在缺陷的人（包括儿童、老年人，精神不健全者或者存在人格缺陷的人），担心这些人作证能力或品格方面存在的缺陷会影响证言的可信性。由此可见，在古代中国的司法活动中早已运用了心理学的知识。

国外关于证人资格的限制也由来已久，比如英美法系的许多国家，夫妻享有拒绝透露只有夫妻之间知道的信息的权利，不能剥夺夫妻对其配偶作不利的陈述的权利。大陆法系的德国和日本等国也有类似规定，一定范围内的亲属和关系密切的人享有拒绝作不利于亲人的陈述的权利。这些对于证人资格的限制，对于排除伪证起到了重要的作用。当然，此类规定的目的不仅在于排除虚假证言，还在于保障人权，维护社会和谐等。

（二）证人证言可信性的评估

早期对于证人证言可信性的判断主要有两种方式，一是宣誓，通过对神宣誓其所提供的证言是真实的，如果作伪证将受到神的惩罚；二是通过神明的裁判来判断证人证言的真伪，比如水审、火神、决斗等。水审包括两种，一种是热水审，让被判定者从热水中取某物，假如其被烫伤的手在一定时间后康复了，则说明其没有说谎，反之，则说明他说谎了；另一种是冷水审，将需判定者捆绑后投入河中，下沉则是罪有应得，为说谎者，反之则没有说谎，也有国家采用相反的标准，认为下沉是被圣洁的水所接受，表明其没有说谎，反之，则说明其说谎。火审类似于热水审，通过让被判定者从火堆中取某物，假如其被烫伤的手在一定时间后康复了，则说明其没有说谎。决斗是指让有争议的双方通过决斗来判定事实，决斗中的败方是死有余辜，是说谎者。这些评估方法在古代的中西方各国都有所体现，这些判断证人证言可信性的方法虽然愚昧，但也蕴涵了心理学的原理，这些裁决的方法试图通过给人造成威慑，从而促使其说真话。

中国古代司法官吏在判断某人是否说谎时，会让此人嘴里含着面粉，过一定时间再让其吐出来，假如吐出来的面粉是干的，则说明他说了假话。这种方式类似于现代通过生理指标判断证人证言可信性的做法。人在紧张的时候，唾液分泌会减少，嘴会变干，从而推测这种紧张是由人说谎行为而衍生的。西方国家也有类似的一些评估方法，比如在英国检查证人是否说谎的方法就是让他吞一片面包和乳酪，如果他吞不下去，就说明他说了谎话。再如，从西周开始，司法官吏便采用“五听”，即辞听、色听、气听、耳听、目听来判断一个人是否说了谎话。通过注意受审人讲话是否合理，讲话时神色是否从容，气息是否平和，精神是否恍惚，眼睛是否有神，从而判定其陈述的真伪和案件的是非曲直。[①] 这些古代司法实践中对证言的判断方法，虽然其科学性受到质疑，但都蕴涵了心理学的影子。

（三）证人证言的采信

《唐律疏议》中有“据众证定罪”的原则，在根据证人证言定案的情况下，必须“三人以上明证真事”，只有两个证人证实，仍不能定罪。如有五个证人，“若三人证实，二人证虚”，也不能定罪。这是中国古代关于证人证言采信的规定，体现了裁判者对于证人证言的谨慎态度，当仅存在一个或两个证人提供证言时，是不能据以定罪的；当不同证人所提供的证言存在矛盾时，也不能轻易作出判断。

关于证人证言的采信，欧洲中世纪的学者也提出，两个典型的证人证言（与案件无关的，品性良好的证人提供的证言），应当认作是完全的和可靠的；一个可靠证人的证言，算作是半个证据；证言发生矛盾时，按多数证人的证言来判断案情；男人的证言优于妇女的证言；学者的证言优于非学者的证言；显要者的证言优于普通者的证言；僧侣、牧师的证言优于世俗人的证言。[②] 在对于何种证人证言可采的问题上，学者们考虑到了证人与案件的利害关系、证人的品性等会影响证人证言的可信性，但当时对于证人证言的采信标准还带有强烈的阶级意识和男尊女卑的意识。

二 证人证言心理学研究的发展

近代对于证人证言心理学的研究始于19世纪中期，直到20世纪中期才渐趋成熟。早在1841年，德国的司法官 Brazzaville 在他的论文《直接证人证言的不可信》中提出由于知觉、回忆和陈述时判断的错误，以幻想补充知觉、推理与知觉的混同，再认时判断的错误，调查记录的无意识伪造等，使证人证言不可信。[③] 1890年美国心理学家 James 在其所著的

---

① 卞建林主编：《证据法学》，中国政法大学出版社2005年版，第25页。

② 参见吴中林《证人心理学》，四川大学出版社1987年版，第24页。

③ 罗大华、张家源：《证人证言心理》，群众出版社1992年版，第6页。

《心理学原理》一书中指出："人人都知道辨认人的证言是靠不住的。"[①] Cattell（1895）的实验也涉及了证人的错误记忆问题，在实验中，他故意给大学生提出误导性的问题，并让他们在每一个问题上都指出自己到底有多大把握，结果发现被试是极容易被误导的，并且他们对于自己的回答充满信心。Bolton（1986）年重复并扩展了 Cattell（1895）的研究，同样发现自信的证人其证言也不一定准确。奥地利刑事法学家 Gross 在经历了众多刑事案件以后，总结出证人证言是有缺陷的，不同的证人存在个体差异。他在《预备审判官必读》（1893）和《犯罪心理学》（1898）两本书中，原则上肯定了证言的价值，并指出放弃儿童证言，在刑事政策上产生的后果令人忧虑。[②]

1900 年法国的 Binet 以小学儿童作为被试，研究了带有暗示的提问对儿童的影响，结果发现暗示会导致错误的回答。在随后，他还进行了一系列关于暗示的研究，并提出了自我暗示与外在暗示的概念，对出于真实记忆改变的错误报告与出于社会认同的错误报告作了区分，认为后者包括取悦成人的成分，是不会持久的。[③] 随后，在 Binet 的影响下，Stern 进行了大量研究探讨暗示对证言的影响，他还提出提取的时间间隔、提问的方式、个人的兴趣等都会影响证人的记忆（Stern，1902）。在大量研究的基础上，Binet 和 Stern 对证人证言的准确性提出了质疑，理由是：（1）在观察过程中多有错误；（2）从观察到向法庭陈述期间，记忆形象多有变形；（3）询问时问答失当，容易歪曲实情。[④] Binet 的《被暗示性》（1900）和 Stern 的《证言心理学论文集》（1902）成为证言心理学这门学科具有开创性意义的代表作。

关于证人证言早期研究的另一名代表性人物是德国的心理学家 Münsterberg，他在其所著《在证人席上》（1908）一书中探讨了心理学关于证人证言的相关研究。他指出，最容易造成证人记忆错误的因素不是当时经验中发生的错误，而是有缺陷的再现。Münsterberg 在他的著作《基础和应用心理学》中指出："证人的报告总是客观因素和主观因素的混

---

① James, W.（1890）. *The Principles of Psychology.* New York: Holt.

② 参见罗大华、张家源《证人证言心理》，群众出版社 1992 年版，第 7 页。

③ Ceci, S. J. & Bruck, M.（1993）. The suggestibility of the child witness: A historical review and synthesis. *Psychological Bulletin*, 113（3）, 403－439.

④ 参见罗大华、张家源《证人证言心理》，群众出版社 1992 年版，第 7 页。

合。情绪、决策和思想都可能影响他对于过去经验的叙述，甚至当他的兴趣完全集中在外部刺激上时，主观的理解和注意也一定会起作用。第一，也许他从一开始的感觉和知觉就是有缺陷的；第二，也许他在知觉时的理解是错误的；第三，也许是记忆表象的特质随着时间的推移而发生了变化，从而使正确的再现变得不可能；第四，再现记忆中的意念也许已不够强烈，不足以克服暗示或自动暗示，或者不足以保证证词的完整性；第五，证人也许缺乏正确表达自己意念的能力。只有整个过程在这些方面没有受到任何干扰的情况下，证词才是客观的报告。”① 不同个体提供的证言存在很大差别，他指出：心理学已经获得足以分辨可靠证据和不可靠证据的知识。

1909 年至 1917 年，Whipple 在《心理学通报》上发表了一系列论文，向读者介绍了一些证人记忆的经典性研究，1909 年他在题为《作为报告人的观察者：一项关于证言心理的调查》的论文中提出从经历事件到提取证言的时间间隔越久，证言的准确性越低。1912 年至 1914 年，Whipple 以《证言心理与证人的报告》为题发表了三篇论文。1912 年一文，介绍了 12 项关于证人证言的心理学研究，探讨了证人证言的准确性是否能够通过训练而有所提高。1913 年一文，探讨了证言的易受暗示性，并指出心理学关于证言研究最大的贡献是有效地评价证人的报告。1914 年一文，回顾了 1912—1914 年关于证人证言心理的相关研究，指出在证言研究中图片测试是非常重要的工具，认为心理学关于证人证言的研究已经引起了一些法律工作者的兴趣。1915 年，他在《证言心理》一文中介绍了 8 项关于证人证言的心理学研究，并提出兴奋能够提高证人的观察和记忆。1917 年，他仍以《证言心理》为题在《心理学通报》刊文，介绍了 6 项相关研究，分析了各种影响证人证言可信性的因素。Whipple 的研究在当时的法学界和心理学界引起了不小的轰动，对于推进证人证言的心理学研究具有重要贡献。

最早提出在实验室研究证人证言问题的是英国心理学家 Muscio，他在 1916 年发表的《发问形式的影响》一文中，采用实验的方法分析了提问方式对证言的影响，结果发现采用否定的发问方式（如“那不是一条狗

---

① 参见龚小玲《目击证人证言的心理学实验研究》，西南大学博士学位论文，2007 年，第 6 页。

吗?”）造成的虚假反应率高，采用定冠词词组组成的语句（如“你见过这条狗吗?”）比采用不定冠词词组组成的语句（如“你见过一条狗吗?”）造成的虚假反应率高。此后，学者们开始采用实验室研究的方法进行各种证人证言的心理学研究。

自20世纪初之后的几十年间，证人证言心理学的研究陷入了低潮。著名心理学家Bartlett出现在这一时期。1932年，Bartlett出版了题为《记忆：实验与社会心理学研究》一书，书中介绍了关于记忆的一系列实验研究，这一专著的问世对以后错误记忆的研究产生了重要的影响。Bartlett采用系列再生实验和重复再生实验来研究错误记忆。在他的研究中，最经典的案例是“幽灵之战”（The War of The Ghosts），[①] 他首先让大学生阅读一个他们并不熟悉的印第安故事“幽灵之战”，在间隔一段时间后要求学生根据自己的记忆复述整个故事，结果发现被试的记忆不仅随着时间的延迟而衰退，故事中的一些内容被略去了，故事变得越来越短，更为有趣的是被试为了使故事自然合理还增加了一些新的内容。Bartlett提出了图式[②]的概念，并用它来解释错误记忆的发生，他认为知觉和记忆都是由人们心理图式所引导且据此解释事件的建构过程。[③] 因此，人们对于事件的重构会参入自己的经验、认识。尽管当代心理学者对Bartlett在错误记忆研究中的地位给予了很高的评价，但是他的研究对当时的心理学工作者和法律工作者并没有产生太大的影响。Sporer（1981）对这个沉寂时期的解释是，“对于证人记忆的实验性研究，并不能很好地满足复杂的法庭现实的需要”。

20世纪50年代信息加工理论在心理学研究中的运用，打开了心理学研究的新视角，推动了认知心理学的进一步发展，心理学关于记忆的研究也随之兴盛。认知心理学将记忆分为编码、储存和提取三个阶段，认为在记忆的三个阶段存在大量影响记忆准确性的因素。20世纪70年代，随着

---

① “幽灵之战”的译文，参见杨治良、郭立平、王沛、陈宁编著《记忆心理学》，华东师范大学出版社1999年版，第596页。

② 图式（schema）是指人脑中已有的知识经验的网络。图式表征特定概念、事物或事件的认知结构，它影响对相关信息的加工过程。心理学认为个体进行知觉时，图式对新觉察到的信息会起到引导、组合的作用。

③ 杨治良、郭立平、王沛、陈宁编著：《记忆心理学》，华东师范大学出版社1999年版，第600页。

记忆研究的蓬勃发展，掀起了一股证人研究的热潮。在这一时期，尤以Loftus的研究最为引人注目。Loftus和Palmer（1974）创造了研究证人证言的经典范式，即误导信息干扰范式（关于误导信息干扰范式，将在下文进行详细阐述）。随后，Loftus等人采用误导信息干扰范式进行了大量的研究，结果发现人们的记忆容易受到误导信息的干扰而发生错误（Loftus，Altman & Geballe，1975；Loftus，Miller & Burns，1978；Loftus & Zanni，1975）。她于1979年出版的《目击证人证言》一书，介绍了其对证人证言的相关研究，这本专著已经成为心理学关于证人证言研究的经典性著作，是证人证言心理学研究历史上的一个里程碑。此后，许多学者采用了Loftus和Palmer（1974）的误导信息干扰范式对证人证言进行了实验研究，研究得出了较为一致的结论，即事后的误导信息会引发证人的错误记忆，但是具体到各种条件，误导信息的干扰作用有所不同。

20世纪80年代，心理学工作者开始关注个体的受暗示性。他们认为在证人错误记忆研究中，个体受暗示性的差异显得尤为重要。关于个体受暗示性研究的代表人物是Gudjonsson。Gudjonsson将受暗示性定义为个体在受质询时接受误导信息的倾向。1984年，Gudjonsson创制了古德琼森受暗示性量表（Gudjonsson Suggestibility Scale，GSS）来测量个体的受暗示性。发展至今，GSS已有两个版本（GSS1和GSS2），在测量个体受暗示性方面是目前最权威的量表之一。Gudjonsson的研究与Loftus的研究有异曲同工之妙，均是先学习，再呈现误导信息，最后进行测验。不同的是Gudjonsson的研究强调人们在质询条件下的反应，更接近收集证言的真实情境。20世纪80年代以后，Gudjonsson用GSS进行了一系列的测量，结果表明在同样的询问条件下，高受暗示性个体容易受到误导信息的干扰（Gudjonsson，1987a，1987b，1991）。由于Gudjonsson的杰出贡献，他被人们公认为证人证言心理学研究领域的卓越人物。

除了Loftus和Gudjonsson之外，在这一时期还涌现了一批杰出的证人证言心理学专家，比如，美国心理学家Wells，多年来一直致力于证人证言的心理学研究，研究的领域几乎涵盖了证人证言的各个方面。1978年，他在研究中将影响目击证言准确性的变量分为估计者变量和系统变量，这种分类方法对后续学者的影响很大，在后来的各类研究中不断有人采用此种分类方法。1998年Wells和Bradfield最先采用辨认后反馈范式研究证人的自信心问题，开启了证人证言研究的另一视角。加拿大心理学家Lindsay 是另一名证人证言心理学研究中功勋卓著的学者。在 20 世纪的八九十年代，他开展了大量证人证言的心理学研究，提出了列队辨认中的绝对判断策略（Lindsay & Wells，1985）和源检测理论（Johnson，Hashtroudi & Lindsay，1993）等在证人证言心理学研究中有重要影响的理论。此外，还有许多学者都在证人证言的心理学研究中发挥了重要的作用，笔者不一一列举。总之，这一时期是国外证人证言心理学研究最为活跃的时期，在这一时期形成了一些证人证言心理学研究的范式和理论假说，我们将在第三章中加以探讨。

相对于国外如火如荼的研究，国内的研究却要沉寂很多，直到 20 世纪 80 年代才有学者开展相关研究。在这一时期，国内关于证人证言心理学的研究主要体现在三部专著中。第一本是乐国安、任克勤、金昌平著：《证人心理学》（1987 年版），第二本是吴中林著：《证人心理学》（1987 年版），第三本是罗大华、张家源著：《证人证言心理》（1992 年版）。三本专著都采用了法学与心理学的双重视角来探讨证人证言问题，在当时的法学界与心理学界引起了不小的反响，对于国内证人证言的心理学研究具有开创性的价值。

学者乐国安等在其专著中介绍了大量国外证人证言的心理学研究，扩展了人们的视野，作为第一本《证人心理学》专著，第一次完整地架构了证人心理学研究的体系，实属不易，为后来学者的相关研究奠定了基础。学者吴中林的专著《证人心理学》，注重将心理学对于证人的研究置于法律的情境中，关注询问对证人的影响，尽管多是一些经验性的总结，但对于后续学者开展证人证言心理学研究也起到了一定的促进作用。

1992 年学者罗大华等出版了专著《证人证言心理》，该专著不再局限于对于证人证言心理学研究的介绍与总结，而对证人证言问题进行了一些移植性的研究，开创了国内证人证言心理学实证研究的先河。他采用欢乐的白银世界一图（参见图 2—1）研究了提问方式对证人证言可信性的影响。在他的研究中，采用了一些误导性的提问方式，比如，前面的雪橇是红色的还是白色的？右起第一只狗的毛是黑色的还是白色的？结果发现被试容易受误导信息的干扰而做出错误的回答。

图 2—1 欢乐的白银世界

以上三本专著基本反应了 20 世纪 80 年代到 20 世纪末，中国关于证人证言心理学研究的情况。尽管在当时，上述学者的研究吸引了大量关注，但并没有激起学者们开展证人证言心理学研究的热情，因此，这一时期国内并没有太多证人证言心理学的研究成果。

第二节 证人证言心理学研究的现状

一 证人证言心理学研究的现状

近年来，证人证言的心理学研究是心理学工作者和法律工作者共同关注的一个热点问题。目前，关于证人证言的心理学研究，可以说涉及了证人证言的方方面面，包括证人证言可信性的影响因素，证人证言可信性的评估方法，有效收集证人证言的方法等。在证人证言可信性影响因素中，年龄、事件曝光时间、提取的间隔时间、武器聚焦、提问方式、暗示等是学者研究最常涉及的因素。关于证人证言可信性的评估，研究最为关注的是证人自信心与证言准确性的关系。近年来，关于两者关系探讨的文章数以百计。关于收集证人证言的方法，主要集中于认知访谈、催眠访谈与传统访谈方式的比较。当然，目前的研究最为关注的仍然是误导信息对证人证言准确性的影响。这类研究的学者主要追随 Loftus 的误导信息干扰范式进行相关的研究（Gabbert, Memon & Wright, 2006; Roediger & Geraci, 2007; Mori, 2007; Paterson & Kemp, 2006; Skagerberg & Wright, 2008),

但在现阶段，学者们对于误导信息的研究更多地考虑现实因素，比如，同案证人、报纸、媒体对证言准确性的影响。

在证人证言的相关研究领域，关于目击证人辨认的研究是最为成熟的，其成果是最为丰富的，对于司法实践的影响也是最为深远的。关于目击辨认影响因素的研究，已经被许多国家的法庭所接受。国外关于证人证言的学术专著也主要是针对目击证人辨认的，近几年，比较有代表性的专著主要有 *The Psychology of Eyewitness Identification*（2012），*Evaluating Eyewitness Identification*（2010），*Witness Identification in Criminal Cases: Psychology and Practice*（2008）等。这些专著全面系统地向人们呈现了心理学关于目击证人辨认的最新研究成果。

另外，自 Gudjonsson 之后越来越多的学者开始关注个体的受暗示性，Scullin 和 Ceci（2001）创制了儿童受暗示性量表（The Video Suggestibility Scale for Children，VSSC），用以测量儿童的受暗示性。该量表基本参照 GSS 制成，不同之处在于编制者采用了录像作为刺激材料，而 Gudjonsson 采用的是听觉刺激。随后又有学者对 GSS 进行了修订，用录像作为刺激材料，创制了成人受暗示性量表（The Video Suggestibility Scale for Adult，VSSA）。这些量表的创制无疑将证人错误记忆的研究推上了一个新的台阶。Scullin、Kanaya & Ceci（2002）用 VSSC 量表进行了一项研究，结果表明儿童极易受到暗示，在接受负反馈后也很容易作出改变。Polczyk（2005）用 GSS2 做的一项研究表明，儿童与青少年比成年人更易受暗示，在给予负反馈以后，儿童比青少年与成年人更易作出改变。

目前，国内学者也开展了大量证人证言的心理学研究。国内学者对于证人证言的心理学研究主要关注三个方面，一是在证人证言的形成过程中，哪些因素会对证人的错误记忆产生影响。这类研究主要采用 Loftus 的误导信息干扰范式，研究在记忆形成过程中各种因素对证人错误记忆的影响（刘亚菁、耿文秀，2007；郭秀艳、张敬敏、朱磊、李荆广，2007；姜丽娜、罗大华、应柳华，2009；毛伟宾、孙丽苹、于婷婷，2009；杨治良、王思睿、唐菁华，2006）。二是关于证人的自信心的研究，主要采用辨认后反馈范式，探讨反馈对于证人自信心的影响（苏彦捷、孙金鑫，2003）。三是关于错误记忆的个体差异的研究，主要探讨哪些个体因素会影响证人的记忆（Zhu，Chen，Loftus，Lin & Dong，2009；Zhu et al.，2010a，2010b）。这些研究使我国关于证人证言的心理学研究走上了一个新的台阶。但总的来说，在我国证人证言的实证研究开展得并不是很多，仅涉及影响证人证言可信性因素的很小一部分，相信在日后会有更多的学者投身证人证言的心理学研究。

二 证人证言心理学研究的趋势

近几年，随着证人证言心理学研究的深入，以及科学技术的不断发展，证人证言的心理学研究呈现了一些新的特点：一是从以往关注证人证言可信性的影响因素拓展到其他方面；二是从行为学研究扩展到神经生物学研究。

具体来说，笔者认为未来证人证言的心理学研究会关注以下几个方面：

（一）证人错误记忆个体差异的研究

应该说，多年以来，证人错误记忆的个体差异一直是学者们探讨的热点。但是传统研究对于证人错误记忆个体差异的关注主要集中于年龄、性别等因素。关于其他人格因素差异对于证人错误记忆的影响，很少有研究涉及。研究表明，许多人格因素会影响人们的记忆，在很多时候，相似的情况下，相似的干扰信息下，个体记忆受到干扰的程度却是不同的。因此，对于证人记忆的个体差异的研究是必要的。学者们已经深刻地意识到这一点，并已逐渐地将证人错误记忆个体差异的研究作为未来研究一个非常重要的方向。

（二）有效收集证人证言方法的研究

国外关于证人证言收集方法的研究主要集中于认知访谈和催眠访谈，而在国内关于这些访谈方式的实证研究却寥寥无几。收集证言的过程是司法机关所能控制的，对保障证人证言可信性方面有着极为重要的作用。从某种意义上说，收集方法才是司法工作者能有所作为的地方。因此，有理由相信未来的研究会在有效收集证人证言方法的研究上有所作为。

（三）神经生物学机制的研究

随着科学技术的不断发展，人们越来越趋向于一种精准的实验研究。近些年，有学者开始借助先进的技术设备，比如，事件相关电位（event-related potential，ERP）与功能性磁共振成像（functional magnetic resonance imaging，fMRI）进行证人错误记忆的研究。Jocye（2000）利用眼动、皮电反应、ERP 研究证人辨认的过程和潜在的机制，打开了证人错误记忆研究的新方向。

Fabiani，Stadler 和 Wessels（2000）；Curranet，Schacter，Johnson 和 Spinks（2001）利用 ERP 进行了记忆研究，结果发现在大脑的不同区域对于错误记忆和正确记忆会产生不同的神经反应。Lefebvre，Marchand，Smith，Connolly（2007）利用 ERP 研究证人的辨认，结果发现作出正确辨认的被试的 P300 波幅更强，在间隔一周以后，被试的辨认准确性下降，但对于那些作出准确辨认的被试，P300 波幅没有显著下降。

2005 年，Okado 和 Stark 发表了采用 fMRI 揭示误导信息效应潜在机制的实验研究，并提出编码阶段对于记忆正确与否起着关键的作用。Loftus（2005）在撰文评价近 30 年来关于事后误导信息效应的典型研究时，对 Okado 和 Stark（2005）具有开创性的研究给予了特别评价。之后，Stark，Yassa，Stark（2010）采用 fMRI 检验大脑活动与误导信息干扰效应的关系，在实验中，他们首先让被试看一系列的图片，然后听关于这些图片内容的陈述（其中包含误导信息），接着进行关于图片记忆的测试，同时用 fMRI 扫描大脑的活动，结果发现正确回忆的被试和错误回忆的被试的大脑活动是相似的，但是正确回忆的被试的视觉皮层活动更加活跃，错误回忆的被试的听觉皮层活动更加活跃。这一研究结果表明在编码时，假如正确回忆和错误回忆采用不同的感觉方式，则在提取时会有不同的大脑反应。Stark，Yassa，Stark（2010）认为这一结论符合感觉恢复假说（sensory reactivation hypothesis），该假说认为提取时大脑活动区域与编码时大脑活动的区域是相同的。

上述研究开启了证人证言心理学研究的新思路。相比行为学研究，神经生物学研究的精准性更高，个体对各项指标干扰的可能性也更小，假如神经生物学研究能够证实证人记忆与神经生物学反应的确定的联系，那么对于评估证人证言可信性将大有裨益。但是，目前关于证人证言的神经生物学研究并不多，研究的确定性和稳定性还有待进一步的证实。预期神经生物学机制的研究会成为未来研究的一种趋势。

本章小结

证人证言的心理学研究有着漫长的历史，在古代的司法实践中已经有了心理学的影子，主要体现在对证人作证资格的限制，证人证言可信性的评估和证人证言的采信上。当时的很多规定强调神灵的威慑作用，并且带有较强的阶级意识和男尊女卑的意识，与现代意义上的证人证言心理学研究也是相去甚远的，以现在的观点来看未免愚昧。近代的证人证言心理学研究始于 19 世纪中期，到 20 世纪中期才渐趋成熟。在这一时期，越来越多的人意识到证人证言的潜在危险性，法律工作者和心理学工作者从不同的角度探讨了证人证言的问题，引起了人们的广泛关注。随着信息加工理论的提出，20 世纪 70 年代以后证人证言的心理学研究更是呈现出了蓬勃发展的局面。在这一时期，出现了证人证言心理学研究的一些代表性人物，比如 Loftus 等。在大量的研究中，也形成了一些证人证言心理学的经典研究范式，推演出一些证人错误记忆的理论假说。21 世纪以来，随着科学技术的不断发展，证人证言的心理学研究开始关注神经生物学机制，试图寻找错误记忆与神经生物学反应的联系，这打开了证人证言心理学研究的新视角。总的来说，目前的证人证言心理学研究不仅关注证人证言可信性的影响因素，对于证人错误记忆的个体差异、有效收集证人证言的方法、错误记忆的神经生物学机制都给予了极大的关注。

第三章
证人错误记忆的研究方法、研究范式和理论假说

心理学关于记忆的研究方法有很多，本章仅介绍与证人错误记忆密切相关的几种方法，具体包括实验研究法、观察法、问卷法、访谈法、档案分析法和元分析法。在证人错误记忆的长期研究中形成了一些固定的研究范式，对研究范式的介绍能使人们对心理学如何开展证人证言的研究有所了解。证人错误记忆最主要的研究范式包括误导信息干扰范式、KK 范式、想象膨胀范式、质询暗示性范式、辨认后反馈范式。学者们采用各种研究范式对证人错误记忆进行了大量的研究，并从不同的角度解释了错误记忆的发生，在这一过程中，形成了一些主要的理论假说，主要有记忆重构与图式理论、模糊痕迹理论、源检测理论、语词遮蔽理论、熟悉感归因理论和建构记忆理论。

第一节　证人错误记忆的研究方法

心理学的研究方法多种多样，按照不同的标准可分为不同的类型。研究方法的选择要依据研究目的和研究内容而定。在证人错误记忆研究中经常会使用以下几种研究方法。

一　实验研究法

（一）实验室研究法

实验室研究法是指在实验室里，实验者通过操纵自变量，控制无关变量，确定自变量和因变量之间关系的研究方法。实验室研究法是科学心理学研究的传统方法，关于证人证言的研究，心理学工作者最常采用的方法就是实验室研究法。通过证人证言心理学实验研究，得出了许多有意义的

研究结论，但大多数的研究结论在实践当中并没有得到运用。原因在于，人们普遍认为实验室研究的条件与现实案件有很大的差异。

关于实验室研究的外部效度问题是实验室研究法受到抨击最多的地方之一。许多实践工作者、学者包括心理学内部的学者都对实验室研究的外部效度表示担忧。实验室研究的人为性，使其很难准确、充分地反映现实生活中证人的心理。在实验室中，被试在很多情况下并不像实际案件中的证人一样，受到感知事件的强烈冲击，没有真正卷入到事件中，受到环境以及罪犯的威胁和影响，这会造成实验室中的证人与真实案件中的证人在焦虑水平、情绪状态、作证压力等方面产生很大的不同。因而，在实践中运用实验室的实验结果时，必须十分谨慎。另外，实验室研究中的被试知道所进行的仅仅是一项实验，即使出错也不可能有什么严重的后果，因此，实验室研究中的被试提供证言时可能更不谨慎。

另外，基于方便，实验室研究通常会选取大学生作为被试，这恐怕是不理想的。大学生在年龄、智力、教育水平等方面与现实生活中潜在的证人存在很大的差异。因此，从这部分被试中获得的研究结果能否推广到其他被试群体中还有待于进一步的研究检验。再者，大学生对心理学的实验往往更熟悉，这也会影响实验的效果。因此，尽管证人证言的心理学实验研究取得的成果颇丰，但在司法实践中得以运用的却寥寥无几。

（二）现场实验法

现场实验法是指在自然情境下进行的实验研究，研究者操纵自然情境中的某种条件，以观察这种条件变化在被试行为上自然的效果，从而研究心理现象的一种方法。[①] 现场实验因为在自然情境中进行，掩藏了正在进行实验这一事实，可以排除一些外在干扰，因此，它兼有实验法与观察法的某些优点。关于证人证言的现场研究通常采用现场表演事件，使被试由于观察到了一个人为安排的事件而实际上转化成一个目击证人的研究方法，这种方法对心理学研究成果向应用领域的推广具有非常重要的意义。

很显然，现场研究更接近于真实的案件，现场研究中的被试也更接近

---

① 王凡：《现场实验的内部和外部效度——兼与实验室实验的效度比较》，《心理科学》2008 年第 4 期，第 932—935 页。

于真实案件中的被试。因此，现场研究所得出的结论总是比较具有说服力的。Yuille 等人指出，有必要借助现场研究来评价实验室研究结论在现实生活中的推广力。关于证人证言所进行的一些现场研究至今仍被人们作为经典性的研究在学者们的专著和论文中反复论述。进行现场研究的另一个价值在于，可以对比其与实验室研究的一致性。假如在现场研究中所得到的研究结论与实验室研究结论具有较高的一致性，那么实验室研究将变得更具有说服力。Cutler，Fisher 和 Chicvara（1989）提出："假如实验室研究与现场研究的差异继续存在，在法庭上描述的实验室研究结论的准确性将受到质疑。"

当然，现场实验研究也有其局限。这主要表现在四个方面，第一，现场实验研究很难坚持伦理。现场，很难或不可能提供知情同意，在某种情境下，研究程序可能会被认为是对隐私的侵犯。[①] 也就是说你很可能让不想参加实验的人，在他毫不知情的情况下，卷入到了实验研究，这被认为是违反伦理的。第二，现场实验研究的范围是有限的。尽管现场研究法所模拟的事件与真实案件更为接近，但是，从伦理上讲，能安排重演的案件是很有限的。盗窃等对人的冲击较轻的案件或许可以模拟，但是像强奸、杀人等重罪是不可能安排重演的。因此，我们不可能通过现场实验来了解高度刺激性事件对证人的感知、记忆、陈述所产生的影响。第三，现场实验研究很难控制无关变量。由于现场实验研究是在自然情境中进行的，主试很难控制其他无关变量对实验结果的影响。现场实验的特点决定了它不可能允许实验者更多地控制环境，所以，现场实验研究的内部效度问题引起了很多人的质疑。第四，现场实验研究的样本缺乏代表性。在现场实验条件下常常不能随机选取被试，主试很难估计和控制"偶然"进入到实验情境中的被试。另外，在现场实验中被试数量有限，很难推测总体的情况。所以现场实验研究中的被试往往不具有代表性。

二 观察法

观察法是指在自然情境下收集被观察者的资料，以了解其心理和行为

---

① Carrier, J. (1990). Reflection on ethical problem encountered in field research on Mexican male Homosexuality: 1968 to present. *Culture*, *Health & Sexuality*, 1 (3), 207 - 221.

特点的方法。[①] 按照不同的标准，观察方式可以分为很多种。按照观察者是否参与研究的活动，可以分为参与观察和非参与观察；按照事先是否有具体的观察项目和记录标准，可以分为结构式观察、非结构式观察和半结构式观察；按照是否有事先设定好的实验情境，可以分为实验观察和自然观察。

在证人证言的心理学研究中，较多采用非参与观察、半结构式观察和实验观察等方式评估证人的非言语行为，观察者在事先安排好的实验情境中，按照既定的观察项目记录被观察者的行为。除此之外，在证人证言的心理学研究中，还有通过录像的方式记录真实案件中证人的反应，然后让主试通过观看录像分析其行为。

观察法的主要优点是被观察者在自然条件下的行为反应真实自然；其主要缺点是观察资料的质量容易受观察者能力和其他心理因素的影响。[②] 通过观察法往往能够收集到被观察者真实的信息，但是评判者在对被观察者各种行为进行判断时，主观性较强。常会出现不同的评判者得出不同的结论或者同一评判者在两次评判中运用不同标准的情况。因此，在采用观察法对证人证言问题进行研究时，对于观察者是具有较高要求的。观察者记录了什么，以及用什么标准来评价被观察者的行为，直接影响到观察的结果。

三 问卷法

问卷法是根据研究课题的要求，用事先设计好的问卷来收集被调查者心理活动的数据资料的方法。按照提问和反应的结构方式，可以将问卷分为开放式、封闭式和半开放式三种。在研究的初期，多采用开放式或半开放式的问卷收集资料，进一步明确研究。在证人证言的心理学研究中，问卷法主要用于调查各类影响证人证言可信性的因素。

问卷法是心理学研究中最常使用的方法，其优点主要体现在以下两个方面。第一，样本可以较大，花费资源较少。问卷法可以在短时期内进行大规模的取样，并且人力、物力成本都较为节省。第二，人为因素的影响

---

① 林崇德、杨治良、黄希庭主编：《心理学大词典》，上海教育出版社2003年版，第444页。

② 同上。

较小，被试一般能够按照自己的真实想法作答。进行问卷调查，一般施测者会给予被调查者足够的时间，使其不受干扰的作答，并且在多数情况下，问卷调查并不要求被测试者署名，因此，被调查者一般愿意如实作答。问卷法的缺点是通常收集到的资料仅及表面而不能深入，并且，问卷法对施测人员也有一定的要求，施测者的不当行为可能会增加问卷的误差。

另外，需要指出的是，采用问卷法通常需要大规模的被试，而在证人证言的心理学研究中，选取大量证人作为问卷调查的被试困难较大。因此，在进行问卷调查时，研究者所选取的被试通常为公安司法人员。当然，公安司法人员毕竟不是证人，研究者只能依据他们的选择作出推测。因此，采用问卷法进行证人证言的相关研究时，需要与其他的研究方法相结合。

四 访谈法

访谈法是通过研究者与被研究者面对面直接交谈以获取资料的方法。访谈法主要有三种形式：第一，结构式访谈，按照一定程序，根据问卷或访谈表进行；第二，半结构式访谈，事先有一定的题目和假设，但实际问题事先并未具体化；第三，非结构式访谈，事先没有一定的题目和假设，其中的试探问题也尽可能是中立的，简短的向式访谈。[①] 在进行证人证言的心理学研究时，访谈法主要是针对真实案件中的证人进行的，研究者希望被访谈者能提供一些与研究假设相关的答案，借以深入了解各种影响证人证言可信性的因素。

访谈法最大的优点就是能对某一问题进行较为深入的分析，能够收集到一些采用问卷法、观察法所收集不到的内容。在证人证言的心理学研究中，采用访谈法最大的优势体现在往往能够选取真实案件的证人进行访谈。Yuille（1993）注意到心理学关于证人证言的研究涉及真实案件的并不多见，他认为应当更多地关注真实案件当中的证人。访谈通常是针对个体的，这样选取真实案件证人的可能性就大大提高了。当然，访谈法也有其局限性，如访谈法需要访谈员与被访谈者面对面的交流，比较费时费

① 林崇德、杨治良、黄希庭主编：《心理学大词典》，上海教育出版社 2003 年版，第 330 页。

力，增加了研究的成本。另外，访谈是一个互动的过程，对访谈者的要求较高，访谈员的价值观、态度、谈话的水平都会影响被访谈者，造成访谈结果的偏差。再者，访谈缺乏隐秘性，由于访谈是面对面进行的，隐秘性的缺乏可能会造成被访谈者的焦虑，特别是对于一些敏感的问题，被访谈者往往会采用消极态度加以回避。

五 档案分析法

档案分析法是指通过收集相关的档案资料，对当前问题进行探讨分析的研究方法。在证人证言研究中，档案分析法是指对档案中的证人证言进行分析，来解决和确认证人证言研究中存在问题的一种方法。关于证人证言的心理学研究受外界抨击最多的就是关于证人证言心理学研究的外部效度问题。很多人都认为心理学工作者关于证人证言的研究没有立足于真实案件，其研究结论不具可推广性。档案分析法是针对真实案例的研究，其研究的结论更容易为人们所认可。研究中，结合档案分析法所得出的结论更具有说服力。

尽管档案分析对于证人证言心理学研究有着重要的意义，但是，在实践中，关于真实案件的档案分析也是困难重重，因为要得到公安司法机关的配合比起在实验室做实验或是在现场导演一场“案件”要困难得多。另外，档案分析还存在数据难以分析、难以解释的问题。虽然，档案分析的方法存在着种种困难，仍有学者进行了艰苦的研究，并获得了重要的成果。如 Behrman 和 Davey（2001）进行的一项档案分析研究，针对 271 件真实的刑事案件的档案材料，从 289 个照片列队、258 个当场辨认、58 个实况录像列队和 66 个真人列队中获得目击证人对犯罪嫌疑人的辨认准确率，并对各种列队的辨认准确率进行了详细的分析，具有十分重要的价值。又如，Wagstaff，MacVeigh，Boston，Scott，Brunas-Wagstaff 和 Cole（2003）针对从警察局获得的真实案件中的 70 名目击证人的证言进行档案分析，评价了真实犯罪情境中暴力程度、武器聚焦以及证人年龄等因素对目击证人证言的影响，这一研究也受到了广泛关注和引用。

六 元分析法

元分析是指应用特定的设计和统计学方法对以往的研究结果进行整体

的和系统的定性与定量分析。[①] 它是在传统的文献综述的基础上发展起来的，该方法能较好克服传统文献综述的种种问题。[②] 元分析在证人证言研究中的应用是指研究者对关于证人证言某一方面的既往研究进行分析和评价的方法。在心理学研究的各个领域都可能会出现不同的研究结果，证人证言的心理学研究也不能例外。元分析是对以往同类的研究的再次分析，以揭示其中的共性和不同，更好地解释证人证言的相关问题。

传统的文献分析法常常只是罗列以往的研究成果，没有进行定量的分析，得出的研究结论难免带有主观性。元分析可以定性和定量地综合分析多个研究结果，得出更为科学、合理和可信的结论。另外，传统的文献分析方法在面对大量同类文献时，往往会显得无能为力，而元分析却是综合分析大量研究的最好方法之一。但由于元分析属于二次分析，也存在各种偏倚，主要有选择偏倚，研究者会根据自己想要得到的结果和已有的知识，有目的地选择或放弃某些文献；研究内偏倚，研究者在资料提取时产生的偏倚，常会提取对研究预期有利的数据信息。[③] 在采用元分析进行相关研究时，必须特别注意这些问题。

各种研究方法各有优点和局限，不同的方法担负不同的任务，有着不同的贡献。证人证言心理学研究的最终目的是为司法实践更好的服务，因此，心理学研究者应该注重各种研究方法的结合，相互论证，补充发展，增加心理学关于证人证言研究在现实案件中的推广性。

第二节　证人错误记忆的研究范式

心理学关于证人证言的研究经过了长时间的摸索，形成了一些固定的范式。这些研究范式主要是在实验室研究中产生的，其中较有代表性的有误导信息干扰范式、KK 范式、想象膨胀范式、质询暗示性范式、辨认后反馈范式。

---

① 夏凌翔：《元分析方法的几个基本问题》，《山西师大学报》（社会科学版）2005 年第 3 期，第 34—38 页。

② 同上。

③ 同上。

一 误导信息干扰范式

Loftus 和 Palmer（1974）的研究中，设计了误导信息干扰范式（misinformation effect paradigm），成为证人证言心理学研究中的经典范式之一。这一研究范式的实验程序是：首先，给被试看一段关于事件的录像或幻灯片；然后，再以文字或提问的方式向被试呈现关于事件的信息，其中一组被试得到的是关于事件的真实描述，即中性信息，另一组被试得到的是关于事件的错误描述，即误导信息；最后，进行记忆测验。

具体的实验操作如下：先让被试观看一段撞车事故的录像，然后让被试回答："当两车______时，汽车的时速大约是多少英里?"画线部分填碰撞（hit）或撞毁（smashed），第一组被试提问时用"碰撞"，第二组被试提问时用"撞毁"，第三组被试不接受此问题的提问。结果，"碰撞"组估计汽车的时速大约为 34.0 英里，"撞毁"组估计汽车的时速大约为 40.8 英里。一周以后，再对这三组被试进行提问，其中一个关键的问题是"在上次录像中，你看到撞碎的玻璃了吗?"结果，"碰撞"组中 14% 的人作了肯定的回答，"撞毁"组中 32% 的人作了肯定的回答，控制组中只有 12% 作了肯定的回答。这项实验表明人们容易受到误导信息的影响，从而产生错误的记忆（见图 3—1）。

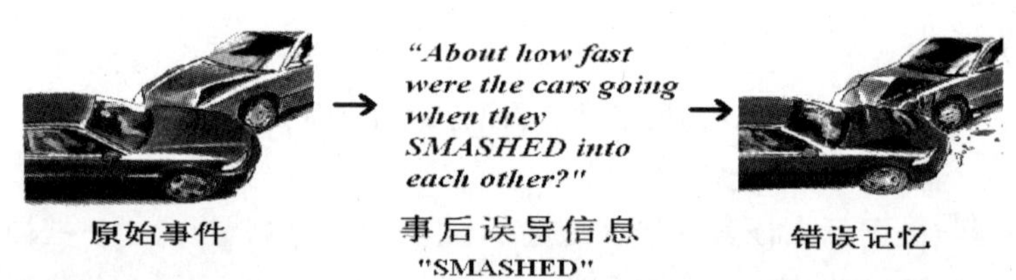

图 3—1 误导信息对证人记忆的影响（Loftus & Palmer，1974）①

继 Loftus 之后，心理学研究者采用误导信息研究范式进行了大量的实验研究，揭示了误导信息对人的干扰效应。

---

① Loftus，E. F.（1996）. *Eyewitness Testimony.* Cambridge：Harvard University Press.

二　KK 范式

1996 年 Kassin 和 Keiche 提出了 KK 范式（Kassin & Keiche paradigm），这一研究范式与误导信息干扰范式的不同在于，它要通过实验者的操作才能得以实现，主要是研究人们对于自己行为的记忆是否会受到外在信息的干扰。实验的具体程序如下：先要求被试在电脑上输入所听到的字母，并告知被试千万不能碰触 ALT 键，否则系统程序就会崩溃。在被试输入字母一段时间之后，计算机发出了剧烈的碰撞声（这是实验设计的一部分）。接着主试就指责其中的一半被试碰触到了 ALT 键而使数据丢失。结果表明，在被指责的被试中，69% 的被试承认曾经碰触过 ALT 键，甚至有 13% 的被试还回忆出了具体的细节，并且这些承认碰触过 ALT 键的被试大多都伴有强烈的内疚感。这一实验说明，人们对于自己行为的记忆很容易受到外在信息的影响，在外界信息的影响下，甚至会虚构事件的细节。

随后有很多学者利用这一研究范式，进行了相关的研究，这些研究主要集中在虚假供述方面。虚假供述在心理学上分为自愿型、强制依从型、强制内化型。利用 KK 范式对证人错误记忆进行研究的主要是强制内化型的证人。Gudjonsson 和 MacKeith（1982）认为强制内化型证人错误证言的产生是由"记忆怀疑综合征"（MDS）导致的，具体解释为：人们表现出对自己记忆的强烈怀疑，从而导致他们特别容易受到外界提示和暗示的影响。① Raizman 讨论了强制—内化型虚假供述发生的两个独立过程：第一个过程是"高受暗示型的类催眠状态"；第二个过程是"自我概念"的变化。②

三　想象膨胀范式

想象膨胀范式（Imagination Inflation Paradigm）是指通过让被试想象经历了某件未发生过的事情，而提高他们相信这件事情确实发生过的程

---

① Gudjonsson, G. H. & MacKeith, J. A. C. (1982). False confessions: psychological effects of interrogation. In A. Trankell (Ed.), *Reconstructing the past* (pp. 253 - 269). Deventer, The Netherlands: Kluwer.

② Foster, H. H. (1969). Confessions and the station house syndrome. *Depaul Law Review*, 18 (1), 683 - 701.

度。经过多次想象，被试对想象事件产生了熟悉感，使他们认为事件确实发生过，从而引发错误记忆。Garry，Manning 和 Loftus（1996）将这种通过想象引起的自信心膨胀称之为想象膨胀。

想象膨胀范式有三个阶段。第一阶段，提供给被试一份列有多项童年事件的生活事件清单（Life Events Inventory），要求被试判断在特定的年龄阶段每件事发生过的可能性。第二阶段（至少间隔两周后），要求被试想象清单中的某些事件。第三阶段，要求被试再次填写生活事件清单，判断事件发生过的可能性。实验主要根据想象事件发生过的可能性评分值的前后变化来分析想象膨胀，从而确定错误记忆的发生情况。

Thomas 和 Loftus（2002）进行了一项实验，结果发现，无论是熟悉还是陌生事件都会由于想象的次数增加而产生更明显的想象膨胀。Thomas，Bulevich 和 Loftus（2003）的研究支持了这一观点，发现错误记忆随着想象次数的增加而增加。以上研究表明，想象能够增加被试对那些没有发生过的事件的信念，从而引发了错误记忆。

想象膨胀范式一经提出，就引起了心理学工作者和法律工作者的浓厚兴趣，他们将这一研究范式应用于证人证言这一领域。在众多的研究中，尤以运用想象膨胀范式研究儿童证言的学者居多，因为儿童被普遍地认为是极易受暗示的，并且不能很好的区分事实与幻想。

四 质询暗示性范式

Gudjonsson（1997）创制了专门的量表来研究个体的受暗示性与错误记忆之间的关系，尽管他们的研究与 Loftus 的误导信息干扰范式的实验程序比较相似，但 Gudjonsson 的实验更强调在质询条件下个体的受暗示性以及个体的差异，在判断标准上也与其他的研究范式有所不同。鉴于 Gudjonsson 研究的特殊性，及其对后来学者研究证人错误记忆产生的重要影响，我们将其研究方法总结为质询暗示性范式（interrogative suggestibility paradigm）。

质询暗示性范式采用 GSS 进行研究，分为四个阶段。第一个阶段，给被试听一段故事。第二个阶段，让被试自由回忆听到的故事内容，并写在纸上。第三个阶段，让被试回答 20 个问题，其中包含 15 个误导问题。第四个阶段，给予被试负反馈，并再次回答第三阶段的 20 个问题。对个体受暗示性的评价标准有两个，一是屈从（yield），二是改变（shift）。屈从是指个体接受误导信息的倾向，改变是个体在接受负反馈后，两次回答之间作出改变的情况。

质询暗示性范式强调个体在质询下的受暗示性，更接近证人在接受询问时的情况，生态学效度更高，对证人领域的研究产生了深远的影响。在随后的几十年中，学者们采用质询暗示性范式展开了大量的研究（Baxter & Bain，2002；Forrest，Wadkins & Miller，2002；Liebman et al.，2002；Merckelbach，Muris，Rassin & Horselenberg，2000）。质询受暗示性范式在学者们的研究中得到了不断的修正和完善。

五　辨认后反馈范式

辨认后反馈范式（Post-Identification Feedback paradigm）用以研究反馈对证人辨认自信心的影响，Wells 和 Bradfield（1998）最早在研究中采用了辨认后反馈范式（见图 3—2）。辨认后反馈范式的关键步骤是在感知事件的证人辨认后，无论辨认是否正确都给予反馈（正反馈：你的辨认是正确的；负反馈：你的辨认是错误的），最后将得到反馈的证人的自信心与控制组证人的自信心进行比较。Wells 和 Bradfield（1998）的研究发现，辨认后接受正反馈的证人的自信心显著高于未接受反馈的证人的自信心，接受负反馈的证人的自信心显著低于未接受反馈的证人的自信心，并将这一现象称为辨认后反馈效应（Post-Identification Feedback Effect）。

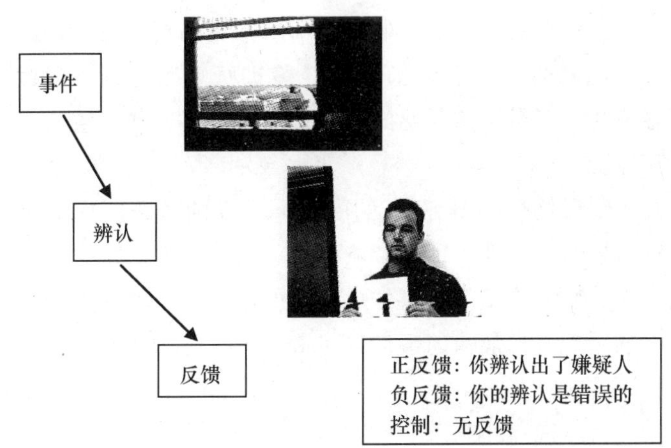

图 3—2　辨认后反馈（Wells & Bradfield，1998）

辨认后反馈范式一经提出，就引起了人们的广泛关注。学者们采用辨认后反馈范式进行了大量的研究（Leippe，Eisenstadt，Rauch & Stambush，2006；Wells & Quinlivan，2009；Wright & Skagerberg，2007）。辨认后反馈效应得到了大多数研究的肯定，但是反馈对于不同年龄被试、不同辨认正误被试的自信心的影响并没有得出一致的结论。

第三节　证人错误记忆的理论假说

一　记忆重构与图式理论

Bartlett（1932）提出“记忆并非是无数僵化的、无生机的、散碎的痕迹的再次兴奋，而是一个富于想象的重构或建构过程”。[①] 根据 Bartlett 的观点，记忆系统就是一种再建构的装置，是用来提取和重构已有经验的一种装置。记忆具有功能上的重构性，信息提取实际上是一个信息重构的过程，在这一过程中，所有可利用的信息都会被用以重构某一事件的各项细节。记忆重构强调记忆是不断变化的，强调人的认知、经验、动机等在记忆重构中的重要作用，其基本观点是指人们在回忆时往往利用所提取出的一切内容来重新建构当前的事件。

另外，Bartlett 借用图式的概念来解释错误记忆的发生。图式理论的基本假设是知觉者积极地建构某一事实。Bartlett 认为在储存和提取信息的过程中，图式起到了非常重要的作用，个体在提取相关信息时不能将已编码的信息与已有图式相分离。假如当前所知觉的事件与个体原有的图式存在差异，人们就会用自己的知识和经验进行重新建构。因此，Bartlett 认为记忆总是为了迎合当前意愿的需求而对过去事件加以重构，强调人原有的知识和经验。

许多证人错误记忆的研究均运用了 Bartlett 的理论。如 Loftus 等人在研究事件后信息对证言准确性的影响时，就采用了记忆重构理论来解释错误记忆的发生。她认为接触过事件后信息的证人，会在保持阶段将所习得的事件后信息用于重构最初的事件（见表 3—1、表 3—2）。

---

① Bartlett，F. C.（1932）. *Remembering：A study in experimental and social psychology.* New York：Cambridge University Press.

表 3—1　未接触事件后信息的目击证人的证言形成过程（Loftus，1996）

识记		保持	提取
关于事件的解释	关于事件的信息储存在记忆中		关于解释的重建

表 3—2　接触事件后信息的目击证人的证言形成过程（Loftus，1996）

识记		保持		提取
关于事件的解释	关于事件的信息储存在记忆中	关于事件后信息的解释	关于事件后信息的储存	关于解释的重建

二　模糊痕迹理论

1995 年 Reyna 和 Brainerd 提出了模糊痕迹理论（Fuzzy-Trace Theory，FTT），该理论认为人们通常把信息分为两种成分进行编码和储存，一种是字面痕迹，另一种是要点痕迹。

2002 年 Brainerd 和 Reyna 提出了用以解释错误记忆现象的 5 个 FTT 原则。原则一，对字面痕迹和要点痕迹的编码、储存是平行的、独立的，字面痕迹代表刺激的表面细节，要点痕迹是指经验的语义或概念含义及对细节的一般概括等。原则二，对字面痕迹和要点痕迹的提取是分离的，记忆成绩取决于字面痕迹和要点痕迹的回忆情况，它们共同决定着错误记忆的发生。字面痕迹容易受到外界的干扰，并随时间的推移而迅速的衰退；要点痕迹则相对更牢固、更持久。原则三，双重对抗原则，对于错误记忆，字面和要点提取具有相反的效应，要点提取是基于对项目意义的熟悉感，相反，字面提取则是通过压制意义的熟悉感而降低错误记忆。原则四，发展的变化，对字面和要点的记忆会随着年龄的增长而不断地变化，一般情况下，字面记忆随年龄的增长会发生显著的衰退，而要点记忆的衰退进程要相对缓慢很多。原则五，字面加工和要点加工均能引起强烈的回忆，字面加工能引起被试细节性的强烈回忆，而要点加工能引起被试一般意义上的强烈回忆。

根据这一理论，错误记忆的产生是由于字面记忆的遗忘或者是在提取时用要点记忆代替了字面记忆，它们构成了以下几种不同的情况。① 第一种情况，随着时间的推移，字面记忆迅速衰退，以致发生提取困难，在时间延迟后，个体通常只能转向要点记忆的提取，这样就引发了错误记忆。第二种情况，关于某一事件的字面记忆比对事件本身的记忆更容易随时间的推移而快速遗忘，这样便可能发生记忆的混淆。由于记忆痕迹的模糊，人们在试图重组以恢复记忆痕迹的过程中，会产生错误记忆。第三种情况，当被试要求根据字面痕迹进行回忆时，被试错误地提取了要点痕迹。这是因为要点痕迹过于强大，以致被试将其作为字面痕迹加以提取。

越来越多的心理学工作者将模糊痕迹理论运用到司法实践，这一理论对传统的经验性观点提出了挑战，为解释证人错误记忆的产生提供了理论支持。

三 源检测理论

Johnson 等人（1993）在 Johnson 和 Raye（1981）的现实检测（reality monitoring）理论的基础之上，提出了源检测理论（source-monitoring framework）。根据源检测理论，“源”可以分为内源和外源，由此可以分为三类源检测：内源检测、外源检测和内—外源检测。内源检测是指对内部产生的事件来源的区分，如判断一件事是自己说过的还是自己想过的就属于内源检测。外源检测是指对外部产生的事件来源的区分，如判断一件事是 A 做的还是 B 做的就属于外源检测。内—外源检测又称现实检测，是指对一件事是内部产生的还是外部产生的作出区分，如判断一件事是自己想象的还是真实经历的就属于内—外源检测。

源检测是对记忆来源作出判断的一系列加工过程。源检测的核心观点认为，记忆信息是归因于特定来源的。② 源检测不仅依赖于对最初事件编码信息的性质，也依赖于进行源检测时决策过程的性质，因此影响源检测的因素包括影响源信息特征编码的因素和影响源判断过程的因素，任何影响编码和决策过程的因素都会造成源检测的破坏。

---

① Brainerd, C. J., Reyna, V. F. (2002). Fuzzy-trace theory and false memory. *Current Directions in Psychological Science*, 11 (5), 164-169.

② Lindsay, D. S., Allen, B. P., Chan, J. C. K., & Dahl, L. C. (2004). Eyewitness suggestibility and source similarity: Intrusions of details from one event into memory reports of another event, *Journal of memory and language*, 50 (1), 96-111.

源检测理论的一个重要的预测是，记忆来源的相似性会造成源混淆，从而影响到源检测。1989 年 Lindsay 和 Johnson 的一项研究表明，采用源检测的测试方式明显提高了被试的回忆准确性。Eekkanen 和 McEvoy（2002）的实验结果支持了 Lindsay 的结论，研究结果显示，采用源检测测试能有效地降低被试的受暗示性。源检测理论一经提出，就被广泛地应到各个领域，被许多学者用以解释证人错误记忆产生的原因。

四 语词遮蔽理论

语词遮蔽理论认为，当所需记忆的事件难以用语言来把握时，语词可能反而会有损记忆，导致记忆错误，这种现象被称为语词遮蔽效应（verbal overshadowing effect）①。1990 年 Schooler 和 Engstler 进行的研究首次证实了语词遮蔽效应的存在，首先让被试观察一段银行抢劫的录像，然后让部分被试描述抢劫犯的面部特征，其余被试不作描述，最后让所有被试进行辨认选择，结果进行过面部描述的被试的辨认准确性显著低于没有进行过面部描述的被试的辨认准确性。这一发现对于法律工作者来说是一个重大的挑战，因为在实际案件中，一般会要求证人先对犯罪嫌疑人作出描述，然后要求证人进行辨认。如果这一效应确实是稳定存在的，这将意味着过去我们在司法实践中的做法是错误的。语词遮蔽效应的重大现实意义引起了学者的广泛关注，大量研究由此展开。Meissner 和 Brigham（2001b）采用元分析对 29 项研究中的 2000 多名被试进行了分析，结果发现辨认前的描述增加了错误辨认的概率，他的研究支持了语词遮蔽效应的存在。

关于造成语词遮蔽效应的原因，学者们提出了如下几点理由：第一，编码干扰（recoding interference），对面部特征的语言描述干扰了最初对面孔的记忆（Meissner，Brigham，& Kelley，2001）；第二，提取过程中的不恰当迁移（transfer-inappropriate processing shift/retrieval），对于面部特征的描述是一个特征过程（面部各个器官的特征描述是分开的），而辨认是一种整体匹配，因此，对于面部特征的描述会干扰辨认（Schooler，2002）；第三，标准改变（criterion-shift），之前未能作出准确描述的证

① Dodson，C. S.，Johnson，M. K.，& Schooler，J. W.（1997）. The verbal overshadowing effect：Why descriptions impair face recognition. *Memory & Cognition*，25（2），129－139.

人，会认为自己的记忆是模糊的，因而在随后的辨认中降低标准，而事实上他们的记忆可能并没有那么糟（Wilcock，Bull，& Milne，2008）。

五 熟悉感归因理论

1981年，Jacoby和Dallas提出了记忆归因理论，认为记忆是两个因素的结合物，一是对事件加工的流畅性，二是将加工流畅归因于过去经历的心理定式。[①] 熟悉感归因理论（familiarity-attribution theory）是记忆归因理论的一个方面，它强调潜意识对记忆准确性的影响。熟悉感归因理论的主要观点是熟悉会带来记忆的流畅性，而人们倾向于将流畅记忆的事件归于自己的经历。

近几年来，熟悉感归因理论也用来解释想象膨胀效应，原因在于人们实际经历的事件和想象的事件都会增加了人们对信息的熟悉感。当这种熟悉感来源于人们的经历，就有可能产生正确的记忆，这里之所以说有可能产生正确的记忆，是由于无意识迁移[②]作用的存在，人们可能会混淆经历的不同事件，如将经历过的A事件错误地回忆为经历过的B事件，因此来源于经历的熟悉感也不必然会引起正确的记忆；而当这种熟悉感来源于人们的想象，就会引发错误记忆。在证人证言这一研究领域，熟悉感归因理论常被用来解释无意识迁移所引发的错误证言以及由于虚假记忆而产生的错误证言。

六 建构记忆理论

Schacter，Norman和Koutstaal（1998）综合了上述几种理论后，提出了一个更为完整的理论，即建构记忆理论（constructive memory framework）。这一理论强调将特征结合、模式分离、完形、提取聚焦、标准设置等作为准确记忆或非准确记忆的中介，将事物的表征定义为特征构成的模式，而提取涉及激活扩散导致的完形加工。在匹配过程中，记忆者必须作出决定：是否将某一信息作为所搜寻的情节记忆目标，提交意识，进而作出判断。错误记忆的产生，既可能源于记忆痕迹的模糊、源信息的混

---

① Jacoby, L. L., & Dallas, M. (1981). On the relationship between autobiographical memory and perceptual learning. *Journal of Experimental Psychology: General*, 110 (3), 306－340.

② 无意识迁移是指人们错误地将在彼处看到的人或物误认为是在此处看到的人或物。

淆，或者在源检测中设置了一个宽松的标准，还可源于重构过程中无关信息的干扰，或者是记忆者失于构建一个充分聚焦的提取线索而激活了无关的信息。

建构记忆理论是一个整合的理论，它倡导用多元的理论解释错误记忆的产生，为学者们进一步研究证人错误记忆打开了一个全新的视角。

本章小结

关于证人错误记忆的研究，学者们主要采用实验研究法、观察法、问卷法、访谈法、档案分析法、元分析法进行相关研究，各种研究方法各有优缺点。因此，对于实际案件中证人证言的分析，往往需要各种研究方法的结合。在证人错误记忆的长期研究中，形成了一些较有代表性的研究范式，主要有误导信息干扰范式、KK 范式、想象膨胀范式、质询暗示性范式、辨认后反馈范式。其中，误导信息干扰范式是学者们最常采用的研究范式。在研究过程中，学者们从不同的角度解释了错误记忆的发生，记忆重构与图式理论从个体经验和图式的角度解释错误记忆的发生；模糊痕迹理论从字面痕迹和要点痕迹分析错误记忆的发生；源检测理论认为个体对信息来源的混淆导致错误记忆的发生；语词遮蔽理论认为用语词描述一件难以用语言来把握的事件时，会有损记忆；熟悉感归因理论认为熟悉会带来记忆的流畅性，而人们倾向于将流畅记忆的事件归于自己的经历；建构记忆理论整合了各种理论的观点，解释错误记忆的发生。

第四章
证人证言的形成过程及影响因素

不可信的证人证言分为两种，一种是误证，即证人愿意如实提供证言，但由于某些原因而导致了证人提供了错误的证言；另一种是伪证，即证人故意提供虚假的证言。这两种证言的心理机制和证言的形成过程是完全不同的。关于误证，心理学的研究多集中于对证人证言的形成过程及影响因素的分析；关于伪证，心理学的研究多集中于伪证动机的分析。在本章中，我们主要介绍非故意说谎的证人所提供证言的形成过程及影响因素。

第一节　证人证言的形成过程及特点

一　证人证言的形成过程

证人证言不同于物证、书证等实物证据，它受主客观因素的影响较大。证人证言的形成有其特殊性，了解证人证言的形成过程，是分析判断证人证言可信性的第一步。从信息加工理论来看，证人证言的形成经历了感知、记忆和陈述三个阶段。

（一）感知

人们对世界的认识是建立在感知的基础之上的，同样，证人证言也是建立在人们对相关案件事实的感知之上的。感知是证人证言形成的基础，没有感知就不可能产生真实的证人证言。

感知包括感觉和知觉两个部分。“感觉是一种最简单的认识过程，是个体借助感觉器官直接反映作用于它的客观事物个别属性的过程。”[①]“知觉是个体经由各感观觉知环境中物体的存在、特征及其彼此关系的过程，

---

① 林崇德、杨治良、黄希庭主编：《心理学大词典》，上海教育出版社2003年版，第381页。

它反映的是客观物体和机体自身状态的整体经验。"① 知觉是以感觉为基础的，知觉是人们对于外界信息的组织和解释。知觉包括对感觉到的信息的组织过程和识别过程，组织过程对我们的感觉器官所接收到的环境刺激进行组织，识别过程会赋予感知对象某种意义。证人证言的形成依赖于人们对外界信息的感知。

（二）记忆

现实生活中，记忆时常在人们的口中提及，但究竟记忆是怎么一回事呢？可能很多人都不清楚。在证人证言的心理学研究中，记忆备受关注。信息加工理论将记忆分为编码、存储和提取三个阶段。② 编码是指信息的最初加工，从而导致记忆中的表征；存储是指被编码材料随时间的保持；提取是指存储信息在随后某一时间的恢复。③ 关于记忆的这三个阶段，我们可以用图 4—1 来表示。

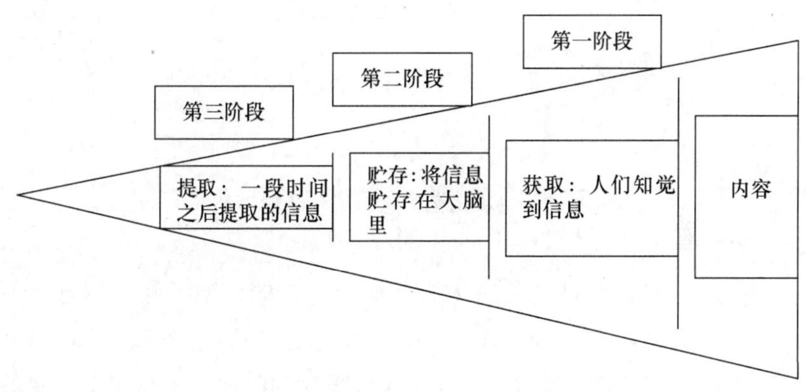

图 4—1　信息的获取、存储与提取④

① 林崇德、杨治良、黄希庭主编：《心理学大词典》，上海教育出版社 2003 年版，第 1678 页。

② 彭聃龄主编：《普通心理学》，北京师范大学出版社 2004 年版，第 209 页。

③ ［美］理查德·格里格、菲利普·津巴多著：《心理学与生活》，王垒、王甦等译，人民邮电出版社 2003 年版，第 195 页。

④ ［美］Elliot Aronson，Timothy D. Wilson &Robin M. Akert：《社会心理学》，侯玉波等译，中国轻工业出版社 2005 年版，第 472 页。

1. 编码

编码是对感知信息的最初加工，经过编码的信息进入短时记忆，进入短时记忆的信息如果不加复述就可能被人遗忘，通过复述可能进入长时记忆。一般情况下，进入长时记忆的信息比较稳固，能保持相当长的时间（见图4—2）。在实践中，公安司法机关当场收集证言的情况并不多见，通常情况下，公安司法人员总是在案件发生后的一段时间才向证人收集证言，因此，证人所提供的证言一般是存储在长时记忆中的信息。

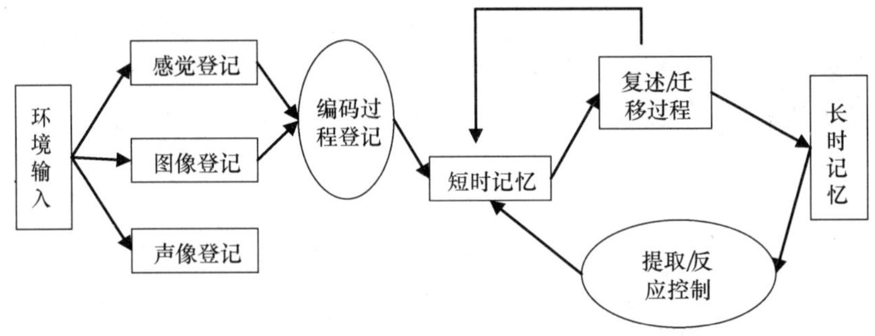

图4—2　三种记忆信息加工与存储模型①

图4—3所呈现的是三种记忆信息加工与存储模型，并非所有被人们感知过的信息都能进入人的长时记忆，短时记忆的容量是非常有限的。长时记忆的储存容量相对无限，并且能保持很久的时间，但事实上，我们所感知的大部分信息都没能进入人们的长时记忆。

2. 存储

存储是指将获取的信息储存在大脑中。人的大脑不是保险箱，储存的信息并不是一成不变的。在存储的过程中，许多的因素都可能影响信息的完整性和准确性。并且在存储的过程中，遗忘时常会发生。德国著名心理学家Ebbinghaus是最早研究记忆的学者之一，他以自己为被试进行了多次实验，得出记忆是有规律的（见图4—3）。他的研究对记忆心理学产生

① 叶奕乾、何存道、梁宁建主编：《普通心理学》，华东师范大学出版社2004年版，第160页。

了深远的影响。

从 Ebbinghaus 遗忘曲线中我们可以看出，在识记后不久的时间内记忆的内容就大部分被遗忘了。Ebbinghaus 进行实验时，采用的是无意义音节，现在生活中，证人感知的事件是有意义的。有学者用不同的记忆材料做过相关的实验，结果显示，人们对于有意义材料的记忆效果要显著的高于对无意义材料的记忆效果。

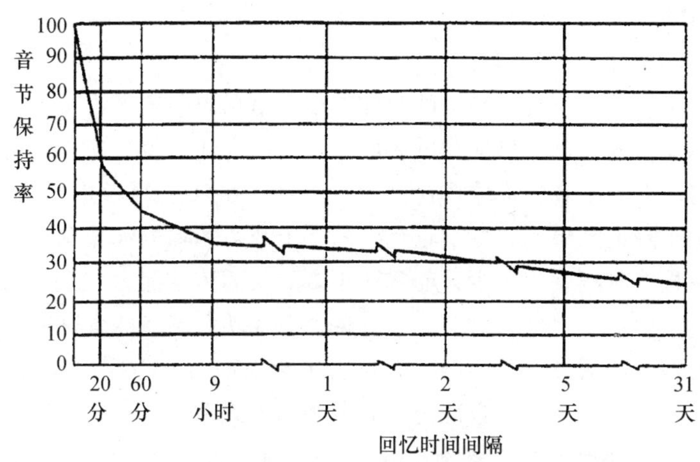

图 4—3 Ebbinghaus 遗忘曲线[①]

3. 提取

提取是指在一段时间后恢复储存的信息，提取可以分为回忆和再认。[②] “回忆是指当原来的识记材料或接触过的事物不在当前环境中出现时，仍能从记忆系统中提取出相应信息的过程。”[③] “再认是指过去经验或识记过的事物再次呈现在面前时仍能确认和辨认出来的过程。”[④] 回忆和再认都是再现过去感知和存储信息的过程，但由于再认提供了更多的线

① 叶奕乾、何存道、梁宁建主编：《普通心理学》，华东师范大学出版社 2004 年版，第 150 页。

② 彭聃龄主编：《普通心理学》，北京师范大学出版社 2004 年版，第 210 页。

③ 林崇德、杨治良、黄希庭主编：《心理学大词典》，上海教育出版社 2003 年版，第 513 页。

④ 同上书，第 1643 页。

索，一般认为再认比回忆更简单。在证人证言的研究中，提取指的是证人恢复储存的有关案件的信息，侦查中作为收集证人证言方法之一的辨认，其实就是心理学中所说的再认。一般而言，证人存储的有关案件的信息越多，其正确提取的可能性就越大。但也有例外的情况。我们每个人都可能遇到过这样的情况，即有的时候分明知道自己记得某件事情，话都到嘴边了，却不能提取，这被心理学家称为“舌尖现象”①。这其实就涉及提取线索的问题，人们在回忆或再认时，提取的线索越多，其回忆或再认的可能性就越大。

（三）陈述

陈述是指证人将自己知道的案件的相关情况向公安司法机关作口头或书面的陈述。陈述是提供证言的手段。证人的陈述使得公安司法机关最终获得证言。有的学者将提取和陈述混为一谈，事实上两者是不同的过程。从信息加工理论来看，提取是记忆中的一个环节。提取涉及储存信息的多少，以及提取时线索的多少，而陈述更多与人的陈述能力、个人的言语风格、陈述时的环境、气氛有关。应该说提取成功并不意味着陈述的证人证言就是可信的。另外，陈述的方式也会影响人们对于信息的理解和判断。我国相关法律规定证人证言既可以以口头的方式呈现，也可以以书面的方式呈现。两种呈现证人证言的方式对人们判断证人证言的可信性提出了不同的要求，以口头的方式呈现，人们可以通过证人的言语、行为作出判断，而以书面的方式呈现证言，人们只能根据文字的内容、逻辑作出判断。

证人陈述的过程，事实上也就是证人与公安司法人员沟通信息的过程。公安司法人员对证人证言的理解和对证人证言可信性的判断，受证人陈述能力、言语风格、证言的呈现方式以及证人陈述证言时的各种表现的影响。

综上所述，证人证言的形成经历了感知、记忆、陈述三个阶段，理解证人证言的形成过程和原理对于我们判断证人证言的可信性具有重要的作

① “舌尖现象”是生活中常见的现象，是指在回忆过程中，对某事物原本熟知的部分信息暂时遗忘的现象。它主要有以下几个特点：（1）不能想起某件事；（2）但确信自己知道它；（3）感觉它就在嘴边；（4）感觉自己很快就能想起。另外，“舌尖现象”在人们情绪紧张的时候更容易出现。（林崇德、杨治良、黄希庭主编：《心理学大词典》，上海教育出版社2003年版，第1055页。）

用，根据证人证言形成的过程和规律，来制定收集证人证言的方法会更切实有效。

二　证人证言形成过程的特点

证人证言的形成不同于我们日常生活中的记忆，它具有如下几方面的特点①。

（一）感知对象的不可重复性

在众多的心理学研究中，证人证言的研究是具有极大的特殊性，其最主要的特点之一就是感知对象的不可重复性，真实案件不能被任意的复制、重演。证人证言的这一特性，增加了证人证言心理学研究的困难。关于证人证言的研究，心理学工作者通常会采用实验研究的方法来分析证人证言的形成。感知对象的不可重复性，对传统证人证言的研究提出了挑战：人们通过事后的回顾和实验研究得出的结论能否推论到现实的案例中？我们似乎不能简单地回答是或不是。关于证人证言的心理学研究，虽然不能够完全的再现事实，但是通过事后的回溯分析和恰当的实验还是能够得出许多有意义的结论，对司法实践仍是有价值的。Wagstaff 等人（2003）对 70 名真实案例中的目击证人的证词进行了档案分析，结果发现在案件的暴力程度、武器聚焦等问题上档案分析的结果与实验研究的结论基本一致。由于感知对象的不可重复性，而一味否认心理学研究的成果是不可取的，当然人们在将实验室研究的结论推广到司法实践中时也要特别的慎重。在进行关于证人证言的相关研究时，尽可能使研究接近实际是必要的。

（二）感知过程的情景性

证人证言形成过程的第二个特点是感知过程的情景性，证人感知的是一个有内容有情景的事件。这与心理学关于其他记忆研究是有区别的，心理学家将这种记忆称为情景记忆②。情景记忆是对于事件的记忆，具有一定的意义。感知过程的情景性，涉及证人的期望、偏见、知识经验等，同

① 罗大华、张家源著：《证人证言心理》，群众出版社 1992 年版，第 15—17 页。

② 加拿大心理学家 Tulving 和 Konaldson（1972）把长时记忆分为两种：一种是情景记忆（episodic memory），另一种是语义记忆（semantic memory）。情景记忆是指以时间和空间为坐标对个人亲身经历的、发生在一定时间和地点的事件（情景）的记忆。

一情景对于不同的证人来说其含义可能是不同的。另外，事件的情景性还会带来证人的一系列情绪反应，具体会产生怎么的情绪反应，应结合案件的情况具体分析。因此，对于证人证言的心理学研究比一般的记忆研究要复杂得多。审查判断证人证言可信性的时候，要充分认识到感知过程情景性这一特点。

（三）反映案情时的情绪反应性

反映案情时的情绪反应性，与感知过程的情景性紧密相连。案件的情景性会引起证人的情绪波动，而这种情绪波动会表现为反映案情时的情绪反应性。证人在反映案情时情绪的反应有多强烈，取决于案件对证人的冲击有多大，是否引起了证人情绪的强烈波动。一般而言，暴力性的案件更能激起证人强烈的情绪波动，从而使其在反应案情时带有强烈的情绪反应性。另外，证人的年龄、人格特征、知识经验都会影响证人反映案情时的情绪反应。证人证言形成过程的这一特征，提示公安司法工作人员，在收集、审查判断证人证言时要特别注意证人反映案情时的情绪反应性。当然，心理学工作者所进行的实验研究与现实的案例所引起的情绪反应总是有差别的。

（四）反映案情时的压力感

反映案情时的压力感，是证人证言不同于其他记忆测验的又一特点。证人反映案情时的压力感可能来自三个方面，第一方面是害怕如实提供证言会招来当事人的打击报复；第二方面是对自己的记忆不自信，不太确定自己是否能提供真实的证言，害怕由于自己的失误而冤枉无辜；第三方面是面对公安司法人员或是在法庭上提供证言时会让证人感到害怕。证人反映案情时的这种压力感，会使其不愿提供证言或是提供虚假的证言，抑或是在提供证言时有所隐瞒。有研究表明，证人在法庭上陈述证言的自信心要低于在法庭外陈述证言的自信心，这也从一个侧面体现了证人反映案情时的压力感。[①] 根据证人证言形成过程的这一特点，公安司法工作人员在收集证言时，要注意消除证人的压力，在对证人证言进行审查判断时，也要注意证人压力感的问题，从而对证人证言的可信性作出准确的判断。

---

① 吴杲：《目击证言的有关影响因素研究》，上海师范大学硕士学位论文，2004 年，第 25 页。

第二节　证人证言可信性的影响因素

20 世纪 70 年代后期，Wells（1978）将影响目击证言准确性的因素划分为估计者变量（estimator variables）与系统变量（system variables）。[①] 估计者变量是指影响证人对案件感知、记忆、陈述但司法系统无法控制的变量，如案件发生时的持续时间，证人的性别、年龄等；系统变量是指影响证人证言的可信性但司法系统能控制的变量，如提问方式、指导语、列队呈现方式等。我们认为证人证言可信性的影响因素同样也可以分为这两大类。

一　估计者变量

以往关于证人证言可信性研究涉及的估计者变量主要可以分为三类：一是证人因素；二是事件因素；三是证言因素。

（一）证人因素

年龄。在过去的几十年中开展了大量关于儿童证人和老年证人的心理学研究。Goldstein 和 Chance（1964，1965）比较了不同年龄阶段的儿童对犯罪嫌疑人面部的记忆，结果发现 11 岁儿童对犯罪嫌疑人的再认准确性要高于 8 岁的儿童，8 岁儿童的再认准确性要高于 5 岁的儿童。Pozzulo 和 Lindsay（1998）研究指出，幼儿和少儿的辨认成绩明显比年轻人差，但这一情况只发生在年幼的儿童中，对于年龄超过 10 岁的儿童这一差异并不显著。Zaragoza，Payment，Kichler，Stines 和 Drivdahl（2001）的研究支持了这一研究结论。2008 年，Kask，Bull 和 Gillett 对近些年关于儿童目击辨认的 28 项研究进行了元分析，结果发现 3—4 岁儿童的辨认成绩低于 5 岁及以上儿童的辨认成绩，但是混合两者的辨认成绩与成人的辨认成绩相比，没有发现显著差异。[②] Pozzulo，Lemieux，Wells 和 McGuaig（2006）的一项元分析表明，在靶空缺列队中，儿童的辨认成绩显著低于成人，辨

---

① Wells，G. L.（1978）. Applied eyewitness testimony research：System variables and estimator variables. *Personality and Social Psychology*，36（12），1546 – 1557.

② Wilcock，R. A.，Bull，R.，& Milne，R.（2008）. *witness identification in criminal cases psychology and practice.* New York：Oxford University Press.

认的准确率仅达到47%。另外，有研究表明儿童容易受各种暗示的影响（包括提问方式、指导语、反馈等）（Pozzulo，Dempsey，Bruer & Sheahan，2011；Pozzulo & Warren，2003；Rosenthal，2002）。

对于老年人证言可信性的担忧，源于人们对于衰老的认识，证人证言的形成经历了感知、记忆、陈述三个阶段，衰老可能会对任何一个阶段产生影响。随着感觉器官的老化，相比年轻人，老年人的信息感知和加工能力更差。有证据（McDowd & Shaw，2000）显示老年人不能很好的集中注意力，因此，他们不能像年轻人一样对信息进行有效的编码。在信息的储存阶段，老年人也更容易受到其他因素的影响。Cohen 和 Faulkner（1989）采用误导信息干扰范式，比较了老年人和青年人的记忆，结果发现老年人比青年人更容易受暗示。有学者从源检测的角度对于老年人证言可信性提出了质疑。Hastroudi，Johnson 和 Chrosniak（1989）提出，相比年轻人，老年人在区分信息的来源上更困难。在辨认方面，也有一些研究比较了老年人和年轻人的差异，Smith 和 Winogard（1978）的研究发现年轻人比老年人能更好地完成面部识别任务。这一研究结论得到了后续许多研究的支持（Memon & Bartlett，2002；Searcy，Bartlett & Memon，2000；Rose，Bull，& Vrij，2005）。当然，也有研究显示老年人的记忆并不比年轻人差。

性别。关于性别对证人证言的影响，学者们也进行过一些研究，但研究未能得出一致的结论。Powers，Andriks 和 Loftus（1979）的研究发现，男性和女性由于其兴趣点不同，他们会有选择地感知案件的不同方面，女性对服饰、配件等投以更多的感知，男性对武器等投以更多的感知。Shapiro 和 Penrod（1986）的元分析显示，相对于男性，在对犯罪嫌疑人的辨认中，女性的准确率和错误率都略高。当然也有学者认为在辨认准确性方面男性和女性之间并不存在显著的差异（Shaw & Skolnick，1999）。

智力。关于智力对证人感知案件的影响，一般都是通过经验进行判断，认为智力较低的人其感知能力会低于智力较高的人。少数的学者对于智力与证人证言可信性的关系进行过实证研究。Howells（1938）的研究显示，智力与辨认准确性存在正相关。Wojcikiewwisz（1990）的研究却得出了相反的结论。其他研究（Brown，Deffenbacher，& Sturgill，1977；Feinman & Entwistle，1976；Witryol & Kaess，1957）没有发现智力与证人证言准确性存在显著相关。关于智力对于证人证言准确性的关系还有待进一步的研究。

人格。以往的许多研究发现，多种人格特质影响证人证言的可信性。比如场依存性、自我监控、内外向等。Witkin，Dyk，Faterson，Goodenough和Karp（1962）提出，场依存型的人比场独立型的人更关注周围的环境，因此，在辨认中，他们会有更高的准确率。Messick和Damarin（1964）的研究支持了这一观点，而Clifford和Bull（1978）的研究却没有发现这种差异。

Hosch和Platz（1984）提出目击辨认中高自我监控的个体会取得更好的成绩，随后进行的研究验证了他们的这一假设。Hosch（1994）回顾了5项关于自我监控对辨认影响的研究，结果发现高自我监控个体的辨认成绩高于低自我监控个体的辨认成绩。

Clifford和Scott（1978）比较了外倾型的目击者与内倾型的目击者的记忆报告，研究结果没有发现内外倾向分数与记忆准确性之间的联系。Roebers，Moga和Schneider（2001）进行的一项实验发现，内向型儿童的证言准确性较低，他们解释出现这一现象的原因并非是羞怯的儿童没记住事件，而是因为有陌生人的情境使他们觉得不舒服，因而他们对记住的事件只作简单的陈述。

其他的人格因素，如焦虑、抑郁、自尊等，也有学者进行过相关研究，在此不一一列举。总的来说，关于人格的研究并没有得出稳定的结论，因此，还不易将人格因素作为预测证人证言可信性的指标。

期望。Whipple（1918）曾说过："观察总是受期望的影响，……我们倾向于看见和听见，我们所期望看见和听见的。"期望对证人证言的影响，最典型的案例是1959年发生在加拿大的一起打猎事故，两个人都同时将他们的同伴看成是一只鹿，并用枪打对方。警察到现场进行了勘查，认为在当时的条件下是能够分辨出人和鹿的，而案件中的两名犯罪嫌疑人都宣称他们看到的确实是一只鹿。在此案中心理学家作为专家证人受邀上法庭作证，心理学家认为这种情况是有可能发生的，因为人的期望影响了他对事物的感知。人们总觉得这种由于期待造成的打猎事故是很偶然的，但事实可能并非如此。据1976年11月12日《纽约时报》报道，1974年到1975年，由于期待造成的打猎事故至少导致700人死亡。

刻板效应。刻板效应，又称定型效应，是指人们对于某人、某一类人的产生的概括和固定的看法。Allport 和 Postman（1947）进行了一项研究，他们以幻灯片呈现一个地铁中的情景：在地铁车厢中站着一个打领带的黑人男子和一个手握刀片的白人男子，车厢中还坐着其他一些人（见图 4—4）。实验的程序如下：先给第一名被试看幻灯，然后请他向下一位被试讲述幻灯片的内容，下一位被试再向另一位被试复述幻灯片的内容（除了第一位被试，其余被试均未看过幻灯片），以此类推，直到 6—7 位被试为止，共选取了 40 多名被试，分为若干组进行，然后请最后一位被试复述故事的情节。结果发现，最后一个复述者中，竟有一半以上的被试将故事描述为黑人拿着刀片，甚至有的被试还描述说，"黑人挥舞着刀片"、"用刀片威胁白人"。对于这一结果可以用刻板效应加以解释。因为在当时，人们对于黑人的印象是脾气暴躁，经常使用刀和武器。另外，在黑人、白人斗殴的事件中，也常常会由于人们的刻板效应，而产生很多对黑人不利的证言。在法庭上，法官和陪审团对证人证言可信性的判断也会受到刻板效应的影响，一个衣着得体、长相诚实的证人，总能得到更好的评价。Monaham 早在 1941 年就提到：甚至是一个最普通的人，也很难将一个漂亮的女孩与犯罪者联系起来。因为一些说不清的原因，大多数人总是认为犯罪人会有变态的长相，而一个美丽的女人不太可能犯罪。①

偏见。偏见会造成证人感知、记忆和陈述事件的片面性。比如，父

图 4—4　刻板印象对感知、记忆的影响（Allport & Postman，1947）

① Loftus，E. F.（1996）. Eyewitness Testimony，Cambridge：Harvard University Press.

母看到自己的孩子与其他孩子打架时，更多地会看到别的孩子动手的情况，而自己的孩子多是无辜的、忍让的、受伤的。关于偏见对证言的影响，最著名的研究莫过于 Hastorf 和 Cantrill（1954）的研究。他们对 1951 年 11 月达特毛斯大学和普林斯顿大学之间的一场足球赛进行了分析，这场球赛因为两队球员的野蛮表现而臭名昭著。在球赛结束后，两个大学的学生都对球赛发表了意见，对这些意见进行分析后，他们发现任何一队的支持者都认为对方球队成员的行为更野蛮。而这些证人又都信誓旦旦地认为自己所说的是客观事实。Hastorf 和 Cantrill 解释出现这一现象的原因是人们观察和解释事件总是带有个人的信念和偏见。Boon 和 Davies（1996）设计了一个类似的实验，研究结果支持 Hastorf 和 Cantrill（1954）的研究。Boon 和 Davies（1996）的研究表明人们的偏见会影响对行为的感知和解释。

知识经验。知识经验，在人们知觉和解释外界信息时，常常能起到补充作用。有学者对受过训练的警校学生、未经训练的警校学生和心理学专业的学生做了知觉倾向的经典性的实验。实验的具体程序如下：向左眼很快展示一张仿制图片，向右眼展示另一张。每一轮的展示都有一张暴行图（自杀、凶杀等），而另一张的内容是中性的（耕田的农民、洗碗的主妇等）。在这种被称为“双眼竞争”的映象条件下，一般的视者只能感知两种图片中的一张。结果显示，受过警校培训的学生比其他两组学生所感知的暴行图片多一倍。Christianson，Karlsson 和 Persson（1998）对比了新入职的警察、有经验的警察、教师和大学生对暴力案件的回忆成绩，结果发现有经验的警察对于犯罪嫌疑人所使用的凶器有更多的感知，能够回忆出更多关于暴力案件的信息。由此可见，个体的知识经验会影响其对事件的感知和记忆。

（二）事件因素

事件类型。按照不同的分类标准，可以将事件分为不同的类型。一般而言，在对证人证言可信性的研究中，学者们将事件类型分为暴力案件和非暴力案件。关于两类案件进行比较的研究并不多，这可能是因为担心采用暴力案件作为研究材料会对被试造成不必要的伤害。Clifford 和 Scott（1978）比较了暴力案件与非暴力案件对目击者回忆的影响，结果发现，观看暴力录像片段的被试回忆的案件信息显著少于观看非暴力录像片段的被试。Clifford 和 Scott 认为这是因为暴力录像增加了被试的压力，从而影响了被试的回忆成绩。Clifford 和 Hollin（1981）研究了案件类型对辨认的影响，结果显示，暴力水平的增加减少了目击证人辨认的准确性，并发现参加暴力事件的人数越多，证人辨认准确性越差，约有 3/4 的目击证人不能作出正确辨认。出于安全和道德的考虑，几乎没有采用现场研究比较不同事件类型对证人证言可信性的研究。在实验室中，由于研究人员慑于道德的谴责，也少有学者进行类似的实验。关于事件类型对证人证言可信性的影响，采用档案分析的方法是比较可行和有效的。

武器聚焦效应（weapon focus effect）。“武器聚焦”效应是指证人在目击某一事件时，由于武器的出现，使得证人的注意力都集中在武器上，而减少了对其他信息的注意。关于武器聚焦是证人证言研究中的一个热点问题。早期许多学者的研究都表明“武器聚焦”效应的存在。Loftus，Loftus 和 Messo（1987）对目击证人进行了眼动研究，发现由于武器的出现，证人的注意力从其他事物转移到了武器上，从而降低了对其他信息的关注。Steblay（1992）对 13 项研究中的 19 个涉及武器聚焦的实验进行了元分析，结果只有 6 项实验显示武器的出现导致了被试回忆信息量的减少。这可能是由于这 19 个实验所采取的研究方法不同造成的（19 项研究中有的采用列队辨认，有的采用回忆的方式），采用回忆方式收集证言的实验中，“武器聚焦”效应显著。Deffenbacher（1993）认为“武器聚焦”效应是遵循 Yerkes-Dodson 规则的，即高唤醒水平和低唤醒水平都会损害目击证人的记忆。

关于“武器聚焦”的实验室研究所得到的结论比较一致，但是现场研究却得出了不同的结论。Turtle 和 Yuille（1994）进行的现场研究发现“武器聚焦”效应是存在的，而 Behrman 和 Davey（2001），Valentine，Pickering 和 Darling（2003）进行的现场研究并不支持“武器聚焦”效应的存在。Wagstaff 等人（2003）对真实案件进行档案分析时也没有发现武器的存在对证人证言的准确性有显著影响。从现场研究和真实案件的档案分析中，我们不能推测出“武器聚焦”效应的存在。实验室研究的情境毕竟与真实案件发生的情境存在很大差异，被试在实验室中所体会到的压力水平并不能很好地反映真实案件中证人体会到的压力水平，因此，目前将“武器聚焦”的实验室研究结论推广到司法实践中是不成熟的。

目标的区别性和吸引力。被感知的对象对证人来说越具有区别性和吸引力就越容易被记住。Going 和 Read（1974）的研究发现高具有吸引力的脸和高不具有吸引力的脸更容易被人记住。Fleishman，Buckley，Klosinsky，Smith 和 Tuck（1976），Davies，Ellis 和 Shepherd（1979），Light，Kayra-Stuart 和 Hollander（1979）的研究结论支持了这一观点。他们认为，具有区别性和新异性的事物更容易引起人们的注意。Shapino 和 Penrod 在对多项关于吸引力研究的元分析基础上，提出吸引力可以作为辨认准确性的预测指标。

伪装。在证人目击某事件时，当事人如有伪装，比如戴帽子、戴墨镜，会影响证人之后的辨认。Patterson 和 Baddeley（1977）的研究发现，在编码和识别时，被辨认者的装扮一致，被试的辨认准确性更高。因为证人记忆的是他感知时的对象，如果之后呈现的对象与其感知时有较大的差别，就会降低证人辨认的准确性。Cutler，Penrod 和 Martens（1987a）研究比较了简单伪装对于目击辨认的影响（见图 4—5），他们将被试分为两组，先让两组被试看一段抢劫的录像片段，录像中犯罪嫌疑人不戴帽子，然后要求一组被试从 4 名不戴帽子的列队成员中辨认出犯罪嫌疑人，要求另一组被试从 4 名戴帽子的列队成员中辨认出犯罪嫌疑人，结果发现第一组被试的辨认准确率显著高于第二组被试。Hockley 和 Consoli（1999），Pozzulo 和 Marciniak（2006）的研究支持了上述的研究结论。由此可见，犯罪嫌疑人的伪装会影响证人证言的可信性。

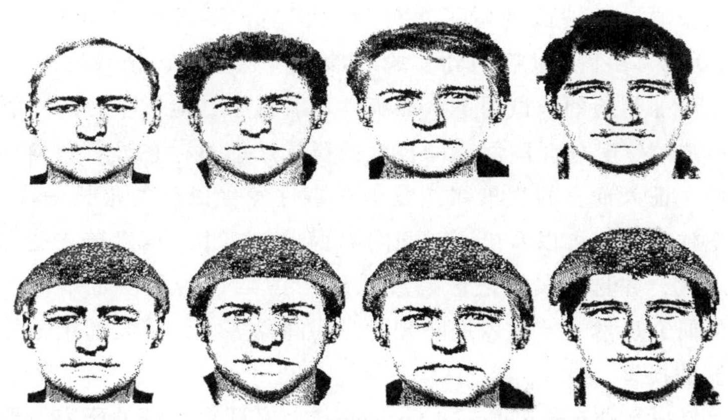

图 4—5　伪装对证人证言可信性的影响（Cutler，Penrod & Martens，1987）

事件的持续时间。即指证人感知事件时间的长短。一般认为事件持续的时间越长，证人的感知越充分，对于事件的记忆也就越准确。学者们在实验室所进行的研究，通常都是通过控制犯罪嫌疑人的曝光时间来考察它对证言准确性的影响。Shapiro 和 Penrod（1986）的研究表明，罪犯的面部在现场暴露的时间越长，证人越能在之后的辨认中指出此人。Kassin，Tubb，Hosch 和 Memon（2001）的研究支持了这一结论。国内学者龚小玲（2007）也进行过类似的研究，发现曝光时间越长，证人的记忆准确率越高。由此可见，事件暴露时间的长短对证人证言有着重要影响，美国最高法院已将感知时间作为评价证人证言可信性的一个重要指标。但在实际案件的研究中，关于事件的持续时间的研究存在两个问题，一是证人对事件持续时间的估计通常都是不准确的，证人倾向于高估事件的持续时间；二是事件的持续时间与事件的复杂程度有着密不可分的关系，一个持续时间比较短暂，但比较简单的事件，与一个持续时间较久，但复杂的事件，很难说证人对哪个事件的记忆会比较准确。在实际的案例中，由于事件的持续时间通常都是由证人估计的，所以很难从中来判断其对证言准确性的影响。

提取距离事件发生的时间。提取与事件发生的间隔时间被认为对于证人证言可信性存在重要影响，一般地，时间间隔越久，证人提供证言的可信性越低。Malpass 和 Devine（1981）的研究表明时间间隔越久，证人所能提供的有效信息越少。Shepherd（1983）研究了间隔时间对目击辨认的影响，在被试观看了事件的录像后，要求他们在 1 周、1 个月、3 个月或 11 个月以后回到实验室参加辨认测验，结果发现，11 个月后回来参加测验的被试的辨认准确性显著低于其他三个时间间隔的被试的辨认成绩，其他时间间隔的被试的辨认成绩不存在显著差异。在实际案件中，证人证言的收集往往发生在事件发生以后的很长一段时间。从以上案件中我们可以看出，时间间隔得越久，相关信息被人遗忘的可能性就越大，并且原本的记忆痕迹受到“污染”的危险也增加了。但是目前的研究显然还不足以推断究竟时间间隔多久，证人的记忆才开始出现明显的损害。

证言特征（characteristics of testimony）。对证言特征的研究主要集中在自信心和准确性关系（confidence-accuracy，CA）的探讨上。在证人证言的心理学研究中，大量的研究都致力于 CA 关系的探讨。在案件的审判中，裁判者对证人的自信心有很强的依赖性，证人表现得越自信，裁判者越容易相信其所提供的证言是可信的。但是，大量关于 CA 的研究并没有得出一致的结论，Lipton（1977）发现证人的 CA 之间存在显著的正相关（r = 0.44）。但 Clifford 和 Scott（1978）的研究并没有发现 CA 之间存在显著相关。Loftus 等人（1978）的研究发现，在接收到误导信息以后，提供错误证言的证人甚至表现出比提供正确证言的证人更高的自信心。Busey，Tunnicliff 和 Loftus（2000）提出，对于自我的记忆能力，人并不总是好的监控者，这使得人们常常高估自己的自信心。从以上研究中，我们发现关于 CA 的关系研究并没有得出一致的结论。

关于 CA 关系的探讨更多地出现在辨认中，我们将会在辨认一章作详细阐述。另外，证言特征还包括辨认时间和判断决策，这两个因素我们也将在辨认一章进行探讨。

二 系统变量

系统变量是指那些能影响证人证言可信性，又能被司法机关所控制的变量。由于系统变量可以防止错误证言的发生，它成了证人证言心理学研究的重点。以往关于证人证言可信性研究涉及的系统变量主要可以分为三类：一是询问者因素，二是队列因素，三是环境因素。

（一）询问者因素

提问方式。关于提问方式，是心理学关于证人证言研究成果最为丰硕的一个方面。提问方式从大类来分，可以分为开放式提问（如你看到了什么?）和封闭式提问（如你看到几辆车?）。Cady 早在 1924 年就比较过两种提问方式的差异，他的研究发现，使用封闭式的提问方式，被试提供了更多错误的信息。Lipton（1977）的研究显示，开放式的提问方式得到的信息准确率高，但是得到的信息量较少；封闭式提问方式得到的信息量较多，但是准确率低。他的这一研究结论得到了后继学者的支持，如 Saywitz，Goodman，Nicholas 和 Moan（1991）的研究表明对于明确的问题，人们会提供更多关于细节的信息。因此，许多学者提出在询问证人时，应当先采用开放式询问的方法，再采用封闭式询问的方法。Loftus（1975）提出，在放开式提问方式之前采用封闭式提问方式可能是危险的，因为在封闭式提问方式中涉及的信息（无论是否正确）可能会出现在证人随后的陈述中。

近年来，国外研究较多涉及来源方式的研究，要求被试对信息的来源作出判断——你所陈述的信息是从哪得来的？Lindsay 和 Johnson（1989）的一项研究表明，采用源检测的测试方式明显提高了被试的回忆准确性。这一研究结论得到了 Eekkanen 等人（2002）的支持。但也有学者得出了相反的结论。不同的提问方式收集的信息的质量是不同的，证人的回答会受提问方式的影响。关于各种提问方式的优劣，还需进一步的探讨。

另外，提问中的具体的用词也会影响证言的可信性。Harris（1973）通过实验向人们展示了提问中的用词对人产生的影响。在他的实验中，对被试的提问采用了不同的用词，一种是“那个篮球运动员有多高？”另一种是“那个篮球运动员有多矮？”结果发现在第一种提问用词下，被试估计运动员的身高为 79 英寸，在第二种提问用词下，被试估计运动员的身高为 69 英寸。Loftus 和 Zanni（1975）比较了在提问中采用定冠词“the”和采用不定冠词“a”对人们回答的影响，结果发现人们倾向于对采用“the”的问句做出肯定回答，而对于采用“a”的问句，人们回答“不知道”的比例会显著提高。Loftus 认为提问者用定冠词“the”，包含有提问者假设某事物存在的意思，这会影响到被试的回答。提问中不当用词会影响证人证言的准确性已经为人们所认识，但在实践中，避免这种影响是困难的。

关于提问方式的研究，有相当一部分学者集中于对传统提问方式与认知访谈、催眠访谈的比较。这部分内容，我们将在第九章详细探讨。

指导语。采用不一样的指导语，获取的证言可能也是不同的。尤其是在采用辨认的方式收集证言时，这种作用就更显著。关于指导语对于证人准确性的影响，我们将在辨认一章进行探讨。

反馈。反馈包括言语反馈和非言语反馈。在目击证言的研究中，很多学者都致力于对言语反馈的研究。关于反馈的研究，主要集中于探讨反馈是否影响证人的自信心，因为自信心被很多人认为是衡量证言准确与否的一个标准。反馈是办案人员在收集证言之后，对证人某种有意无意的暗示。Luus 和 Wells（1994）对 136 个目击证人的研究发现，反馈对目击证人的自信心有显著的影响。Wells 和 Bradfield（1998）的研究表明，得到肯定反馈的证人比得到否定反馈的证人或没有得到任何反馈的证人自信得多，并且肯定反馈对证人自信心提高的影响较大，否定反馈对证人自信心减低的影响较小。苏彦捷和孙金鑫（2003）的研究却发现，无论证人辨认的结果是否正确，告诉证人其辨认正确后，证人自信心有所提高，但提高幅度不大；而告诉证人其辨认错误后，证人的自信心降低，而且降低显著。反馈带来的自信心的改变得到了后续大量研究的支持（Leippe，Eisenstadt，Rauch & Stambush，2006；Wells & Quinlivan，2009；Wright & Skagerberg，2007）。此外，有研究表明，主持者有意无意的点头、摇头、微笑、摆手等非言语信息，也会影响目击证人的判断。

询问者的权威和态度。在收集证人证言的过程中，询问者的权威性会对证人证言的准确性产生影响。Marshall（1956）的研究分析了询问者的权威性对证人证言的影响。Marshall 的研究以大学生和实习警察为被试，被试看完录像片段后，被带入不同的房间，大学生由教授负责询问（假设教授对于大学生是权威者），实习警察由警察局长负责询问（假设警察局长对于实习警察是权威者）。两组被试分别与控制组被试（由非权威者提问的被试）的回忆成绩进行比较，结果发现在由权威者提问的情况下，被试提供了更多的信息。由此可见，询问者越具有权威性，被询问者越容易受其影响，作出顺从的反应。Parker 和 Carreanza（1989）认为儿童可能更容易受到权威的影响，他们在研究中这样描述儿童证人，“当一个成人权威出现的时候，儿童更可能出现屈从权威而在列队中选择一名成员的行为”。

询问者的态度是否会影响证人的回答也引起了部分学者的兴趣。Marquis 和 Colleagues（1972）比较了询问者的不同态度对被询问者的影响。他们假设当询问者态度和善时，被询问者将会以更积极的态度作出回应，并且提供更有效的信息；而当询问者态度严厉、苛刻时，被询问者会消极地对应询问，而拒绝提供有效的信息。实验的结果发现在第一种情况下，被询问者的态度更加积极，但是两组被试回忆信息的完整性和准确性并没有显著差异。

（二）列队因素

关于列队因素对于证人证言可信性的影响，发生在采用辨认方式收集证言的情况下。关于列队因素的心理学研究主要集中于不同的列队方法、不同的列队内容和不同的列队呈现方式对证人证言可信性的影响。关于这些内容我们将在辨认一章进行探讨。

（三）环境因素

这里的环境因素主要是指在收集证言时，证人陈述案情或进行辨认时所处的环境。有研究显示环境对于信息提取有很大的影响。Smith（1988）探讨了学习和测验环境不同时人们的回忆程度，结果发现，在学习和测验环境相同的情况下，被试的回忆成绩显著高于学习和测验环境不同情况下被试的回忆成绩。在证人证言的研究中，陈述或辨认的环境与案件发生时的环境相似，能激活人们的记忆痕迹，以便人们对信息进行提取。因此，在实际案件中，就有办案人员带着证人去案发现场收集证据的情况，这样做就是为了给证人提供更多的线索，以便其更好的回忆。但是，这种重回现场的情况毕竟是少数的，很多时候是不现实的。因此，心理学工作者多采用重构心理环境的方法来研究环境因素对证人证言的影响。Geiselman，Fisher，Mackinnon 和 Holland（1986）的研究证实重构案件发生时的心理环境能提高证人回忆的质量。Cutler，Penrod 和 Martens（1987b），Krafka 和 Penrod（1985）的研究发现重构心理环境能提高证人的辨认准确率。

Emmett，Clifford 和 Gwyer（2003）的研究发现，重构环境对于场依存型的个体回忆事件的帮助更大，而场独立型的个体受重构环境的影响并不明显，这可能是因为场独立型的个体对于目标之外的客体关注较少所造成的。由此可见，重构环境对于不同人格特征的个体的效果可能是不同的，场依存型的个体对外部环境的依赖更强，提取环境对于这些证人的影响可能是更大的。

在证人证言的形成过程中，存在大量影响证人证言可信性的因素，在本书的探讨中，我们不可能穷尽所有因素。在本章中，我们所列举的因素，是在实践中经常提及，并且学者们已有一定研究的因素，期望通过本章的梳理，能为实践工作者和后续学者的研究提供帮助。

本章小结

证人证言的形成包括感知、记忆、陈述三个阶段，在这三个阶段中，存在大量影响证人证言可信性的因素。本章探讨了证人证言形成过程的心理机制，对感知、记忆、陈述三个阶段影响证人证言可信性的因素进行了梳理。在本书中我们将影响证人证言可信性的因素分为估计者变量和系统变量，估计者变量是指影响证人对案件感知、记忆、陈述，但司法系统无法控制的变量，比如事件的类型，证人的性别、年龄等；系统变量是指影响证人证言的可信性，但司法系统能控制的变量，如提问方式、指导语、列队呈现方式等。关于证人证言可信性影响因素的研究颇多，但也存在良莠不齐的情况，并且在很多因素上研究也没有得出一致的结论。我们认为对那些研究方法规范，得到同行普遍认可的具有稳定性的研究成果，人们应当予以借鉴；那些与常识相反的研究结论，应当引起人们足够的重视。

第五章
伪证动机及其影响因素

伪证与误证是不同的，伪证行为直接受伪证动机的支配，因此，相关人员对于伪证的研究多集中于伪证动机。关于伪证动机的研究多是一些经验性的总结，证人伪证动机的实证研究开展得较少。在本章中，我们厘清了伪证、伪证动机、需要等相关的概念，探讨了伪证动机的影响因素及主要类型，并进行了伪证动机影响因素的实证研究。

第一节　伪证动机概述

一　伪证与伪证动机

（一）伪证

伪证是指证人故意提供虚假的证言。伪证行为对诉讼秩序、当事人的权利、法庭威严都会造成损害。伪证行为降低了法官认定事实的效率，增加了错误判定案件的风险。伪证行为往往会误导侦查活动，妨碍司法公正。伪证行为的存在要求询问人员善于在询问中发现证人说谎的线索，从而对证言作出准确的判断。

伪证事实上是一种说谎行为，只是这种说谎行为出现在我们的诉讼当中法律赋予其更多的含义。由于伪证行为会产生一系列的危害后果，人们遂投之以更多的关注。其实，在我们的日常生活中，说谎行为随处可见，人们几乎每天都在说谎，我们对日常生活中说谎行为的宽容度也在极高。但对于伪证，不管伪证行为是出于什么动机，人们对它的包容度显然就没有那么高了。

从某种意义上说，伪证是证人的一种自我保护行为或者是证人的一种趋利避害的行为。当证人如实陈述会对自己的切身利益造成损害时，证人就可能会选择作伪证；当证人的伪证行为能为诉讼的一方当事人产生利益时，证人也有可能会选择作伪证。伪证还有可能是一种自我满足的行为，少数证人可能说谎成癖或是希望从谎言中获得他人的关注与肯定。

(二) 伪证动机

心理学认为人的行为都是受动机支配，证人的伪证行为也是在动机支配下进行的。伪证动机是多种多样的，但其结果是一致的，即是在伪证动机的作用下引发了伪证行为，当然伪证行为也分为多种，比如隐瞒相关事实的伪证和夸大相关事实的伪证。在本研究中只是综合地探讨各种伪证动机，而不具体区分伪证行为的不同动机。

由于动机是内隐性的，是人的一种内部的心理活动，因而不能通过证人的行为表现直接获得，而必须结合主客观因素，经过推理与分析才能把握。证人作伪证的动机一直是国内外学者们非常关注的问题，学者们从不同的角度总结出影响证人伪证动机的各种因素，我们将在下文中进行探讨。

二 动机与需要

“动机是激发和维持有机体的行动，并使该行动朝向一定目标的心理倾向或内部驱力。”① 可以说它是人行动的原因。一般情况下行为都是在动机的指引下进行的，证人作伪证就是在伪证动机的影响下产生的。动机的重要性已为相关司法工作者所认识，但是关于动机背后是什么或者说是什么影响动机的形成，法律工作者很少进行探讨。心理学工作者认为与动机密切联系是需要的，人的动机是在需要的基础上产生的。“需要指的是有机体内部的某种缺乏或不平衡状态。”② 当人的心理或者生理处于某种缺失状态时，人就会产生某种心理紧张，当这种心理紧张被意识到时，就产生某种愿望，进而考虑如何来实现这一愿望，这时动机就产生了。

动机是建立在需要的基础之上的，但是它比需要更加的明确、具体，动机是与某种具体的行为直接相连的，它具有指引行为的作用。当然，动机并不仅仅只受需要的影响，需要是动机形成的基础。从需要的角度入手对动机与需要的关系加以分析，对证人动机进行理解，有助于判断证人证

---

① 林崇德、杨治良、黄希庭主编：《心理学大词典》，上海教育出版社 2003 年版，第 223 页。

② 同上书，第 1473 页。

言的真实性和可信性。[1] 关于需要，最著名的莫过于美国心理学家马斯洛提出的需要层次理论，他将需要分为八个层次，如图 5—1 所示。

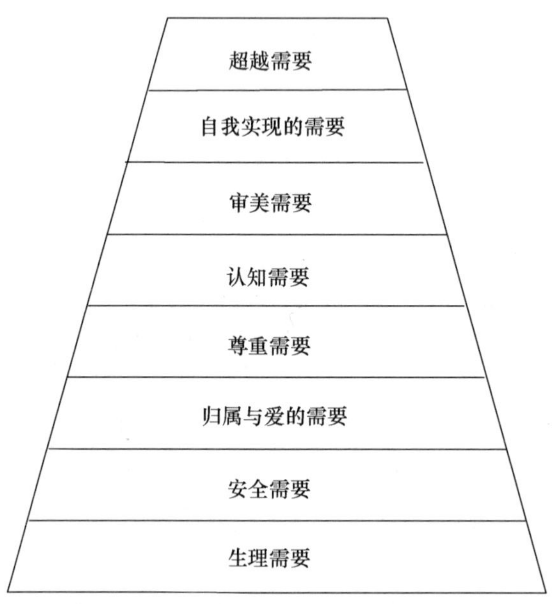

图 5—1　马斯洛的需要层次论[2]

马斯洛认为，只有人的较低层次的需要得到满足之后，才会产生较高层次的需要。但人们有时也会压制低层次的需要而去追求高层次的需要。根据动机与需要的关系，我们可以清楚地意识到伪证动机也是建立在需要的基础上的，这对司法工作人员理解各种伪证动机，以及伪证动机的形成是非常有帮助的。

事实上，需要可以看成是激发人产生某种动机的内驱力。那么是否存在需要就会产生动机呢？笔者认为需要是动机产生的基础，但是仅有需要还不足以产生动机。这里还涉及一个诱因的问题，诱因指的是外部的刺激

---

① 乐国安、任克勤、金昌平编著：《证人心理学》，中国人民公安大学出版社 1987 年版，第 101 页。

② ［美］理查德格·里格、菲利普·津巴多：《心理学与生活》，王垒、王甦等译，人民邮电出版社 2003 年版，第 346 页。

和奖励。动机是明确的、具体的，当需要使人出现某种缺失状态时，诱因的出现会使人产生动机。应该说需要和诱因相结合使人产生某种动机，进而产生某种行为。伪证行为也同样既会受到内部需要的推动，也会受到外部诱因的刺激。

第二节　伪证动机的影响因素

一　伪证动机影响因素的综述

关于伪证动机问题，应该说国内外的学者还是相当关注的。但是很少有学者进行有关伪证动机的实证研究。关于伪证动机的研究多是一些经验的总结。为了确保证人证言的可信性，两大法系的国家都有许多关于证人免证特权的规定。

我国古代也有关于证人免证特权的规定，比如亲属间的免证特权、职务免证特权等。应该说这些规定从一定程度上减少了伪证行为，因为它将可能提供伪证的证人排除在法庭之外。从另一个侧面说，亲属关系、职务关系等都是影响证人形成伪证动机的因素。国外关于伪证动机的实证研究开展得较少，一方面可能是由于许多国家法律上有关于证人免证特权的规定，使提供伪证的证人大大减少；另一方面可能是因为动机很难用实验的方法加以验证。

英国学者 Vrij 总结了人说谎的理由，一、说谎是为了给别人制造积极的印象或保护他们自己免于尴尬或被拒绝；二、说谎是为了获得利益；三、说谎是为了避免惩罚；四、说谎是为了使他人显得更好或是为了另一个人的利益；五、说谎是为了社会关系。[①] 尽管 Vrij 的总结并不是针对伪证行为，但是伪证本身就是一种说谎行为，对说谎原因的分析也可推论到对伪证动机的分析。

在国内，关于证人伪证动机是学者们和司法实务部门的工作者非常关心的问题。但是早期的关于证人伪证动机的问题没有系统深入的研究。到了 20 世纪八九十年代，开始有学者对此问题进行了比较全面深入的探讨。

国内学者乐国安在 20 世纪 80 年代对证人伪证动机进行过探讨，他认

---

① ［英］维吉著：《说谎心理学》，郑红丽译，中国轻工业出版社 2005 年版，第 10—11 页。

为在一般情况下，作伪证的心理因素是法制观念淡薄，品性不良，消极情绪、情感的影响。① 他主张将伪证动机具体地分为有利于被告的动机和不利于被告的动机，有利于被告的伪证动机包括7类，一是出于“义气”，二是庇护与自己共同犯罪的人，三是出于骨肉之情，四是出于私人情谊，五是出于私欲或拉拢收买，六是出于安全的需要，七是出于无原则的同情；不利于被告的伪证动机包括6类，一是出于对被害人的同情，二是出于对被告人的憎恨，三是出于借机报复，四是出于友情，五是贪图私利，六是顾及个人前途利益。②

国内学者罗大华在20世纪90年代对证人作伪证的动机进行过研究，他指出证人作伪证的动机是多种多样的，主要有庇护、营救亲人、友情、报恩、贪利、情面、献媚、报复、同情、抵触情绪、利害关系、安全需要等等。③

国内学者吴中林认为促使证人作伪证的因素主要有11种，一是包庇，二是陷害，三是夸大习惯，四是同情被告人，五是羞耻感，六是报恩，七是受到威胁，八是被收买，九是与案件有利害关系，十是敌视、抵触，十一是摆脱困境。④

国内学者吴丹红将证人作伪证的原因分为三大类，第一类是情感因素，包括亲情和友情，恩情和仇怨，碍于情面，同情恻隐，抵触、敌对情绪；第二类是利害因素，包括被收买，与案件有利害关系；第三类是安全因素，包括出于安全需要，受到权威压力，受到司法机关的压力。⑤

上述学者对证人伪证动机进行了比较全面的总结与归纳，对后续学者研究证人伪证行为有很大的帮助。

二　伪证动机的常见类型

我们借鉴以往学者的研究和经验，将证人的伪证动机分为四种，一是防御型的伪证动机，二是情感型的伪证动机，三是利益型的伪证动机，四

---

① 乐国安、任克勤、金昌平编著：《证人心理学》，中国人民公安大学出版社1987年版，第116页。

② 同上书，第116—118页。

③ 《罗大华70华诞文集》，中国政法大学出版社2006年版，第425页。

④ 吴中林编：《证人心理学》，四川大学出版社1987年版，第115—116页。

⑤ 何家弘主编：《证人制度研究》，人民法院出版社2004年版，第130—132页。

是自我满足型的伪证动机。

（一）防御型的伪证动机

1. 受到威胁、害怕报复

案件的当事人与案件的审理结果有着切身的利害关系，其自身及亲友都会努力地争取对自己有利的证人证言，有时这些人可能会采用一些非正当的手段，如威胁证人，以获取有利的证言。证人受到任何一方当事人及其亲友的威胁，为顾及自身和家人的安全，都有可能作伪证，从而保全自己和家人的安全。有时即使在事前证人没有遭受当事人及其亲友的威胁，也可能会担心自己的如实陈述会损害某方的利益，由于担心日后遭到报复而提供伪证。另外，证人的伪证行为有时候也可能来自办案人员的威胁。从心理学的角度看，这种防御型的伪证动机是证人出于安全的需要而产生的，笔者在前文中已有提及，安全需要是人的基本需要之一。让证人舍弃自身及其亲友的安全而去追寻公平正义，在一定程度上是困难的。

2. 害怕法律制裁

证人如果与案件有某种利害关系，也有可能会作伪证。我们在这里讲的利害关系是指证人或其亲友也涉及该案，如实陈述可能会使其自身或其亲属遭受法律制裁。在这种情况下，证人为了避免自身或其亲友遭到法律的制裁而选择作伪证。事实上这也是证人的一种自我保护方式。证人作伪证是其博弈的结果，当面对作伪证会遭到法律的制裁，而如实陈述会牵扯自身的时候，证人会权衡各方面的利弊，从而选择一项自认为风险比较小的行为。这种情况其实就是心理学中所说的双避冲突，两项结果都不想要，但必须接受其一，才能避免另一。当证人认为其如实作证行为可能会使其自身或亲友受到法律的制裁时，证人可能会选择伪证行为，前提是因伪证行为而遭到法律惩罚的可能性较小或是惩罚较轻。

（二）情感型的伪证动机

1. 亲情和友情

亲情和友情被认为是导致证人作伪证的一个非常重要的因素，几乎所有的学者在探讨证人伪证动机的时候都会谈到亲情和友情的影响。我们国家的法律没有规定亲友的免证权，只要证人知道案件的有关情况，就有义务出庭作证，这样的规定似乎是有些不合理之处的。在中国的古代及现代西方的许多国家都有证人免证权的相关规定。一个与当事人有亲情、友情关系的证人对当事人是包含情感的，而这种情感会影响证人的真实陈述，强迫这些人作证可能会增加证人的伪证行为。有学者曾作过调查，在120批次的出庭证人当中，与提供方当事人有这样或那样“利害关系”的占了90%以上，这些“利害关系”包括亲属、同事、熟人、职员、邻居和商业关系人，其中亲属的人数最多。[①] 尽管这不是一项关于伪证动机的调查，但是从调查中我们可以看出证人多是与提供方当事人有某种“利害关系”的。公安司法人员在对有某种“利害关系”的证言进行判断时要特别的慎重。可喜的是，2012年3月14日通过的《中华人民共和国刑事诉讼法修正案》第188条规定：经人民法院通知，证人没有正当理由不出庭作证的，人民法院可以强制其到庭，但是被告人的配偶、父母、子女除外。这也从某种程度上给予了亲属一定的特权，减少了伪证行为发生的可能。

2. 报恩和报仇

证人借作证之机报恩或报仇。假如证人曾受过一方当事人的恩惠，那么他就极可能借此机会，作有利于被告人的伪证；相反，假如证人与一方当事人有仇，那么他就极可能借此机会，作不利于被告人的伪证。我国的法律中有关于回避的规定，为的是防止有利害关系的人影响公正的审判。但由于证人特殊的地位及其稀缺性，对证人并不适用回避。对于证人不适用回避原则，并不代表与案件有某种利害关系的证人就不会影响案件的公正审判。在对证人证言的可信性进行判断时，分析其是否与当事人有利害关系是非常有必要的。

3. 抵触和敌对

证人如原本就对公安司法人员有抵触或敌对情绪（这种抵触或敌对情绪可能是多方面原因造成的，如曾受过刑罚处罚），就可能以作伪证的方式来愚弄和报复公安司法人员。另外，公安司法人员在收集证言时，态度粗暴、方法不得当也有可能会使证人产生抵触和敌对情绪，而故意提供伪证。进一步说，证人是否产生抵触和敌对的情绪也会影响公安司法人员

① 王亚新等：《法律程序运作的实证分析》，法律出版社2005年版，第283页。该项调查研究是针对民事案件中出庭的证人进行的，因此，我们无从知晓证人与提供方当事人有某种关系在所有的案件中所占的比例，在本书中的一些探讨是基于此项调查的一些推论。

所收集到的证言是否可信。有抵触和敌对情绪的证人可以通过多种途径来发泄自己的不满，而提供伪证是其中的一种途径。

4. 屈从反应

对于大多数人而言，公安司法机关的工作人员在某种意义上就代表着公正权威，代表着压力。在前文中，我们探讨误证的影响因素时提到由于人们对权威的屈从，会接受权威的暗示，而改变自己的记忆。可以说这是一种屈从—内化①的过程，在作证时，证人已将权威者的观点内化为自己的观点，并且证人没有意识到这种观点的来源，确信自己所提供的证言是源于对案件的感知。而我们在这里要说的屈从权威是指证人并没有将权威的暗示和希望内化为自己的记忆，而仅仅是为了迎合权威而提供伪证。也就是说证人提供的并非是其感知的案件事实，而是权威所希望他提供的证言。日本学者滨田寿美认为出现这种行为的原因是人不喜欢与他人对立，有时会伪装自己而认同他人。②

5. 同情心

在伪证动机的分析中，同情心包含两方面的含义，一方面是对被害方的同情心，觉得被告人对被害人造成了极大的伤害，应该给予严惩，而夸大事实，提供伪证；另一方面是对被告人的同情心，认为被害的事实已经发生，对被告人给予严惩于事无补，应该给予被告人以重新做人的机会，或者是被告人的伤害行为有一定苦衷，在案件中被害人也存在一定的过错，因此比较同情被告人，而作出对被告人有利的伪证。同情心与人的个性特点有很大的相关，对出于同情心而提供伪证的证人，可以通过分析其个性特点来判断其是否提供伪证。

（三）利益型的伪证动机

1. 受人恩惠

证人收受了被告人、被害人或者其亲友的恩惠，从而提供了对一方有利的证言，这种证言通常是有所夸大或隐瞒，也可能根本就是捏造的。从经济学的角度而言，作为一个理性的人，总是会权衡风险和收益，证人作伪证能够得到一定的利益，也面临着受到法律制裁的风险，当他觉得收益

① 屈从—内化指的是人屈从于权威，进而将权威的看法、态度等内化为自己的看法、态度等。

② ［日］滨田寿美：《自白心理学》，片成男译，中国轻工业出版社 2006 年版，第 39 页。

大于风险的时候，自然会选择伪证行为。目前，我国法律对证人伪证行为的追究力度和惩罚力度都较弱，相反，被告人为了躲避法律的制裁，被害人为了使被告人接受法律严惩的愿望却非常强烈，这就会出现被告人、被害人或者其亲友不惜重金收买证人的情况。而有相当一部分的证人往往会抵制不住诱惑，而提供伪证。俗话说“拿人钱财，与人消灾”就是这个道理。并且受人恩惠，证人可以即时地获得利益，而受到法律的惩罚是提供伪证以后有可能发生的事。在面对即时的利益和事后的惩罚时，人们往往会选择即时的利益。

2. 预期利益

有时候在被告人、被害人或者其亲友没有给予证人现实的恩惠时，证人也会提供有利于一方的伪证。这是因为在证人的心理存在着预期利益，证人预期他的伪证行为会造成对一方当事人有利的结果，事后一方当事人理应给予其一定的回报。一般情况下，证人会为预期利益提供伪证的，都是在一方明示或暗示“事后必有重谢”的条件下才会发生。当证人认为这种预期利益实现的可能性比较大的时候，其为此提供伪证的可能性越大。

(四) 自我满足型的伪证

1. 关注的需要

心理学家认为，每个人都是需要关注的，并且是希望得到关注的。但是每个人获得关注的途径是不一样的。就像孩子哭泣是为了引起大人的关注一样，有时证人作伪证也是为了获得更多的关注。一些案件中，证人证言对判断是非曲直起着非常重要的作用，在这时候提供证言的证人就成了重要人物，成了人们关注的焦点。有的证人也许对案件的情况不是十分了解，或是他只了解案件的部分信息，但是为了获得更多人的关注，而通过夸大事实或捏造事实的方法来吸引人们的注意。

2. 说谎成癖

说谎成癖是指说谎已经成了一些人的癖好，这些人通过说谎来满足自己的虚荣心，来提升自己的价值。部分伪证证人就属于这种情况，他们认为通过作伪证，公安司法人员被自己愚弄了，是一种自我价值的体现，一旦如实陈述，会破坏其自我存在的价值。这些人仇视所有的权威，包括父母、老师、警察等，认为如实陈述即意味着对权威的屈从。

对于证人在询问中表现出来的伪证行为，询问人员需要冷静地分析影响证人伪证行为的主要动机因素，从而有针对性地实施各种询问策略和方法，弱化其伪证动机，促其形成如实供述的决议。

以上是笔者就国内学者所作的关于证人伪证动机的简要归纳，希望对司法工作人员了解证人的伪证动机，正确判断证人证言的可信性提供帮助。但是以上归纳都是一些经验性的总结，没有针对上述的证人伪证动机进行相应的实证调查。经验并不总是正确的。证人伪证行为是非常复杂的，在作伪证的过程当中存在多种动机共同起作用的情况，并且各种动机的影响力是不同的。因此，对于证人的伪证动机作相应的实证研究是很有必要的。

第三节　证人伪证动机影响因素的实证研究①

探讨证人作证的动机能够从根本上找出证人伪证行为的原因，从而制定出应对证人伪证行为切实有效的对策。对于证人伪证动机的探讨吸引了许多学者的目光，但是关于证人伪证动机的探讨多是学者们一些经验性的总结，没有实证的数据加以支撑。学者们往往是从伪证行为本身或伪证行为导致的后果出发，就现象本身提出建议，较少有关于证人伪证动机的实证研究。本研究采用问卷调查的方法，研究证人的伪证动机，从而有针对性地提出应对策略。

一　研究方法

（一）问卷的编制

本研究所采用的问卷是在 1996 年罗大华等人制定的问卷——“影响证人伪证的动机因素”的基础上修订而成的。以罗大华等人 1996 年的问卷为母版，进行了初测，让被试对各因素对伪证行为的影响力进行判断，请被试增加他们认为对证人伪证行为有影响的因素，并对新增因素进行影响力的判断，通过对初测问卷的整理，增删了罗大华等人 1996 年问卷中的一些因素，并对某些因素的措辞进行了改动，形成本

① 本研究由中国政法大学证据科学研究院证人证言可信性创新团队共同完成，从问卷的编制、问卷的施测到问卷的录入、统计，都是团队成员共同的成果。

次调查所用的正式问卷，共13个影响因素，详见表5—1。[①] 为了避免被试选择的“居中效应”[②]，本问卷采用四点评分（1—没有影响，2—有较小的影响，3—有较大的影响，4—有很大的影响）。问卷的分半信度为0.8060；克隆巴赫系数为0.8489。

（二）被试

在本次调查中，选取的被试为公安人员、检察官、法官、律师，基于这些被试与证人接触较多，可推测他们对于影响证人伪证动机因素的看法是有一定预测力的，对我们制定相应的制度，采取相应的措施会大有帮助，因此，本问卷选取这四类人员作为被试。[③]

本次调研在广东、河南、四川、山东、北京共发放问卷1000份，[④] 回收896份，其中有效问卷820份，在有效问卷中，公安人员202人，占24.6%；检察官246人，占30%；法官215人，占26.2%；律师157人，占19.1%。男性635人，占77.4%；女性185人，占22.6%。本科及以上613人，占74.8%；专科174人，占21.2%；高中、中专、中技33人，占4%。办案经历在1年及以下的56人，占6.83%；办案经历在2—10年（含10年）的376人，占45.85%；办案经历在11年及以上的385

---

① 罗大华等人1996年进行的关于证人伪证动机影响因素的调查包括11个因素（详见《罗大华70华诞文集》，中国政法大学出版社2006年版，第433页）。本问卷在罗大华等人1996年问卷的基础上，结合了近十几年来相关学者的调研，以及国内外文献中关于证人伪证动机的表述，重新编写了问卷，并选取了100名的公安人员、检察官、法官和律师进行了初测。初测问卷包含让被试作影响力判断的封闭式问题，也包括开放式的问题，即让被试自行填写影响证人伪证动机的因素，并进行影响力的判断，然后对初测问卷进行修订。此次调研所用的问卷共涉及13个因素，主要涉及情感因素、安全因素、利益因素及其他因素。

② “居中效应”是指在作选择时，如果为单数项的选项，比如3项或5项，被试倾向于选择中间的那一项。

③ 关于被试的选取，因为涉及作伪证的证人的数量相对少数，在进行大规模的问卷调查时去寻找这些证人是不现实的，并且即便能找到足够多的证人，他们也未必愿意配合调查。事实上，国外关于证人伪证动机的调查，也多是选取相关的司法人员作为被试。

④ 本调研原设想在华北、华南、华东、华中、东北、西南、西北、港澳台8大区进行调研，但在实际的调研过程中遇到了一定的困难，最后问卷仅选取了5个区进行调研，但问卷调研采取的是随机的方式，调研的范围也覆盖了中国的5大区，应该说本次问卷调查的被试选取是比较有代表性的。问卷采用邮寄、委托相关司法工作者组织调研和研究者前往各地实际调查相结合的方式。

人，占47.07%。[①] 各类人员的分布如图5—2。

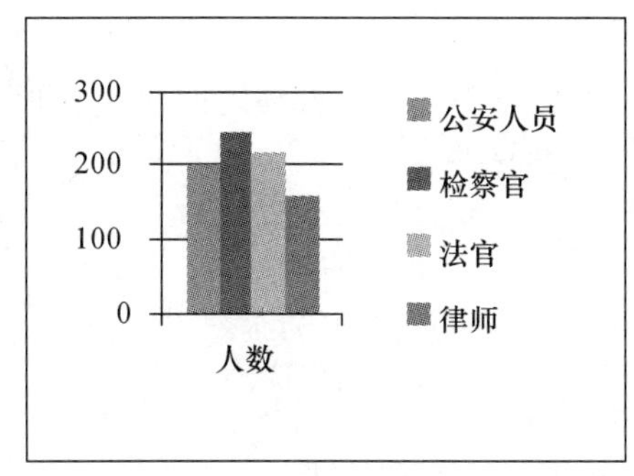

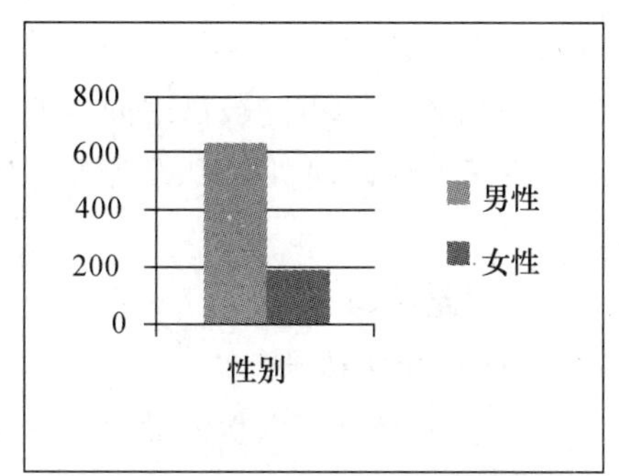

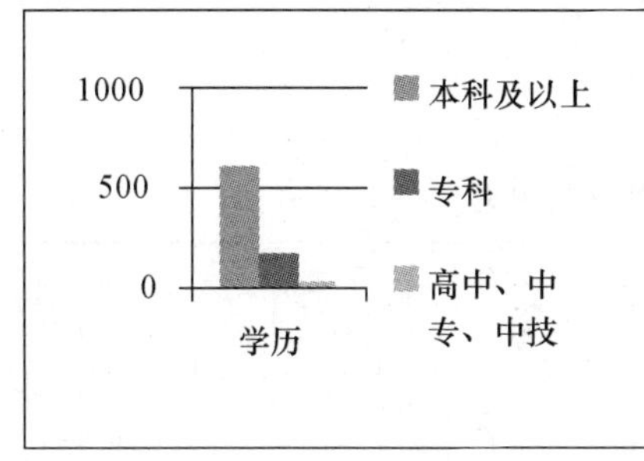

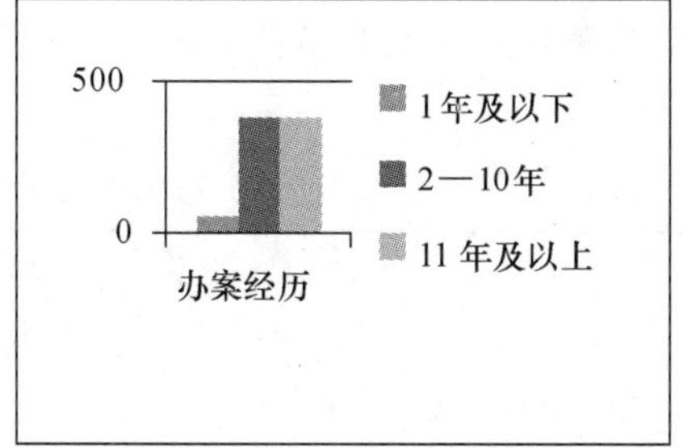

图5—2　各类人员的分布

（三）数据统计

本研究采用SPSS16.0软件进行数据的计算和分析，具体分析步骤如下：

1. 计算被试对每一个问题所作答案的平均分数。总平均分是所有被试对某一证人伪证动机影响因素判断的分值相加除以被试总人数所得的分值，公安人员的平均分是所有公安人员对某一证人伪证动机影响因素判断的分值相加除以公安人员的总人数所得的分值，检察官的平均分是所有检察官对某一证人伪证动机影响因素判断的分值相加除以检察官的总人数所得的分值，法官的平均分是法官对某一证人伪证动机影响因素判断的分值相加除以法官的总人数所得的分值，律师的平均分是所有律师对某一证人

① 关于办案经历的划分，研究者的设想是不同办案经历的司法工作者由于其与证人接触的频次不同，在对证人伪证动机影响因素的判断上也会有所差异。研究者参考前人研究将四类人员的办案经历分为1年及以下、2—10年、11年及以上三种。

伪证动机影响因素判断的分值相加除以律师的总人数所得的分值。

2. 根据平均分数对各个因素进行排序。分数越高说明该因素的影响力或有效性越大。

3. 对比各类不同被试之间的差异。[①] 比较不同被试群体之间对于各种因素对证人伪证动机影响的判断是否存在差异。

二 结果与分析

(一) 研究结果

1. 各因素对证人伪证动机的影响力排序

本次调查正式问卷中所涉及的13个因素，按照问卷调查所有被试对各因素的总平均分从高到低进行排序（见表5—1）。

表5—1　　影响证人作伪证的动机因素

序号	因素	总平均分	排序	平均分（公安）	排序	平均分（检察官）	排序	平均分（法官）	排序	平均分（律师）	排序
1	证人为了使自己的亲友免遭法律制裁	3.20	1	3.10	1	3.24	1	3.21	1	3.26	1
2	证人受到当事人的威胁、恐吓	3.11	2	3.10	1	3.13	2	3.09	3	3.14	2
3	证人与案件有某些利害关系，为避免牵连自己	3.08	3	2.96	7	3.11	4	3.11	2	3.14	2
4	出于“哥们义气”，尽力营救犯罪的“哥们”	3.03	4	3.02	4	3.13	2	2.98	5	2.95	6
5	证人为了庇护已暴露的共犯	3.03	4	3.06	3	3.07	5	2.94	7	3.06	4

① 对于不同被试之间差异的比较，研究者采用的是心理学研究中经常会使用的方差分析，比较不同被试群体之间对某一因素影响力判断的平均数之间的差异，当 $p<0.05$ 时，说明两个平均数之间具有显著差异，当 $p<0.01$ 时，说明两个平均数之间具有极其显著的差异。

续表

序号	因　素	总平均分	排序	平均分（公安）	排序	平均分（检察官）	排序	平均分（法官）	排序	平均分（律师）	排序
6	证人因贪利被一方当事人或其亲友“收买”	3.00	6	2.97	6	3.05	6	3.06	4	2.90	7
7	证人为了报复曾积有怨仇的当事人及其亲友	2.98	7	3.00	5	2.98	7	2.92	8	3.05	5
8	证人与一方当事人或其亲友是熟人，碍于情面而作出对其有利的伪证	2.91	8	2.85	8	2.91	8	2.98	5	2.90	7
9	证人为报答一方当事人的恩情	2.85	9	2.80	9	2.90	9	2.84	9	2.83	9
10	证人为了讨好一方当事人或其亲友	2.77	10	2.77	10	2.80	10	2.74	10	2.77	10
11	证人对询问人员不满或对公安、司法机关有敌意	2.68	11	2.75	11	2.69	11	2.64	12	2.64	11
12	证人出于无原则的同情心，不愿看到有人受到法律的制裁	2.57	12	2.46	13	2.65	12	2.68	11	2.41	12
13	有“说谎欲”而任意捏造事实	2.42	13	2.60	12	2.43	13	2.37	13	2.23	13

2. 四类人员关于各因素对证人伪证动机影响力判断的差异检验

本研究就四类人员对每个因素对证人伪证动机的影响力的判断是否有差异进行了方差分析，结果发现只有在因素13上，四类人员存在显著差异（$F=4.567$，$P<0.01$）。进行两两比较发现，公安人员和法官在对因素13的影响力的判断上存在显著差异（$F=5.379$，$P<0.05$），公安人员赋予因素13的平均分显著高于法官；公安人员和律师在对因素13的影响力的判断上存在显著差异（$F=14.020$，$P<0.01$），公安人员赋予因素

13 的平均分显著高于律师；检察官和律师在对因素 13 的影响力的判断上存在显著差异（$F=4.408$，$P<0.05$），检察官赋予因素 13 的平均分显著高于律师。

3. 不同办案经历的被试对各因素对证人伪证动机影响力判断的差异检验

本研究对不同办案经历的被试对各因素对证人伪证动机影响力的判断是否有差异进行了方差分析，结果发现在因素 2、因素 3、因素 8 和因素 13 上，不同办案经历的被试存在显著差异。在因素 2 上，不同办案经历的被试存在显著差异（$F=3.663$，$P<0.05$），进行两两比较发现，办案经历在 1 年及以下的被试对因素 2 所赋予的平均分显著高于办案经历在 2—10 年的被试。在因素 3 上，不同办案经历的被试存在显著差异（$F=3.473$，$P<0.05$），进行两两比较发现，办案经历在 11 年及以上的被试对因素 3 所赋予的平均分显著高于办案经历在 2—10 年的被试。在因素 8 上，不同办案经历的被试存在显著差异（$F=3.386$，$P<0.05$），进行两两比较发现，办案经历在 11 年及以上的被试对因素 8 所赋予的平均分显著高于办案经历在 2—10 年的被试。在因素 13 上，不同办案经历的被试存在显著差异（$F=6.808$，$P<0.01$），办案经历在 11 年及以上的被试对因素 13 所赋予的平均分显著高于办案经历在 1 年及以下的被试。

4. 不同性别的被试对各因素对证人伪证动机影响力判断的差异检验

本研究对不同性别的被试对各因素对证人伪证动机影响力的判断是否有差异进行了方差分析，结果发现在各个因素上，男性被试和女性被试都不存在显著差异。也就是说男性和女性被试对于各因素对证人伪证动机的影响的判断是一致的。

5. 不同学历的被试对各因素对证人伪证动机影响力判断的差异检验

本研究对不同学历的被试对各因素对证人伪证动机影响力的判断是否有差异进行了方差分析，结果发现在因素 2 和因素 13 上，不同学历的被试存在显著差异。在因素 2 上，进行两两比较发现，本科及以上学历的被试与高中、中专、中技学历的被试差异显著（$F=8.667$，$P<0.01$），本科及以上学历的被试对因素 2 所赋予的平均分显著高于高中、中专、中技学历的被试，专科学历的被试与高中、中专、中技学历的被试差异显著（$F=5.470$，$P<0.05$），专科学历的被试赋予因素 2 的平均分显著高于高

中、中专、中技学历的被试。在因素 13 上，进行两两比较发现，本科及以上学历的被试与专科学历的被试差异显著（$F=5.311$，$P<0.01$），专科学历的被试赋予因素 13 的平均分显著高于本科及以上学历的被试；本科及以上学历的被试与高中、中专、中技学历的被试差异显著（$F=7.528$，$P<0.01$），高中、中专、中技学历的被试赋予因素 13 的平均分显著高于本科学历的被试。

（二）结果分析

1. 问卷中所列各因素对证人伪证动机的形成都有一定作用

从调查数据的统计来看，本问卷所选择的 13 个影响因素都是比较有效的，13 个因素的总平均分都在 2 分以上，其中总平均分在 3 分以上的有 6 个因素，也就是说四类人员都认为这些因素对证人伪证动机有较大或一定的影响。调查结论显示，“证人为了使自己的亲友免遭法律制裁”，被公安人员、检察官、法官、律师一致地认为是影响证人作伪证的最重要因素。我国自古以来就有“亲亲相容隐”的规定，一味地强调证人有作证的义务，而忽视证人与当事人之间的亲情关系，使其勉强作证，并不能取得好的效果，相反可能造成证人作伪证，增加公正裁判的难度。这提示我们法律工作者应当及时制订有效的措施来防止因亲情而导致作伪证的行为，比如赋予特定的人员以免证的特权。与证人自身的安全相关的因素列在第二位，这也应该引起法律工作者足够的重视，保护证人及其亲属的安全，确保其利益不受侵犯，是证人提供真实证言的保障。2012 年 3 月 14 日通过的《刑事诉讼法修正案》第 188 条在一定程度上肯定了亲属间的作证特权，这说明我国的法律工作者已经意识到了亲属间作证可能会带来一些不利的影响。另外，涉及利益的因素也被四类人员认为对证人的伪证动机会产生较大的影响，这也需要相关的司法工作者加以关注。总的来说，四类人员普遍认为涉及证人情感、安全和利益的因素对证人伪证动机的影响较大。

2. 四类人员对各因素对证人伪证动机影响力的判断基本一致

从对四类人员就各因素的影响力判断的方差分析中我们可以看到，四类人员对各因素对证人伪证动机影响力的判断基本是一致的。只有在因素 13 上显示出了差异。我们在上文中已经提到之所以选取这四类人员作为被试，是因为这四类人员对于证人接触较多，他们的判断应该是具有一定推测力的。本问卷又显示出四类人员判断的一致性，这更说明了本问卷所选取的被试具有较强的代表性，能够为司法实践中对证人伪证动机的判断提供借鉴。但在因素 13 上四类人员的判断出现了差异，公安人员对“说谎欲”对于证人伪证动机的影响的判断要显著高于法官。我们推测出现这种情况的原因存在两种可能性，一是在不同的诉讼阶段，证人的伪证动机是不同的；二是在目前的中国，证人出庭率是很低的，真正能够在法庭上出现的证人，多数是经过了多方的努力才达成的，因而在这种情况下，法庭上的证人因为满足自己的“说谎欲”而出庭作伪证的可能性就大大降低了。关于法官、检察官和律师在因素 13 上呈现出的差异，我们认为这可能是由于他们的身份差异造成的，在人们的眼里，公安人员和检察官会比律师更权威。具有“说谎欲”的人，说谎的对象越具有权威性，其满足感会越强，因此，可能出现在公安人员和检察官所接触的证人中存在一部分受“说谎欲”驱使而作伪证的证人。

3. 不同办案经历的被试对各因素对证人伪证动机的影响力判断基本一致

办案经历的不同意味着公安人员、检察官、法官、律师接触证人数量的不同，办案经历在 1 年及以下的被试对于证人伪证动机的判断具有一定的经验，办案经历在 2—10 年的被试具有较丰富的经验，办案经历在 11 年及以上的被试具有很丰富的经验。在设计问卷的时候，我们假设办案经历不同的人员对于影响证人伪证动机影响因素的判断是不同的。因此，在本问卷中对不同办案经历的被试对证人伪证动机的影响力的判断进行了比较。结果显示，在对大多数因素的判断上，不同办案经历的被试并不存在显著性的差异。但在因素 2、因素 3、因素 8 与因素 13 上，不同办案经历的被试显示出了显著性差异。办案经历在 1 年及以下的被试赋予因素 2 的得分显著高于办案经历在 2—10 年的被试，办案经历在 11 年及以上的被试赋予因素 3 和因素 8 的得分显著高于办案经历在 2—10 年的被试，办案经历在 11 年及以上的被试赋予因素 13 的得分显著高于办案经历在 1 年及以下的被试。我们推测，由于办案经历的不同，被试接触的证人也是不同的，从经验的角度来说，办案经历越丰富，对证人伪证动机的判断越有说服力。从本调查中，我们了解了不同办案经历的被试对于多数影响因素的看法是一致的，但在少数的影响因素的判断上存在差异。对于这些因素，我们在评估判断时，可以根据问卷的调查结论，再结合其他的案件信息作出判断。

4. 不同性别的被试对各因素对证人伪证动机的影响力的判断完全一致

本研究显示，在对各因素影响证人伪证动机的作用的判断上，男性和女性是完全一致的。这与我们的预期是不同的。在调查之初，我们预计在证人伪证动机影响因素的判断上，女性被试会赋予涉及情感的因素更高的分值，而男性会赋予涉及安全和利益的因素更高的分值，而调查的结果并没有显示出任何的性别差异，这可能是因为本调查选取的被试均是法律工作者，他们在对问题的判断上会更理性、更客观，从而缩小了情感因素对不同性别被试看待问题的影响。

5. 不同学历的被试对各因素对证人伪证动机的影响力的判断基本一致

从本研究的相关统计中，我们发现不同学历的被试对各因素对证人伪证动机的影响力的判断基本是一致的。只有在因素 2 和因素 13 上表现出差异，学历高的被试认为与安全相关的因素对证人伪证动机的影响更大；在因素 13 上，学历低的被试比学历高的被试认为“说谎欲”对证人伪证动机的影响较大。这种学历的差异应当引起相关司法工作者足够的重视，因为这可能更多地体现在司法工作者和普通群众对证人伪证动机影响因素的看法上，这对裁判者判断的可接受性提出了挑战。

三　对策与建议

从本调查中，我们可以看出不同性别、不同工作经历、不同学历的四类人员对各种因素对证人伪证动机影响的判断是基本一致的，涉及安全、情感和利益的因素被四类人员认为对证人伪证动机的影响较大。根据本问卷所反映出的问题，有针对性地提出以下几点建议：

（一）完善证人保护措施

证人顾忌自身及亲属的人身财产安全是影响其形成伪证动机的最为重要的因素。当证人连最起码的人身财产安全都得不到保护的时候，期待证人进行积极的作证行为是不现实的。而目前，我国关于证人保护措施的制度还不够健全，这在一定程度上也促成了证人的伪证行为。可喜的是，2012 年 3 月 14 日通过的《刑事诉讼法修正案》第 62 条规定了多项证人保护措施，这说明法律工作者已经意识到了完善证人保护措施的重要性。

在如何建立、完善证人的保护措施方面，我们认为学者吴丹红等人的观点具有重要的借鉴意义。该学者提出了保护证人的一些具体措施，包括一般措施、特殊保护措施和证人的辅助保护措施，一般措施中包括证人保密制度、危险报告制度、侵害追究制度；特殊保护制度包括重点危险证人的贴身保护、作证后的特殊证人的保护、易受伤害证人的程序保护；证人的辅助保护措施包括加大危险犯罪嫌疑人和被告人的人身控制、设立威胁证人的证据推定规则、建立证人人身财产的保险制度。[①] 我们认为该学者的归纳是相当完整的，立法部门可考虑采用这种从一般层面到特殊层面的保护制度，以确实地保障证人及其亲属的生命财产安全。总之，安全需要是人的一种最基本的需要，建立一套完整细化的证人保护措施是一项刻不容缓的工作。

（二）赋予亲属间作证特免权

关于亲属间作证特免权，自古以来，法律就有相关的规定。一味强调证人作证的义务，强迫与当事人有亲属关系的证人作证，势必会破坏家庭、亲属关系，甚至造成亲属间的反目成仇，从而影响整个社会的安宁，从这个角度来说，要求亲属间作证可能是得不偿失的。另外，从证言的真实性角度考虑，强迫亲属间作证增加了证人的伪证可能性。

基于以上考虑，我们认为赋予亲属间作证特免权是十分必要的。情感因素对证人伪证动机的影响已经被决策者所充分认识，新的《刑事诉讼法修正案》就是最好的证明。那么，又应该如何赋予亲属间作证特免权呢？我们认为首先要确定的是亲属的范围，在一项制度确立之初，不宜将其范围确定得过大，可以借鉴国外的经验，先将主体确定在配偶、子女、父母这三类人中，再根据实践的情况逐步作出调整。其次，要确定亲属间作证特免权在哪些案件中可以适用，借鉴国外的经验，可将其暂定在刑事案件中，再根据实践的情况调整其具体的适用范围。

（三）建立伪证行为的惩罚制度

四类人员都认为涉及利益而作伪证的因素对证人伪证动机具有较大的影响力。我们认为完善伪证行为的惩罚制度是消除因利益而产生伪证动机的最好方法。在与一些司法人员及证人的交谈中我们了解到，很多时候惩罚对于情感、安全因素导致的伪证行为并不一定能起到好的效果，但对因利益而导致的伪证动机却有较好的效果。尽管新的《刑事诉讼法修正案》

---

① 何家弘主编：《证人制度研究》，人民法院出版社 2004 年版，第 184—193 页。

第 188 条增加了对出庭后拒绝作证的证人的处罚。但是，总的来说，对于证人作伪证行为的处罚规定是较轻的，并且事实上追究伪证罪的情形也比较少，这使侦查人员获取证言的真实性大打折扣。鉴于证人证言在诉讼中的重要作用，我们应当重视和杜绝伪证现象，制定强有力的责任追究制度，以防止伪证现象泛滥，影响司法公正。

本章小结

伪证是人的一种故意说谎行为，心理学工作者对于伪证的研究多集中于伪证动机。而人的动机与人的需要又是密切相连的，证人的伪证动机与其特定的需要是分不开的。本章对伪证的相关概念进行了界定，并分析了动机与需要之间的关系。关于证人伪证动机的影响因素，学者们多是一些经验性的总结，综合学者们关于证人伪证动机的论述，我们将证人伪证动机分为四种，一是防御型的伪证动机，二是情感型的伪证动机，三是利益型的伪证动机，四是自我满足型的伪证动机。

关于证人伪证动机的实证研究开展得比较少，一般采用问卷调查的方式进行研究，而问卷多选择相关的司法人员作为被试。本章中，我们以公安人员、法官、检察官、律师为被试进行了证人伪证动机的调查，结果发现问卷中涉及的各个因素都被认为对证人伪证动机具有一定的影响力，不同的被试就各因素对证人伪证动机影响力的判断基本是一致的。

第六章
辨　　认

在侦查中，辨认是收集证人证言的手段之一，我们之所以将辨认单独列为一章，主要的原因在于辨认与采用一般询问的方式收集证言存在着许多不同。从心理学的角度来看，辨认等同于再认，辨认涉及多种特殊的心理现象。实践中，屡屡出现的错误辨认以及人们对于辨认的错误信念，使得对于辨认的研究显得尤为重要。本章内容主要分析了实践中的错误辨认现象和裁判者对辨认的错误信念，探讨了辨认中的一些心理现象，以及目前关于辨认研究的热点问题。

第一节　辨认概述

一　辨认的概念

理论界关于辨认内涵的界定主要是从侦查的角度出发的，将辨认作为一种重要的侦查措施。我国现行的《刑事诉讼法》未对辨认措施进行规范，仅在《公安机关办理刑事案件程序规定》和《人民检察院刑事诉讼规则》中对辨认有所规定，具体有辨认的实施方式、辨认的审批和实施主体及辨认实施的相关规则等。[①] 本书以辨认的法律内涵为基础，结合心理学的原理将辨认定义为人们对案情知觉、识记后，将所目睹的案件事实存储在记忆中，在一定条件下进行辨认时，以再认的形式将存储的内容提取出来，与当前辨认的人或事物进行比较、鉴别，并最终作出可能性判断的一系列心理过程。辨认采用的是再认的方式，而不是回忆的方式，一般

① 参见《公安机关办理刑事案件程序规定》第246—251条，《人民检察院刑事诉讼规则》第210—215条。

情况下人的再认比回忆要容易，许多事件已经无法回忆却仍能再认。[①]

二　辨认的对象

按照辨认对象的不同，可以将辨认分为对人的辨认、对物的辨认、对场所的辨认和对尸体的辨认。

对人的辨认主要是指辨认人对犯罪嫌疑人进行辨认。对犯罪嫌疑人的辨认，既可以是对犯罪嫌疑人的真人进行辨认，也可以采用照片或录像等方式对犯罪嫌疑人进行辨认。

对物的辨认主要是指辨认人对案件相关的物品进行辨认。同样的，对物品的辨认，既可以是对实物的辨认，也可以采用照片或录像的方式进行辨认。

对场所的辨认主要是指侦查人员为了进一步确认犯罪现场、锁定嫌疑目标、明确案件事实，安排辨认人到犯罪现场进行识别的辨认方式。

对尸体的辨认是指通过辨认人对死因不明的尸体进行辨识，以确定死者身份的识别形式。

一般情况下，对场所和尸体的辨认，都是单一辨认，很少有多个场所与多个尸体一同辨认的情况。对人和物的辨认，既可以采用单一辨认的方式，也可以采用混杂辨认的方式。

三　辨认的方法

（一）按照参与辨认对象的数量划分

按照参与辨认的对象的数量多少，可以将辨认分为列队辨认、单独辨认和大量照片辨认。

1. 列队辨认

列队辨认是最常采用的辨认方式。列队辨认包括现场列队辨认、录像列队辨认及照片辨认。现场列队辨认是将犯罪嫌疑人安置于其他个体之中，要求目击证人对一组人列队进行辨认。录像列队辨认是对列队成员录像并通过屏幕放映出来让目击证人进行辨认的程序。照片辨认是将犯罪嫌疑人的照片放置于其他个体的照片之中，要求目击证人对一组照片进行

---

① ［美］约翰（John B. Best）：《认知心理学》，黄希庭主译，中国轻工业出版社2000年版，第33页。

辨认。

列队辨认中存在一个问题，那就是究竟应当选择多少人组成列队？实践中没有统一的标准，学者们也没有一致的认识。列队成员越多，无辜者被错误辨认的机会就越小，相应的，犯罪嫌疑人被辨认出来的可能性也就越小。Nosworthy & Lindsay（1990）的研究显示，列队选取的陪衬者在3—20人之间的，辨认的准确性没有显著差异。

2. 单独辨认

单独辨认（showup）是单个人的辨认。单独辨认包括真人辨认、录像辨认和照片辨认三种形式。在实践中，较少采用单独辨认。少数案件中，有明确的犯罪嫌疑人，仅仅需要证人加以确认，这时可能会采用单独辨认的方法。

单独辨认是最简单的辨认方式，但通常也认为它是最容易出错的辨认方式。单独辨认时，证人往往承受着更大的压力，这种压力一方面来自自身，证人试图帮助侦查人员辨认出犯罪嫌疑人，假如证人不认为辨认对象是犯罪嫌疑人，会让辨认主持人感觉很沮丧；另一方面，辨认主持者也会有意无意地给予压力，让证人确认他们的判断。

Yarmey（1992）进行了一项研究，让被试目击一个犯罪嫌疑人，2分钟以后，采用照片呈现的方式让被试进行单独辨认，结果显示只有57%的被试作出了正确的辨认。Gonzalez，Ellsworth和Pembroke（1993）进行的一系列研究发现，单独辨认程序造成的错误辨认并不比列队辨认多，在单独辨认中，目击证人更容易说犯罪嫌疑人“不在这里”。Yarmey，Yarmey和Yarmey（1996）的研究比较了单独辨认与列队辨认的辨认准确性，结果发现列队辨认的准确性显著高于单独辨认。显然，关于单独辨认的研究没有得出一致的结论。但大多数的研究者倾向于认为单独辨认方式有极大的暗示性，会导致大量的错误辨认。

司法实践中，多数国家并不禁止单独辨认。比如在美国，只要能够证明程序是可靠的，单独辨认是被允许的。在英国，单独辨认不被鼓励，但也不完全禁止。

3. 大量图片辨认

大量图片辨认（Mugshot）是让证人在相当多数量的照片中辨认出犯罪嫌疑人。当关于某一案件几乎没有任何线索时，并且证人也不能提供关于犯罪嫌疑人的相关细节信息时，警察倾向于采用Mugshot这种辨认方式。在国外，Mugshot 的照片一般选自曾引起侦查人员注意及有过犯罪前科的人。采用 Mugshot 这种方式是基于以下推测：尽管证人不能提供关于犯罪嫌疑人的细节描述，但是当他看到照片时，应该还是能够辨认出犯罪嫌疑人。在现实的案件当中，也确实有很多的证人宣称，虽然他们不能描述犯罪嫌疑人的具体体貌，但是当再次看到时一定能够辨认出犯罪嫌疑人。

Mugshot 存在着一些问题：第一，假如一个品行良好，从未引起侦查人员注意的，也从没有过犯罪前科的人犯罪，那么他的照片将不会出现在 Mugshot 中，证人就永远不可能作出正确的辨认。第二，证人看的照片越多，他就越可能作出错误的辨认。Wells，Small，Penrod，Malpass，Fulero 和 Brimacombe（1998）提出证人辨认的照片不能超过 50 张。

在实际的案例中，辨认主持者往往在 Mugshot 后，再采用列队辨认的方式来确认证人的辨认。这种方式看似使证人的初次辨认得到了确认，但事实上却存在固有的缺陷。证人很可能会在列队辨认中选择在 Mugshot 中辨认出的犯罪嫌疑人，因为证人是根据 Mugshot 中的记忆，而不是根据案件的记忆作出选择的。这种推测得到了研究者的证实（Brigham & Cairns，1998）。

（二）按照辨认对象的呈现形式划分

根据辨认对象呈现形式的不同，一般可以将辨认分为实体辨认、照片辨认、录像辨认三种。

1. 实体辨认

实体辨认是指采用真人或真物，让证人辨认真假的形式。有学者认为采用实体辨认的方式，特别是真人辨认的时候，证人可能会感到惊恐不安，从而影响其辨认的准确性。这些学者主张采用照片辨认或录像辨认的方式来代替真人辨认，这样可以避免真人的出现对证人产生的威胁。另外，他们还认为采用照片辨认或录像辨认的方式比较简便、易行。

2. 照片辨认

照片辨认是目前侦查人员在辨认时最常采用的方式之一，由于其组织和操作的便捷性，很受侦查人员的青睐。但许多研究者提出采用照片辨认会抹杀实体的动态性和真实性，会降低辨认的准确性，认为照片辨认只能作为实体辨认的补充。基于此，有学者提出了一种折中的方式，即采用录像辨认的方法，采用录像辨认既保持了实体的形象性和动态性，又避免了实体对辨认者带来的威胁。

3. 录像辨认

录像辨认是指将辨认对象的相关情况制作成影像，然后让辨认者通过观看录像来实施辨认。采用录像辨认主要用于证人对犯罪嫌疑人的辨认。这一方面是由于采用这种方法可以避免证人与犯罪嫌疑人接触，而产生害怕、紧张的心理，从而影响辨认的准确性。另一方面是由于采用录像辨认保持了辨认对象的动态性，能使辨认者在进行辨认时有更多的信息可利用，这被许多人认为是录像辨认优于照片辨认的地方。但是采用录像辨认不如照片辨认那样简单、易行，录像辨认对于地址、设施也有一定的要求。

Cutler 和 Fisher（1990）对三种呈现形式的辨认进行了比较，结果发现在这三种情况下，证人的辨认准确率并不存在显著差异。Cutler，Berman，Penrod 和 Fisher（1994）探讨了 Shapiro 和 Penrod（1986）的元分析的结果，并作出了呈现方式不影响证人辨认表现的结论。目前，司法实践中，辨认主持人会根据案件的情况选择呈现方式。

四 研究辨认的价值

通过辨认收集到的证人证言不同于通过询问的方式收集到的证人证言，后者可以通过询问来查明证言是否具备内在的一致性和一般的合理性，而辨认没有情节可分析，辨认的结果常被人们直接采纳。因此，通过辨认收集的证人证言与通过询问收集到的证言具有很大的不同。实践中，侦查人员通过辨认的方式收集证言极为常见，并且研究和实践都显示出人们对于辨认具有极大的依赖性。在理论上，对辨认影响因素、辨认评估标准、有效辨认方法的探讨有助于理清辨认的相关机理，并且能对实践提供必要的指导。在实践上，辨认研究的意义主要体现在侦查与审判阶段。

在侦查阶段，有效的辨认能够帮助侦查人员快速查明案件事实真相。侦查人员如果能有效地组织、实施辨认，对于快速的锁定犯罪嫌疑人，查明案件事实真相，具有重要的意义。侦查人员如何有效地组织辨认是心理学关于辨认研究的重点之一。

在审判阶段，对于辨认结论的正确采纳有利于案件的公正审判。辨认的结论是否可信，应该基于对辨认主体、客体、环境、程序的客观分析，而这些分析都离不开心理学的知识、原理。而实践证明，多数裁判者并不具备判断辨认结论正确与否的能力。

第二节 错误辨认与错误信念

一 实践中的错误辨认现象

在美国每年有超过75000人因为目击证人的指认而成为犯罪嫌疑人（Goldstein，Chance & Scheller，1989）。然而，目击者的辨认并不总是正确的。研究发现，错误辨认是造成错判的最主要的原因之一，由于错误辨认所带来的错误判决比由于其他原因造成的错判案件的总和还多（Borchard，1932；Brandon & Davies，1973；Frank & Frank，1957；Huff et al.，1986）。据英国德夫林委员会（Devlin Commission）的统计，20世纪70年代，在英国300多起仅有目击辨认作为证据的案件中，75%的案件中的被告被判有罪（Devlin，1976）。

20世纪70年代，有学者在纽约的电视台做了一项实验，结果令人十分不安。1974年12月19日，NBC电视台播放了一段视频监控下的抢劫案件，整个案件历时12秒，犯罪嫌疑人的脸出现在视频中的时间大约是2秒。随后电视台呈现了由6人组成的照片列队，其中犯罪嫌疑人位于2号位置，请目睹过视频片段的观众进行辨认，并告知其犯罪嫌疑人可能在列也可能不在列。结果有2000多个电话打进。这其中，只有14.1%的人作出了正确的判断。这其实相当于猜测的水平（6人组成列队，加上犯罪嫌疑人不在列队的选择，共有7种选择）。

2007年4月23日，由于DNA证据的支撑，Miller成为美国历史上第200个被无罪释放的幸存者，在此之前他在列队辨认中被两个目击证人错误的识别，法院最终判定其实施了强奸行为，Miller从此在监狱无辜的服刑25年。① 截至2008年，在美国，之前被判有罪而后通过DNA检验证明无罪的案件增至211起，这其中75%是由于错误的辨认引起的，并且错误辨认往往是案件中唯一的有罪证据。② 在国外，由于错误辨认导致的误判现象时有发生，引起了人们的广泛关注。

---

① Innocence Project. 2007 Innocence Project Annual Report [EB/OL]. [2012-09-20]. www.innocenceproject.org.

② Ibid.

在国内由于辨认导致的冤家错案也时有发生。国内学者王佳对国内20世纪70年代至今媒体有报道的与辨认有关的19起案件进行了分析，结果发现其中的14起都与错误的辨认相关。而在这14起案件当中只有2起是由于刑讯逼供导致的错误辨认，其他的12起都是错误辨认在先，并且犯罪嫌疑人、证人的错误辨认反而成了侦查人员认定犯罪嫌疑人有罪，并进而成为对犯罪嫌疑人刑讯逼供的依据。[①]

上述的实验和真实案例向人们昭示了错误辨认的强大破坏力。作为获取证言的最常见的方式之一，辨认有其固有的困难，目击证人辨认已被视作司法过程中最为薄弱的环节之一。

二 裁判者对辨认的错误信念

有学者就英国涉及辨认的审判进行过相关的研究，结果表明，在辨认结果发生矛盾的情况下，如16名证人中只有1人认出犯罪嫌疑人，或犯罪嫌疑人有不在场的证据，陪审团仍然会作出有罪判决。Loftus（1974）提出模拟陪审员对目击证人的证言所感受的印象，远比其他在法庭上提出的证据深刻。

Brigham 和 Bothwell（1983）进行了相关研究，以了解人们对于辨认准确性的认识。在实验中，先让被试阅读真实案件中证人辨认的相关情况，然后请他们评估证人作出正确辨认的可能性。结果发现71%的被试认为证人能够作出正确辨认，而事实上只有12.5%的证人作出了正确辨认。由此可见，人们对于证人的正确辨认能力存在高估的倾向。

Lindsay，Wells 和 O'Connor（1989）研究有模拟陪审团参加的证人辨认的过程。实验的过程分为两个阶段：第一个阶段让证人目击一起导演的偷窃事件，证人当时未意识到这是假的，盗窃事件发生后的几分钟就要求证人从六七张照片中辨认出小偷。第二个阶段让模拟陪审团成员对证人的辨认作出判断。研究发现，错误辨认就像正确辨认一样会使人相信。很显然，陪审团难以区分“好”证人还是“坏”证人。

司法工作者有时难以接受心理学的实验结果，他们认为眼睛能像照相机一样忠实记录每一种经历。并且人们对于自己的这种错误的辨认信念并没有意识。

---

① 王佳：《刑事错案与辨认》，《人民检察》2011年第14期，第22—25页。

第三节　辨认中的心理现象

一　无意识迁移

辨认中的无意识迁移是指目击者错误地将在别处看到的人或物误认为是在犯罪现场看到的人或物（Read，1990）。早在 1965 年 Wall 就引用了一个著名的无意识迁移的案例，在一起抢劫案中，作为证人的售票员将一名水手错误地辨认为犯罪嫌疑人，幸而这名水手有充足的不在现场证据，而没有受到错误的审判。在随后对这名售票员的访谈中，了解到他是因为水手的脸比较熟悉才选择了他，但事实上他并不清楚这种熟悉感是否来源于案件。经事后的调查，原来这名水手从这位售票员那里买过三次火车票。

Buckhout（1974）的实验也证明了无意识迁移作用的存在。在实验中，他让被试观察了一场现场表演（内容为某人攻击了一名教授），在一周之后，让目击者对 6 张照片进行辨认，6 张相片中，一张是犯罪嫌疑人，一张是在现场出现过的人，其余 4 张是未在现场出现过的无关的人。结果发现超过 40% 的被试误将一名无辜的路人辨认为犯罪嫌疑人。这说明人们可能会混淆现场看到的人，将一个无辜的人误认为是犯罪嫌疑人。

Loftus（1976）进行了类似的实验，同样也证实了无意识迁移现象的存在。她通过磁带播放一起暴力事件，同时出示了与该事件有关的人物的照片。3 天以后，分别给两组被试看两组照片（5 人列队）中的一组。在第一组照片中有犯罪嫌疑人，在第二组照片中有一名旁观者。结果第一组被试中有 84% 的人作出了正确辨认，第二组被试中有 60% 的被试将旁观者错误地辨认为犯罪嫌疑人。被试误将路人辨认为犯罪嫌疑人，是因为路人的模样孔对于他们来说是更熟悉的，当他们认为这种熟悉性来源于案件时，无辜的路人就很可能会被错误的辨认。Brown 等人（1977）的研究支持了 Loftus 的研究结论。

目击辨认中，关于无意识迁移的研究所得出的结果基本是一致的。学者们对无意识迁移的潜在危险性也有一定的认识，但是，想要有效地避免无意识迁移的作用却是困难的。辨认中的无意识迁移现象，往往不能被证人所意识，证人出于对辨认对象的熟悉感而作出选择，因此，他们通常对于自己的辨认选择是比较自信的，这更增加了由于无意识迁移所导致的错误辨认被接受的可能性。

关于无意识迁移现象的出现，有几种理论可以加以解释。一是自动化加工过程，该理论认为过去的经历会影响人们的记忆和行为，而这种影响的作用并不被人们所意识。也就是说，在错误辨认中，证人对于曾经见过误认者是没有意识的，而当辨认对象呈现在证人面前时，激起了他的记忆，导致了错误的辨认。二是源检测理论，该理论认为无意识迁移现象的出现是由于人们混淆了信息的来源。也就是说，在编码阶段，证人对于误认者和犯罪嫌疑人是不同的个体是有所认识的，但是在提取阶段，由于两者具有相似的物理背景，从而发生了混淆。三是有意识的干扰理论，该理论认为在编码阶段，信息之间的相互干扰导致了无意识迁移现象的出现。也就是说，在编码阶段，证人就认为误认者和犯罪嫌疑人是同一个体，因此，在后来的辨认中才发生了错误的辨认。

二 辨认后反馈效应

辨认后反馈效应是指在证人辨认后给予反馈会带来证人辨认自信心的巨大改变。1998 年，Wells 和 Bradfield 的实验表明，给予正反馈会影响目击者关于对犯罪嫌疑人的注视时间、目击时的条件及对犯罪嫌疑人面部特征的记忆程度等的陈述，并由此提出了辨认后反馈效应。自从 Wells 和 Bradfield（1998）提出辨认后反馈效应以后，学者们开展了大量的研究。Douglas 和 Steblay（2006）对 20 项涉及辨认后反馈的研究进行了元分析，共包括 2400 多名被试。研究结果证实了辨认后反馈效应的存在。在这一研究结果的基础上，有学者提出，应该在证人辨认以后立即进行自信心的判断，因为此时证人的自信心没有受到污染，而没有受到污染的自信心才能作为判断证人证言可信性的依据（Brewer & Wells，2006）。

辨认后反馈效应受到一定认可的同时，也有部分学者提出质疑：是否所有证人都会产生辨认后反馈效应？Bradfield，Wells 和 Olson（2002）的研究显示，反馈对于正确辨认者自信心的影响并不显著。他们认为正确辨认者通常具有较强的内部线索，错误辨认者通常内部线索较弱，因此，反馈对于正确辨认者的影响并不显著。Semmler，Brewer 和 Wells（2004）也进行了类似的研究，比较了反馈对于不同辨认正误被试的影响，研究却发现对于正确辨认的证人，反馈也会带来自信心的改变。关于辨认后反馈效应在不同辨认正误证人中的反应并没有一致的结论，还需要进一步的研究加以探讨。

在辨认后反馈效应的研究中，学者们还关注是否存在一些变量能够调节辨认后反馈效应。Douglass 和 McQuiston-Surrett（2006）对比了不同列队呈现方式下反馈对辨认自信心的影响，结果发现在顺序呈现列队的条件下也存在辨认后反馈效应。Lampinen，Scott，Pratt，Leding 和 Arnal（2007）研究了警告对辨认后反馈效应的影响，在给予被试辨认后反馈以后，警告被试完全按照自己的记忆，不要受任何反馈的影响，作出自信心的判断，结果依旧显示出了辨认后反馈效应。

关于辨认后反馈效应存在两种主要的理论解释。一是线索—信念模式（cue-belief model）。线索—信念模式主张自信心的判断是两个决定过程的产物：一是熟悉感，二是判断的意愿。熟悉感越强，辨认自信心越高；判断意愿越强，辨认自信心越高。关于影响熟悉感和判断意愿的因素，依据线索—信念模式，个体对自我记忆的判断有三个来源：第一，记忆过程；第二，信念；第三，目击或辨认的条件。内部线索（比如目击对象的特点、呈现时间等）影响记忆过程，影响目击者对目击对象的熟悉感；外部线索（比如反馈、列队呈现方式等）影响目击证人的自我信念和对目击或辨认条件的评估，从而影响判断的意愿。根据线索—信念模式，证人对于自信心的信念可能来源于记忆痕迹所提供的线索，也有可能来源于其他信息（如反馈）所提供的线索，因而，证人的自信心是易受感染的，根据证人自信心判断其证言是否准确是危险的。目前，防止辨认后反馈效应的最好办法就是在证人辨认后立即记录证人的辨认自信心。二是事后聪明的偏见（hindsight bias）。事后聪明的偏见是指人们在知道了事情的真实情况后，会产生我之前就是清楚答案的偏见。Fischhoff（1975）最早在研究中报告了这一偏见，他认为辨认后反馈效应是由于事后聪明的偏见而产生的，在原始信息不清晰的时候，事后聪明的偏见更容易出现（Hell，Gigeranzer，Gauggel，Mall & Müller，1988）。事后聪明的偏见的出现可以从三个角度加以解释，第一，个人需要角度（personal needs view），人们喜欢自己是正确的；第二，记忆角度（memory view），人们混淆了不同来源的信息；第三，锚定角度（anchoring view），人们倾向于把对将来的估计和已采用过的估计联系起来，同时易受他人建议的影响。在实践中，证人证言的提取通常是在案件发生以后的很长一段时间，该间证人可能会受到各种信息的影响，而产生事后聪明的偏见。事后聪明的偏见自提出起，就被学者们广泛地用于对辨认后自信心的解释。

三 亲种族偏见

亲种族偏见（own race bias）是指辨认者更容易辨认出与自己同种族的辨认对象。在过去的几十年里，学者们开展了大量关于亲种族偏见的研究。Meissner 和 Brigham（2001a）对 39 项涉及亲种族偏见的研究进行了元分析，被试约为 5000 人，研究结果显示，被试对于同种族辨认对象的辨认准确率是异种族的 1.4 倍，被试对于异种族辨认对象的辨认错误率是同种族的 1.56 倍。Pezdek，Blandon-Gitlin 和 Moore（2003）以年幼的儿童、儿童和成年人为被试进行了亲种族偏见的研究，结果发现在这三类群体中亲种族偏见都出现了。Kassin 等人（2001）提出有 90% 以上的心理学专家证人愿意在法庭上就亲种族偏见发表意见。由此可见，关于亲种族偏见在学者们的研究中已经达成了一定的共识。

当然，亲种族偏见的研究也存在着一些问题，比如，多数的研究都以白人与黑人为研究对象。因此，并不清楚亲种族偏见在其他种族中是否也是存在的。Ng 和 Lindsay（1994）的研究发现在亚洲人种中，亲种族偏见是存在的。Maclin，Maclin 和 Malpass（2001）的研究发现在拉丁美洲人种中，亲种族偏见也是存在的。目前，还没有关于其他人种的亲种族偏见的研究，因此，认为亲种族偏见是普遍的可能还为时过早。关于亲种族偏见的另一个问题是，亲种族偏见在实验室的研究中获得了支持，但在实际案件中这种偏见是否也存在呢？两个关于亲种族偏见的现场研究得出了相反的结论，Beherman 和 Davey（2001）的现场研究发现了显著的亲种族偏见，而 Valentine 等人（2003）的现场研究却没有发现亲种族效应。显然，关于真实案件中是否存在亲种族偏见还有待进一步的研究。

关于出现亲种族偏见的原因，主要有两种假说，一种是分类假说，认为人们对与自己不同种族的群体是存在偏见的，他们会将与自己不同种族的人看成是异类，并将他们归为不受自己喜欢的一类人群，进而避免对异种族人群的编码（Chance & Goldstein，1996），因此，在对异种族个体的面孔进行辨认时，往往容易出现困难。另一种是特征选择假说，认为各个不同种族的人群都有自己独特的种族特征，因此，在面对异种族个体时，人们在种族特征上消耗了太多的资源，导致了对个性化信息接受的减少，而准确的辨认更多地涉及个性化信息。特征选择假说与个体的经验相关，特征选择假说的前提是人们对异种族的人群是不熟悉的，因为他们较少有与异种族人群生活、交流的经验，因此，他们对于异种族人群的特征是陌生的。有学者推测增加种族间的交流可以提高对异种族的熟悉感（Goldstein & Chance，1971），可以使人们在面对异种族人群时进行更多的个性化信息的加工（Shepherd，1981）。

四　亲年龄偏见

亲年龄偏见（own-age bias）是指辨认者面对与自己年龄相仿的辨认对象时，会表现出更高的辨认准确率。在关于辨认的研究中，儿童和老年人相对于青年人常常表现出更差的辨认准确性（Adams-Price，1992；Chance & Goldstein，1984；Hildebrandt，Sommer，Herzmann & Wilhelm，2010），亲年龄偏见的早期研究就是在寻找辨认的年龄差异中开始的（Bäckman，1991；Bartlett & Leslie，1986；Fulton & Bartlett，1991），学者们假设是由于辨认对象通常都是年轻人，所以导致了儿童和老年人的辨认准确率不如年轻人。

在过去的几十年中出现了大量关于亲年龄偏见的研究，但遗憾的是，研究并没有得出一致的结论。Wright 和 Stroud（2002）的研究发现 18—25 岁和 35—55 岁的群体中存在亲年龄偏见。Perfect 和 Moon（2005）的研究发现 20—24 岁和 65—80 岁的群体中存在亲年龄偏见。而 Memon，Barlett，Rose 和 Gray（2003）的研究发现在 16—33 岁和 60—82 岁的群体中不存在亲年龄偏见。由此可见，关于亲年龄偏见的研究还不能得出确定的结论。

对于亲年龄偏见，现象学的学者们提出了一定的理论解释。Kuefner，Cassia，Picozzi 和 Bricolo（2008）认为由于人们与自己年龄相仿的个体有更多的交流，使得人们在辨认时表现出亲年龄偏见。学者（Chance，Goldstein & Andersen，1986；Ebner & Johnson，2009；He，Ebner & Johnson，2011）采用自我报告法研究群体间的交往，结果发现各年龄段的个体都更喜欢与自己年龄相仿的群体交往。内外群体偏见（In/Out Group bias）理论由此发展而来，该理论认为人们会将不属于自己年龄段的群体归于群体之外，个体更喜欢与群体内的人交流，因而对于群体内的成员是更熟悉的，这就造成了辨认中亲年龄偏见的出现。

五 亲性别偏见

亲性别偏见（own gender bias）是指辨认者对于与自己同性别的辨认对象，会表现出更高的辨认准确率。关于亲性别偏见的早期研究发现，在女性被试中存在亲性别偏见。Cross, Cross 和 Daly（1971）的研究发现在对男性脸孔进行辨认时，男性被试并没有出现优于女性被试的辨认表现；而在对女性脸孔进行辨认时，相对于男性，女性则表现出了更高的辨认准确率。这一研究结论得到了后续研究的支持（Lewin & Herlitz, 2002; Slone et al., 2000）。

但并不是所有的研究都仅发现在女性中才存在亲性别偏见。Wright 和 Sladden（2003）的研究发现，无论在女性被试还是男性被试中都出现了亲性别偏见。在研究中，他们还将头发作为一个变量进行考察，结果发现头发对于亲性别偏见会产生重要影响。

关于亲性别偏见的理论解释与亲年龄偏见的理论解释比较接近。亲性别偏见的支持者认为在对其他个体的认知过程中，人们倾向于作社会分类，而性别是最简单的社会分类之一。

第四节 辨认研究中的热点问题

一 辨认准确性的预测变量

在辨认研究中，关于辨认准确性的预测变量的研究一直是学者们所热衷的。辨认自信心、辨认反应时、辨认策略是研究最常涉及的三个因素。

（一）辨认自信心

在众多目击证人辨认的研究中，辨认自信心问题得到了心理学工作者和法律工作者的极大关注，学者们进行了大量关于辨认自信心的研究。之所以辨认自信心能引起广泛的关注，主要是因为裁判者倾向于相信自信的证人（Wells et al., 1979; Cutler, Penrod & Stuve, 1988; Brewer & Burke, 2002）。在实践中，证人的辨认自信心通常被认为是评估证人证言可信性的一个非常重要的指标。

那么，高自信心是否就意味着高准确性呢？早期学者进行的研究表明，自信心与辨认准确性并无显著的相关或仅存在微弱的相关。Penrod, Loftus 和 Winkler（1982）考察了 16 个关于目击证人辨认后自信心和辨认准确性之间的相关研究，结果发现两者之间仅有平均为 r=.23 的相关。Wells 和 Murray（1984）对 31 个涉及辨认自信心的研究报告进行了元分析，结果得出准确性与自信心之间的相关为 r=.07。

近十几年的研究发现，CA 之间的关系是复杂的，其中一些调节变量（moderate variable）包括目击证人是否作出选择、辨认后的反馈等都会影响 CA 的相关（Bradfield et al.，2002；Garrioch & Brimacombe，2001；Luss & Wells，1994；Wells & Bradfield，1998，1999）。Brigham（1988）分析了之前发表的 6 个关于辨认的实验，结果发现积极辨认者中 CA 的相关普遍高于消极辨认者中 CA 的相关。1995 年，Sporer，Penrod，Read 和 Cutler 对 30 项关于辨认自信心的研究进行了元分析，共包含 4036 名被试，结果发现在作出选择的被试中 CA 的相关为 r=.42，没有作出选择的被试中 CA 的相关仅为 r=.12。从司法实践的角度来说，关注积极辨认可能是更有意义的，因为实践中消极辨认的结果往往不被重视，并且消极辨认不会导致刑事审判（Malpass & Devine，1981；Wells & Murray，1984）。

Wells 和 Olson（2003）的研究发现在被试作出识别后，无论是马上给予反馈或在一段时间（48 小时）后再给予反馈，都会影响被试对自己回忆的自信水平。2003 年，国内学者苏彦捷和孙金鑫的研究也表明，在证人辨认时，辨认主持人的反馈对证人的记忆内容影响不大，但会对证人的自信心带来一定程度的影响。Leippe，Eisenstadt 和 Rauch（2009）研究了反馈对不同辨认正误的辨认者自信心的影响，结果发现，反馈对于正确辨认者的影响要显著小于对于错误辨认者辨认自信心的影响。Brewer 和 Wells（2006）认为出现 CA 关系不匹配的原因可能是由于存在一些对准确性和自信心影响不同的因素。

从上述研究中我们发现，关于辨认自信心的研究得出了许多不同的结论，这对于司法工作者是一个很好的警示，采用自信心来评估证人证言可信性是危险的。

（二）辨认反应时

辨认反应时是指证人从列队中辨认出犯罪嫌疑人的时间。近年来，很多学者提出可将辨认反应时作为辨认准确性的一个预测变量。Sporer（1992，1993）比较了正确辨认者和错误辨认者之间的反应时，结果发现作出正确辨认的被试辨认所需的时间显著少于作出错误辨认的被试；作出正确拒绝的被试与作出错误拒绝的被试在辨认时间上没有达到显著差异。

Sporer解释在作出积极辨认的被试中，正确辨认者将犯罪嫌疑人与记忆中的人物作比较，因此所用时间较短，而错误辨认者所选取的陪衬者没有记忆痕迹可作比较，因而要花费更多的时间搜索、辨别。而在作出消极辨认的被试中，无论是正确拒绝者还是错误拒绝者都需要依次辨认所有列队成员，因而他们的辨认时间没有显著差异。

Smith，Lindsay和Pryke（2000）在研究中，按照被试的辨认反应时，将被试分为三组，辨认反应时在1—15秒的为一组，辨认反应时在16—30秒的为一组，辨认反应时在30秒以上的为一组，结果发现辨认反应时在1—15秒的被试的辨认准确率显著高于辨认反应时在16—30秒的被试，辨认反应时在16—30秒的被试的辨认准确率显著高于辨认反应时在30秒以上的被试。Dunning和Perretta（2002）进行了进一步的研究，结果发现辨认反应时少于10—12秒的被试，90%都作出了正确辨认，辨认反应时多于10—12秒的被试，只有大约50%作出了正确辨认。Dunning和Perretta由此提出了正确辨认的10—12秒规则。

近几年的一些研究发现存在一些影响辨认准确率和辨认反应时关系的变量，比如，列队成员的相似程度、证人的年龄（Weber，Brewer，Wells，Semmler & Kreast，2004）、列队规模和提取间隔时间（Brewer，Caon，Todd & Weber，2006）。Weber等人（2004）提出用辨认反应时结合辨认自信心来判断辨认准确性是更可行的。

辨认反应时对于辨认准确性的预测作用，除了得到实验室研究的支持以外，也得到了实际案例研究的支持。Valentine等人（2003）采用了真实案例研究辨认准确性与辨认反应时的关系，结果发现在作出较快辨认的证人中有87%作出了正确辨认，辨认速度一般的证人中有38%作出了正确辨认，辨认速度较慢的证人中有31%作出了正确辨认。

上述研究表明，辨认反应时在一定程度上能够预测证人的辨认准确性。

（三）判断策略

关于辨认准确性的另一个预测变量是判断策略，判断策略是指证人在作出辨认选择时所采用的策略。一些证据显示识别包含两个不同的过程，一种是回忆辨认对象的细节，一种是判断辨认对象的熟悉感（Yonelinas，2002）。回忆辨认对象的细节需要有意识、慎重的思考，需要进行辨别和排除，对于辨认对象熟悉感的判断往往是一个自动化的过程，因此，关于判断策略的研究往往是与辨认反应时结合在一起的。

Dunning 和 Stem（1994）对于正确辨认者和错误辨认者的辨认时间的差异是这样解释的：正确辨认与自动化的决定过程相联系（比如，正确辨认者这样陈述他的辨认策略：当看到所有列队成员时，他的脸“跳了出来”），因此，辨认所需的时间较少；错误辨认与有意识的、慎重的决定过程相联系（比如，错误辨认者这样陈述他的辨认策略：我将列队中的每一个成员进行比较，并且逐一排除），因此，辨认需要耗费更多的时间。Dunning 和 Perretta（2002）的研究支持了 Dunning 和 Stem（1994）的研究结论。在近期的研究中，Behrman 和 Richards（2005）检验了从警察那里得到的真实案件中证人报告的判断策略，结果发现那些辨认反应较快的，没有使用排除策略的证人往往能够作出准确的辨认。上述的研究表明，在一定的条件下，辨认策略能够预测辨认准确性。

在不同的情境中人们会使用不同的判断策略，关于判断策略的研究可以增加人们对于辨认本质的了解，但是，我们应当注意有时候判断策略并不能反映真实的认知过程，因为人们并不是总能正确地报告自己的认知过程（Nisbett & Wilson，1977）。

二 辨认指导语

辨认中的指导语，主要是指在辨认前，列队主持人对辨认者进行的说明。Malpass 和 Devine（1981）最先提出，在辨认之前，目击者是否接受过关于罪犯在列也可能不在列的指导（警告）严重影响着辨认的准确性。Malpass 和 Devine（1981）采用靶空缺列队（Target-Absent lineup，TA lineup）进行研究，结果表明，在没有告知辨认者犯罪嫌疑人有可能在列也有可能不在列的情况下，有 78% 的辨认者作出了错误选择，而当给予犯罪嫌疑人有可能在列也有可能不在列的指导以后，辨认者的错误辨认率下降到了 33%。

学者们将给予犯罪嫌疑人有可能在列也有可能不在列的指导称为无偏指导语，没有给予犯罪嫌疑人有可能在列也有可能不在列的指导称为有偏指导语。Steblay（1997）对 18 个涉及指导语的实验研究进行了元分析，结果表明，与有偏指导语相比，采用无偏指导语使靶空缺列队的错误辨认率减少了 41.6%，而靶出现列队（Target-Present lineup，PT lineup）中的准确率只减少了 1.9%。显然，对于一个无辜的嫌疑人来说，无偏指导语对他的意义是重大的。司法实践中，无偏指导语也得到了一定程度的重视。在英格兰和威尔士，警察在组织辨认时，也被要求必须对辨认者说明“犯罪嫌疑人有可能在列也有可能不在列”（Zander，1990）。美国司法部采纳该建议作为收集目击证据的司法执行指南，要求辨认主持者在进行辨认之前告知目击证人，犯罪嫌疑人可能在列队中也可能不在队列之中。①

也有学者提出，即使在辨认前告知证人犯罪嫌疑人有可能在列也有可能不在列，证人依旧有充分的理由相信警方所怀疑的人就在其中，否则警方不会费力地组成列队请证人辨认，因而他们会无意识地辨认出最近似于记忆中的犯罪人。有人提出了使用空白列队来解决这一问题，即组成两个列队，其中只有一个列队有犯罪嫌疑人。在辨认前告知证人他将看到两个列队，并且只有一个列队中有犯罪嫌疑人。由于这一方法需要加倍的列队陪衬者，在操作上增加了许多困难，因此并没有得到司法实践部门的重视。

三 列队方式

关于列队方式的研究是目击辨认中受到关注最多的问题之一。关于辨认时的列队方式主要涉及以下几个方面的内容。

（一）陪衬者的选择

在列队辨认研究中如何选择陪衬者来组成有效的列队是一个值得关注的问题。当警察抓到犯罪嫌疑人时，需要选取陪衬者（foil 或 distrctor）来组成辨认队列。关于选择陪衬者的策略一般有两种：一是匹配嫌疑人策略（fit-to-suspect strategy），即选择的陪衬者与嫌疑人相符；二是匹配目击者描述策略（fit-to-description strategy），即选择的陪衬者与目击证人对嫌疑人的描述相符。

Wogalter，Malpass 和 Mcquiston（2004）进行了一项关于选择陪衬者策略的调查，结果 83% 的被调查者认为应该选择匹配嫌疑人策略。但是，有研究显示实行匹配嫌疑人策略会存在一些困难。Luus 和 Wells（1991）认为这些困难主要体现在两个方面，一是陪衬者的相似程度究竟要达到多少才是公平的？二是假如警方有大量相似的陪衬者，是否都需要让目击者

① Technical Working Group for Eyewitness Evidence.（1999）. *Eyewitness evidence：A guide for law enforcement.* Washington，DC：U. S. Department of justice.

进行辨认？Luus 和 Wells（1991）的研究发现，选择与嫌疑人高度相似的陪衬者有助于保护无罪嫌疑人，但也可能减少犯罪嫌疑人出现列队的辨认准确性。

采用匹配目击者描述策略也存在一些固有的缺陷，主要体现在以下几个方面，一是目击者很少能够完整地描述犯罪嫌疑人，有时甚至会遗漏一些关键的信息；二是在存在多个目击证人的情况下，每个证人的描述可能是不同的；三是犯罪嫌疑人的某些特征可能改变了（比如目击时，犯罪嫌疑人是长发，而辨认时犯罪嫌疑人却是短发）。假如采用匹配目击者描述策略，会造成在列队中犯罪嫌疑人特别突出（Beaudry & Lindsay, 2006；Valentine, 2006）。

大量研究对这两种选择策略进行了比较。Wells（1993）的研究发现，相比采用匹配嫌疑人策略，采用匹配目击者描述策略带来了更高的正确辨认率和更低的错误辨认率。而 Tunnicliff 和 Clark（2000）的研究没有发现采用不同的匹配策略，被试的正确辨认率和错误辨认率有显著的差异。Darling, Valentine 和 Memon（2008）的研究支持了 Tunnicliff 和 Clark（2000）的研究。目前，学者们关于采用哪种策略选择陪衬者并没有达成共识。

（二）列队内容

关于列队内容的研究是具有重要的现实意义的，因为在实际的案件中，人们并不知道犯罪嫌疑人是否在列。仅采用靶出现列队进行研究所得到的研究结果，可能并不具有很好的生态效度。Wells（1993）的研究发现，54%的目击者能够在 6 个人组成的队列中辨认出罪犯，而只有 32%的人能够在嫌疑人不在列的情况下正确指出队列中不包含罪犯。Wells 认为犯罪嫌疑人不在列提高了目击证人的辨认难度和辨认的标准，因此，其辨认的准确性和自信心有所下降。Pozzulo 和 Lindsay（1999）的研究结论支持了 Wells 的研究，并显示儿童的这一倾向更加明显。也有学者用信号检测论（SDT）（信号检测论中的击中、漏报、虚报和正确否定在辨认中表现为正确辨认、未辨认出、错误报告、作出“不在列”反应）来解释，认为在罪犯不在列时，目击者的判断标准比较宽松。

另外，列队内容也可能影响证人的辨认自信心。以往关于目击证人辨认自信心的研究，探讨不同反应类型的目击证人辨认自信心的差异的研究，多数不区分靶出现列队和靶空缺列队两种情况，仅将目击证人分为正确选择者和错误选择者两种。其实在靶出现列队中，辨认者可能会产生三种反应类型，即正确辨认、错误辨认和错误拒绝；在靶空缺列队中，辨认者可能会产生两种反应类型，即正确拒绝和错误辨认。具体的，这些作出不同反应的目击者的自信心可能是不同的。简单地用正确选择和错误选择来区分，显然不够准确，对司法实践的指导意义也不够大。

（三）列队呈现方式

近几十年来，关于同时呈现列队和顺序呈现列队是目击辨认中争论最多的话题之一。1985 年 Lindsay 和 Wells 最早在实验研究中设计了顺序呈现列队（seqiemtial lineup），并与传统的同时呈现列队（simultaneous lineup）进行了比较。顺序呈现列队是指一次只呈现一个列队成员给目击证人，并且要求目击证人在看到另一个列队成员之前作出决定；呈现列队是指将所有的列队成员一次呈现给目击证人，然后请他作出辨认。在他们的实验中，被试被分为两组，一组采用同时呈现列队的方式进行辨认研究，一组采用顺序呈现列队的方式进行辨认研究，顺序呈现列队组的被试，不知道共有多少个辨认对象（比如，只有 6 个辨认对象的情况下，辨认主持人会准备 12 张照片，这样可以避免被试在顺序辨认中，因为辨认对象快要呈现完毕，而作出辨认），并给予被试足够的时间对每个辨认对象进行辨认，但只有一次机会，在作出被试选择以后或辨认对象呈现完毕以后，就停止实验。实验结果表明，相比同时呈现列队，采用顺序呈现列队显著降低了错误辨认，而对于正确辨认却没有明显损害。

Lindsay 和 Wells（1985）解释出现这一结果的原因可能是由于在不同列队呈现方式下，辨认者采取了不同的辨认策略所导致的。在同时呈现列队的条件下，辨认者对比所有的辨认对象，然后选出一个最像犯罪嫌疑人的人，因此，在靶空缺队列，容易将无辜者辨认为犯罪嫌疑人。他们称这一过程为相对判断（relative judgment）过程①。而在顺序呈现列队中，目击者将每一个辨认对象与自己记忆中的犯罪嫌疑人进行比较，然后作出判断，因此，错误辨认的可能就减少了，他们称这一过程为绝对判断（ab-

① Wells, G. L. (1984). The psychology of lineup identifications. *Journal of Applied Social Psychology*, 14 (2), 89 -103.

solute judgment）过程。他们认为是不同的辨认策略导致了不同列队呈现方式下辨认准确率的差异。这一理论解释引起了一些学者的质疑。Kneller，Memon 和 Stevenage（2001）对不同列队呈现方式下的辨认策略进行了研究，结果发现在同时呈现列队条件下，目击者往往会同时采用相对判断和绝对判断两种策略，而在顺序呈现列队条件下，目击者往往采用绝对判断策略。

自从 Lindsay 和 Wells（1985）提出顺序列队呈现以后，学者们进行了大量关于列队呈现方式的研究。Steblay，Dysart，Fulero 和 Lindsay（2001）对 25 项关于列队呈现方式的研究进行了元分析，结果发现与同时呈现列队相比，顺序呈现列队在减少了错误辨认的同时也减少了正确辨认。随后开展的几项研究（Memon & Gabbert，2003；Wilcock，Bull & Vril，2005）也发现在靶出现列队中，采用顺序呈现列队显著降低了辨认准确率。显然，以降低正确率来获得错误辨认的减少是不可行的。

关于顺序呈现列队效应，有学者提出了其他的理论解释。他们认为采用顺序呈现列队的方法可能提高了目击者的辨认标准，对于最初呈现的辨认对象，即便是和目击者记忆中的犯罪嫌疑人比较相似，目击者也可能不会作出选择，因为，他可能会判断：也许后面的人会更像。另外，采用顺序呈现列队的方式，在辨认者作出选择以后，实验就结束了，那么辨认者就无从知晓是否后来的辨认对象更符合自己记忆中的犯罪嫌疑人（Flowe & Ebbesen，2007）。上述的分析解释了为什么采用顺序呈现列队的方式既减少了错误辨认率也减少了正确辨认率。显然，目前得出顺序呈现列队是一种更有利的列队呈现方式的结论是不成熟的。

本章小结

辨认是收集证人证言最常用的方式之一。实践中，错误辨认时有发生，并且人们倾向于相信证人的辨认。从心理学的角度来看，辨认相当于再认，是指在证人对案件感知后，经过一段时间，呈现与案件相关的事物，让其识别的过程。辨认不同于回忆，它涉及多种特殊的心理现象。本章探讨了辨认中的一些独特的心理现象，包括无意识迁移、辨认后反馈效应、亲种族偏见、亲年龄偏见和亲性别偏见，对于这些心理现象的探讨，能够帮助人们更好地判断证人辨认的正误。目前，关于辨认的研究热点主要集中于以下几个方面：一是辨认准确性的预测变量，辨认自信心、辨认反应时、判断策略是研究最常涉及的预测变量；二是辨认指导语，大量研究致力于无偏指导语对证人辨认影响的探讨；三是列队方式，关于列队方式的研究主要集中于陪衬者的选择、列队内容和列队呈现方式三个方面的探讨。

第七章
证人证言可信性评估

正确的评估证人证言的可信性是法律工作者最为关心的，也是确保公正审判的基础之一。关于证人证言可信性的评估主要从三个方面进行，一是对证人非言语行为的评估，二是对证人言语行为的评估，三是对证人生理指标的评估。目前，在国外，对于证人言语行为和生理指标的评估都已经得到了一定程度的认可。

以上的三种评估方法主要针对的是伪证行为，从非言语行为、言语行为和生理指标三个方面来判断证人是否提供了真实的证言。关于证人证言可信性的评估是一项浩大的工程，误证涉及的影响因素很多，关于误证的评估，多是借助心理学专家的意见，以帮助裁判者更好地评估证人证言的可信性。但是，心理学专家的作用又不仅仅局限于此，因而，本章内容并不包含心理学专家对于证人证言可信性评估的一些作用，关于心理学专家证人的相关内容我们会在第九章进行专门的阐述。

第一节　证人非言语行为的评估

一　证人非言语行为评估概述

证人的非言语行为是指证人的动作、表情、声音等非言语的行为。对于证人非言语行为的评估是建立在人说谎时会产生不同的非言语行为的假设之上。一般认为说谎会引起人们的情绪反应，而这种情绪反应会表现在人们的外部行为上，而说谎者为了达到欺骗的目的，会想方设法控制自己的行为，而这时作伪证的证人就会表现出一些与作真实陈述的证人所不同的非言语行为。我们可以通过对证人在提供证言时伴随的非言语行为的分析来帮助裁判者判断证人证言的可信性。有研究表明，人们判断一个人是否说谎更多地依赖于非言语信息。当没有更多的信息能够用以证明一个人是否说了谎，判断者会对非言语信息投以更多的关注，因为他们设想人们对于非言语行为的控制会比对言语行为的控制困难得多。[①] 比如，对学生来说，告诉监考人员抽屉里的书本不是他的也许不会很难，但是要保持镇静对于他来说可能很困难。有学者提出至少有四个原因说明为什么控制非言语行为比控制言语行为更困难。一是在情绪与非言语行为之间存在着某些自动连接；二是人们在使用文字方面比使用行为更熟练，并且熟能生巧；三是在信息交流中文字是比行为更重要的事实，使得人们更多地去注意他们说什么而不是他们的行为；四是人们不可能让行为保持沉默。[②] 关于证人非言语行为的假设很多，那究竟是否如研究者所设想的那样，说谎者会呈现一些不同的行为特征呢？

二　证人非言语行为评估的原理

国外学者普遍认为说谎者可能经历三个不同的阶段，即情绪、内容复杂化和控制三个阶段。[③] 学者们认为人在说谎时最常出现三种情绪，即负罪感、恐惧和兴奋。不同的人在说谎的时候可能会产生不同的情绪体验，有的人觉得说谎是错误的、不道德的行为，因而会因为说谎而产生负罪感；有的人害怕因为说谎而带来惩罚，进而会产生恐惧感；有的人认为自己的说谎行为愚弄了他人，因而产生一种兴奋感。不同的情绪以及情绪的强度依赖于说谎者的个性特点以及说谎时的情境，有的时候说谎者可能会产生多种情绪。学者们认为说谎者的这种情绪体验会带来行为上的变化，比如，说谎者不敢正视他人的眼睛，会有更多的目光转移，口吃、口误的现象会增多，等等。还有的学者认为说谎是一个复杂的认知任务，说谎会导致言语内容的复杂化。有研究表明人们在从事复杂的认知任务时更多地出现口吃和口误，语速更慢，停顿更多，在做出回答前要等很长的时间。认知的复杂性也导致了手和手臂运动的减少以及注视转移的增加，说谎者比说实话者更努力地保持行为“自然”以给他人留下诚实的印象。另一种对说谎的分析是尝试控制的方法，人们认为说谎者为了使其谎言不被其他人识破或者为了给人们留下诚实的印象，常会尝试控制自己的一些非言语行为，以给他人留下诚实的印象。支持尝试控制理论的学者认为，说谎

① ［英］维吉著：《说谎心理学》，郑红丽译，中国轻工业出版社 2005 年版，第25 页。

② 同上书，第 26 页。

③ 同上书，第 29 页。

者在说谎时许多非言语行为会减少，比如手、脚的运动等。但是研究者认为无论说谎者怎么努力去控制，一些行为还是会暴露谎言。因为不同的非言语行为的可控程度是不同的，最难控制的行为最有可能暴露谎言。比如，声调对于发出者而言比面部表情更难控制。因为在高压力下，声音特征是由自主神经系统控制的。[①] 从以上的探讨中我们可以看出，研究者对欺骗的假设是不同的，有时甚至是相反的。举例来说，情绪方法假设说谎会带来动作的增加，而尝试控制方法和内容复杂化方法都假设说谎时动作会减少。当然，后两种假设的推论也是不一样的。尝试控制方法假设由于过度控制引起动作行为减少，而内容复杂化方法则认为是因为疏忽肢体语言的使用而导致动作减少。[②]

三　证人非言语行为评估的指标

关于证人非言语行为的评估，学者们提出了多种理论假设，也进行了许多研究，试图验证自己的假设。目前，学者们已提出了许多非言语行为的指标来判断证人证言的可信性，这些指标多比较零散，没有系统性，综观国内外的研究，我们认为英国学者 Vrij 在总结前人研究基础上所提出的说谎非言语行为的指标是比较全面的（见表 7—1）。

关于这 17 项标准，学者们进行过许多的实证研究，尝试检验各个标准的稳定性，但遗憾的是没有发现有哪个标准是仅在说谎的时候出现的，也就是说典型的说谎的非言语行为是不存在的。但这并不是说这些指标对于判断证人证言的可信性就毫无用处，研究发现有一些非言语行为比其他的行为更可能发生在说谎时。Vrij 总结了 20 世纪 70 年代至 20 世纪 90 年代学者们关于上述 17 项标准的实验研究，结果发现人在说谎时比在说真话时更容易出现符合标准 2、标准 3、标准 6、标准 16 的行为。而在标准 8、标准 11、标准 12、标准 13 上得出的结论是说实话者更容易出现符合这些标准的行为。研究结论与人们关于说谎行为的固有观念存在差异，比

---

① ［英］维吉著：《说谎心理学》，郑红丽译，中国轻工业出版社 2005 年版，第33 页。

② 同上书，第 35 页。

表 7—1　　非言语行为的概况和描述①

声音特点
1. 口吃：使用诸如“ah”、“um”、“er”的词
2. 口误：字和/或句的重复，句子变化，句子不完整，说漏嘴，等等
3. 音调：音调的变化，例如，音调的升高或降低
4. 语速：在一定时间内所说的字数
5. 潜伏期：提问和回答之间的沉默期
6. 停顿的频率：说话中沉默的频率
7. 停顿的时间：说话中沉默期的长度
面部特征
8. 注视：看着谈话对象的面部
9. 笑容：微笑或大笑
10. 眨眼：眨眼
动作
11. 自我控制：挠头、手腕等等
12. 说明：设计一些功能性的手脚运动来修改和/或补充言语内容
13. 手和手指运动：不移动胳膊的非功能性的手和手指运动
14. 腿脚运动：腿和脚的运动
15. 头部运动：点头和摇头
16. 躯体运动：躯体的运动（通常伴随头部运动）
17. 改变姿势：改变坐姿的运动（通常伴随躯体和腿/脚运动）

如，人们通常会认为说谎者会有更多的手脚动作，并且不敢注视询问者，而研究的结论却恰恰相反。这样的结论是很有价值的，这可能说明过去人们依据经验对证人非言语行为所作出的判断是错误的。为什么会出现这样的结果呢？有两种可能的解释，一是说谎行为是一个复杂的过程，它占据了人更多的心理资源，而使得人们减少了其他的行为；二是说谎者妄图给人留下诚实的印象，而刻意减少自己的行为。② 关于其他的几项指标，研究没有发现说谎者与说实话的人有显著差异。应该说，心理学的研究不能让人100%准确地判断证人证言的可信性，但是它能够避免一些人们在判

① ［英］维吉著：《说谎心理学》，郑红丽译，中国轻工业出版社2005年版，第39页。

② 同上书，第45页。

断证人证言可信性时常犯的错误，能够对人的准确判断提供参考。Vrij 和 Baxter（1999）的研究发现反应潜伏期、口误、口吃、手、胳膊和腿脚的运动能区分 81% 的真话和谎言。

四 对证人非言语行为评估的评价

应该说，通过非言语行为来判断证人证言的可信性是不太可靠的，从上面的分析我们可以看出，没有哪个行为是说谎者所特有的，甚至有的行为与人们的固有观念是相反的。对于证人证言可信性的判断是一个非常复杂的问题，依据经验通过证人的非言语行为判断其证言的可信性是非常危险的。事实上，在实践中，人们有时候常依赖非言语行为来判断一个人的言语是否真实。比如，大部分警察常常认为视线转移是说谎的一个表征。有研究表明，人们在判断一个人是否说谎时，最依赖的一个指标是被观察者是否存在视线转移。[①] 观察者还经常把欺骗与高音、说话混乱（口吃和口误）、语速慢、长的潜伏期、长时间的停顿、较多的停顿、视线转移、笑容、眨眼和过多的运动（手、手指、脚、腿和躯体的运动以及坐姿的变化）联系在一起。[②] 而关于以上的这些行为，研究并没有发现它们更多地出现在说谎的时候。另外，说谎内容的难易会影响到说谎者的行为表现，但是没有研究表明人们认识到了这一点。并且相关的法律工作者对自己识别谎言的能力通常是比较自信的。

为什么人们会有这些不正确的信念？这可能是因为人们常觉得说谎时人会出现紧张，而将紧张作为判断个体是否说谎的一个指标。当发现一个紧张的人确实说谎了，他们的信念就得到了证实。而事实上，有很多不紧张的说谎者却常不被人们发现，所以人们会忽略说谎者有时候是不紧张的。

也有学者提出关于证人非言语行为的实验室研究不具有推广性，因为说谎者在实验室中往往不会出现显著的紧张情绪。对于为什么说谎者在实验室研究中不出现显著紧张行为的一个可能的解释是，在实验室的时候他们的神经紧张度不够。这会造成实验室研究与真实案件研究的差异，可能的情况是，在高风险和低风险的情境下，说谎的行为线索是不一样的——

---

① ［英］维吉著：《说谎心理学》，郑红丽译，中国轻工业出版社 2005 年版，第69 页。

② 同上书，第 68 页。

也就是说，在风险很高的时候说谎者可能出现观察者期待他们出现的紧张行为，而在风险低的时候则不会。①

从以上的分析我们可以看出，想通过人的非言语行为来判断一个人是否说了实话是一件很困难的事。影响说谎者行为表现的因素非常多，比如，说谎内容的复杂性、说谎的风险、说谎者的个人特征等。当谎言被识破不会产生严重的后果或者说谎不需要付出太多的努力时，想要通过人们的非言语行为来判断他是否说了实话会变得更加困难。在判断证人证言可信性的时候，首先应当清楚的是各种紧张引发的行为并不是只有在说谎者身上才会出现，一个愿意如实陈述的证人同样也有可能出现各种紧张行为。另外，个体差异对证人的非言语行为也有很大影响，而这点往往容易被我们的裁判者所忽视。以学者们的研究结果为参考，结合证人的个性特点、案件的总体情况，以及作证环境判断证人证言的可信性会得出比较让人满意的结论。到目前为止，根据证人的非言语行为判断其证言的可信性是非常困难的，而法庭也不会采纳心理学关于证人非言语行为的分析作为证据。但至少这些研究能够为我们评价证人证言的可信性提供参考。

那么在通过非言语行为识别谎言方面，我们是否就无能为力了？答案是否定的。研究者在通过多次实验研究后发现，确实存在一些优秀的谎言识别者，他们对于谎言的识别能力要优于普通人。Ekman，O'Sullivan 和 Frank（1999）的研究表明，好的谎言识别者对不同人使用不同的线索，而不正确的谎言识别者倾向于使用“经验法则”策略，对不同的人使用同一线索识别谎言。我们认为可以通过咨询优秀的谎言识别者来开发出更好的训练程序，以帮助人们更好地识别谎言。对于很多人来说提高他们识别说谎的技巧是可能的，因为很多谎言识别者所犯的错误是可以很容易避免的（见表7—2）。

---

① ［英］维吉著：《说谎心理学》，郑红丽译，中国轻工业出版社2005年版，第46页。

表 7—2 **对通过行为线索识别欺骗的指导**[1]

1. 如果说谎者体验到恐惧、负罪感或兴奋（或其他任何情绪），或者如果这一谎言很难捏造，谎言可能通过非言语行为识别。

2. 注意说谎内容与非言语行为之间的不和谐，并努力去解释这些不和谐是十分重要的。要始终记得某人说谎的可能性，但是也要记住说谎只是对不和谐的一种可能的解释。

3. 应该把注意力放在那些偏离这个人的“正常或通常的”行为模式的行为上，如果我们知道那些“正常或通常的”行为，应该对这些偏离行为进行解释。每个偏离行为可能都意味着这个人在说谎，但不应忽视对这些偏离行为的其他解释。

4. 当其他所有的可能的解释都被否定后，才能作出不诚实的判断。

5. 应该鼓励被怀疑的对象说话。否定关于这个人行为的其他的看法是必要的。而且，说谎者说得越多，就越有可能因为言语的及（或）非言语的线索最后暴露他们的谎言（因为他们不得不始终注意他们说谎的内容和非言语行为）。记住，探测本身可以引起行为的变化。

6. 对欺骗的线索存在着一些刻板观念（例如，视线转移，坐立不安等），研究已经显示，这些线索是不可靠的欺骗的指示器。要记住并不是每个人都会在欺骗的时候表现出这些线索，这些线索的出现可能意味着欺骗，但并不是在任何情况下都是这样。

第二节 证人言语行为的评估

一 证人言语行为评估概述

对证人言语行为的评估主要是指对证人言语内容的信息和内容的逻辑性分析。相对于证人非言语行为的评估，关于证人言语行为评估的研究相对成熟和深入得多，人们更容易接受通过对证人言语行为的评估来判断证言的可信性，并且对于证人言语行为的评估在有些国家已经被法庭作为审查证言的方法或作为专家证据予以采纳。[2] 与非言语行为和欺骗之间的关系一样，不存在典型的言语欺骗行为。

早期关于证人言语行为的评估主要是围绕着 7 个标准展开（见表 7—3），研究者假设说谎者和说实话者的言语内容会在 7 个标准上呈现出不

---

① ［英］维吉著：《说谎心理学》，郑红丽译，中国轻工业出版社 2005 年版，第 119 页。

② 李安：《证言真实性的审查与判断》，《证据科学》2008 年第 1 期，第 95 页。

同的特点。至于为什么会出现不同，学者从情绪、内容复杂化和尝试控制三个角度进行了解释（在证人非言语行为评估中我们已作过解释，此处不再赘述）。

表 7—3　　对言语特征的概括和描述①

言语特征	描　　述
1. 消极的陈述	表现对物、人或观念的厌恶的陈述，例如，否定的和藐视的陈述，以及表明消极心情的陈述
2. 似真答案	有道理的和听起来可信、合理的陈述
3. 无关信息	与上下文无关的，没有被要求的信息
4. 过分概括的陈述	适用例如“总是”“从不”“没人”“每个人”等这样的词汇
5. 自我指涉	使用提及说话者自己的词语，例如“我”“我的”等等
6. 直接答案	中肯和直接的陈述（例如，“我喜欢约翰”要比“我喜欢约翰的陪伴”直接得多）
7. 反应长度	答案的长度或说谎的字数

近年来，学者们关于证人言语行为的评估关注度很高，开展了许多实证研究，也形成了评估证人言语行为的一些主流的方法，主要有陈述有效性评估和真实监控。

二　陈述有效性评估

（一）陈述有效性评估的原理

陈述有效性评估（Statement Validity Assessment）的确立是基于这样的假设，即亲历的事件与非亲历的事件存在质的差异，这种假设是由Undeutsch最先提出的，被人们称为安乔吉假设（Undeutsch hypothesis）。许多的学者都赞同这种假设，比如德国心理学家Erdös就于1976年提出了下列观点：

“关于自己经历过的真实事件的陈述定然与关于自己没有经历的过程的说法在如下方面存在区别：直接性、丰富性和活泼性、事实的准确性和心理上的确定性，过程的逻辑性、真实性、具体性、细节丰富性、原始性

① ［英］维吉著：《说谎心理学》，郑红丽译，中国轻工业出版社2005年版，第126页。

以及（与个别事件的具体性以及每个参与人的个体体验方式相对应的）个体性。”①

陈述有效性评估技术包括三个步骤，第一步是一个结构化的访谈，用于获得证人证言；第二步是一个标准内容分析（criteria-based content analysis，CBCA），对所获取的证人证言进行标准化的分析，第三步是通过一套问题（有效性检查列表）来评价 CBCA 的结果。进行结构式访谈的原因在于获得有效的信息，访谈者通过有效的提问来促使被访谈者做出回答。有效的提问必须是被访谈者能够理解的，但这有时候会非常的不容易。三个步骤中，最为关键的是第二步 CBCA，该步骤具有可操作性，操作者将获取的证言内容与标准内容中的各项指标进行比较，符合标准的内容越多，就说明证人的证言越可信。有效性检查列表是指采用一系列的指标来探究和考虑 CBCA 结果的所有可能的解释。因为 CBCA 不是一个标准化的测验，没有常模，所以要借助有效性检查列表来帮助判断一个人的言语是否真实。

（二）陈述有效性评估的标准

关于陈述有效性评估的标准应当分为两个部分来探讨，一是关于陈述内容标准的分析，二是关于有效性检查列表的分析。陈述的内容标准分析包括四个部分，每部分又有多个不同的指标（见表 7—4）。

表 7—4　　　　陈述的内容标准分析②

一般特征（general characteristics）
1. 逻辑结构
2. 无组织的叙述
3. 细节的质量
明确内容（specific contents）
4. 语境铺垫
5. 对交互行为的描述

① 所引内容出自中欧法学院在国家法官学院举办的“证人心理学”职业培训项目，德国汉诺威法院法官所讲，吕晓静整理。

② ［英］维吉著：《说谎心理学》，郑红丽译，中国轻工业出版社 2005 年版，第142 页。

续表

6. 话语复述
7. 事件中料想不到的复杂化
内容的独特性（peculiarities of content）
8. 异常的细节
9. 多余的细节
10. 正确报告的细节被误解
11. 相关的外部联系
12. 主观的心理状态的描述
13. 犯罪者的心理状态归因
动机——相关的内容（motivation-related contents）
14. 自发改正
15. 承认记忆的缺失
16. 对自己的证言有怀疑
17. 自我否认
18. 宽恕犯罪者
罪行——特定要素（offence-specific elements）
19. 罪行的细节特征

针对上述的各项标准，学者们展开了大量的研究，在大多数的研究中，发现陈述有效性评估对于区分虚假陈述的准确率在65%—75%。[①] 学者们认为至少有7个理由来说明为什么这些标准不太可能出现在虚假的陈述中。第一，说谎的人往往没有足够的想象力来创造那些相关的特征；第二，说谎者意识不到判断者会用这些特征来评价陈述的真实性，因此没有考虑将这些因素纳入他的陈述中；第三，说谎者有时缺乏某些相关的知识，因此不能将某些标准纳入他们捏造的叙述中；第四，将许多标准纳入到一个虚假的陈述中是一件非常困难的事情；第五，说谎者有时不想提供太多不同的细节，因为他们害怕自己会忘记已经说过的事情；第六，说谎者有时不提供很多细节是因为他们害怕观察者将会检查这些细节，并会发现他们在说谎；第七，说谎者有时不想纳入某些特征（例如，承认记忆的缺乏、对他们自己的记忆产生怀疑），因为他们认为这些特性会使得他

① ［英］维吉著：《说谎心理学》，郑红丽译，中国轻工业出版社2005年版，第182页。

们的叙述听起来比较不可信和不令人信服。① 尽管大量研究的结论表明，这些指标更多地出现在真实的陈述中。证人所陈述的证言中，符合这些指标的内容越多，说明证言的可信程度越高。但我们必须要清楚这些指标既可能出现在真实的陈述中，也可能出现在虚假的陈述中，采用陈述的内容标准分析，依然有 25%—35% 的错误率。公安司法人员在用这些指标对证人证言的可信性进行考察时，要综合考虑，注意将证人证言纳入整个案件的大背景当中。

陈述有效性评估标准的另一重要内容是有效性检查列表，有效性检查列表的标准参见表 7—5。

表 7—5　　有效性检查列表②

心理学特征
1. 语言和知识的不恰当
2. 感情不恰当
3. 暗示的感受性
访谈特征
4. 暗示性的、引导性的或强制性的提问
5. 访谈中所有的不恰当
动机
6. 报告的可疑动机
7. 最初揭发或报告的可疑的背景
8. 虚假报告的压力
调查的问题
9. 不符合自然规律
10. 和其他的陈述不一致
11. 和其他的证据不一致

有效性检查列表中的心理学特征和动机特征的各项标准主要是针对被访谈者的，访谈特征主要是针对访谈者的，调查的问题是将调查所得

① ［英］维吉著：《说谎心理学》，郑红丽译，中国轻工业出版社 2005 年版，第148 页。

② 同上书，第 150 页。

的内容与其他客观的规律、内容所作的比较。关于有效性检查列表的各项标准还处于学者们的假设探索阶段，目前，还没有进行过对有效性检查列表效力的研究。应该说，要确定有效性检查列表中的每一个因素对证人叙述影响的准确性是很难的。我们也不能排除还存在着一些不确定的因素，它们尽管没有出现在有效性检查列表中，但确实影响了人们的叙述。

（三）对陈述有效性评估的评价

陈述有效性评估是一项比较复杂的技术，事实上，关于它的有效性，至今学术界仍存在争论。持批评意见的人认为陈述有效性评估技术至少存在以下几个方面的问题[①]：一是标准数量的问题，陈述的内容标准分析共涉及19个指标，那究竟符合多少个指标，就能表示证人说了实话？二是各个指标的权重[②]问题，陈述内容标准分析的19个指标对于判断证人说了实话的价值是否相同？如果不同，那么哪些指标更能有效地区分实话和谎言？三是陈述有效性评估技术倚重于“事实标准”，即分析人们陈述内容中是否含有丰富的细节，感知觉信息等，而说谎者有时也能提供这些内容，对于这些人的陈述，陈述有效性评估还能起作用吗？四是陈述有效性评估是主观的，它依赖于评分者的解释，那对于评分者又应该有怎样的要求呢？五是陈述有效性评估缺乏有效的常模，在使用此技术评判以后无法进行比较。

针对批评的意见，学者们作出了解释。关于标准数量问题，Craig（1995）认为应当至少满足其中的5个才是有效的，Raskin和Esplin（1991）认为必须满足前3个标准，另外还要满足余下标准中的4个才是有效的。至于究竟满足多少个标准才是有效的，至今没有统一的标准，我们只能说满足的标准越多，其可信的程度越高。关于标准权重的问题，学者们也没有得出一个肯定的说法，一般认为，各个标准的权重是不同的，对其的判断完全依赖于评分者，学者普遍认为陈述内容标准中一般特征的权重要大于动机—相关内容和罪行—相关要素的权重。陈述有效性倾向于“事实标准”，对于了解陈述有效性评估技术的被试来说，就很有可能刻

---

① ［英］维吉著：《说谎心理学》，郑红丽译，中国轻工业出版社2005年版，第173—178页。

② 权重指的是各指标区分实话和谎话的作用。

意地提供一些细节信息来满足这些标准，以误导评分者的判断。解决这一问题，最好的办法就是加入“谎言标准”①。陈述有效性评估完全依赖于评分者的解释，那么怎样来确保评分者的客观性呢？一般地，可以采用两种方法，一是每次评估都至少保证有两名或两名以上的评分者，各评分者独立评分，然后对他们的评分作一致性的检验，如果各评分者的判断具有较高的一致性，则说明他们的评估是客观的。二是让同一评分者在不同的时间对同一陈述内容进行评估，前后评估一致性较高，说明其客观性较高。到目前为止，还没有建立陈述有效性评估技术的常模，所以每次评估后，都无法与常模进行比较。关于这一问题，只能等待学者们进一步的探索。

陈述有效性评估是目前评价言语真实性最常用的技术，这项技术最早被应用于对性侵犯案件中儿童证言的评估，因为在性侵犯的案件当中，往往没有第三人，而此时法官很难判断哪一方的证言是可信的，所以就借助了这项技术来帮助评估证人证言的可信性。目前，陈述有效性评估技术已被运用于对各类证言的评价。陈述有效性评估在德国、荷兰等一些欧洲国家已得到认可；美国、加拿大等北美国家对于陈述有效性评估技术存在着争议，该项技术多用于指导警察的调查工作；而在英国，陈述有效性评估并没有得到承认。② 尽管各国在对待陈述有效性评估技术的态度上还有所不同，但到目前为止，陈述有效性评估被认为是评价证人证言可信性的最常用的方法。

目前，我们不赞同将仅依据运用陈述有效性评估技术得到的证言作为定案的根据。但是，我们并不否认这项技术的价值，至少在识别实话和谎言的准确率上，它高于偶然概率。在侦查阶段，可以采用此项技术帮助侦查人员缩小目标；在法庭上，将这项技术作为辅助性的证据使用也是可行的。

---

① 涉及人的认知操作的通常被作为说谎标准，比如对事件的推理，“她胆子很小，应该没有下水吧？”

② ［英］维吉著：《说谎心理学》，郑红丽译，中国轻工业出版社2005年版，第138—139页。

三 真实监控

（一）真实监控的原理

真实监控（reality monitoring）是指人们把记忆归为真实经验（外部来源）或归为想象（内部来源）的过程。[①] 真实监控的概念最早由 Johnson 和 Raye 在 1981 年提出，真实监控的提出是基于来源于感知过程的记忆与来源于内部操作的记忆所涉及的心理资源是不同的这一假说。真实经验往往包括更丰富的知觉信息（包括视觉、听觉、味觉、触觉等）、背景信息（如案件发生时的天气等）、情感信息（如对事件中某人某事的情感反应），而想象更多地依赖于思维和推理这样的认知操作技巧，因为没有亲历事件，所以会缺少关于事件内容的丰富性和形象性。[②] 如基于想象的记忆会出现这样的判断——当时同班的同学都去了，我觉得他应该也去参加聚会了；而基于真实经验的记忆可能会出现这样的判断——他那天穿着红色的衣服，很显眼，因此他去参加聚会了。两种记忆的差别很明显，想象记忆更多地体现了思维和推理，而真实经历的记忆更多地体现了感知觉信息。

（二）真实监控的标准

真实监控是另一种用以评价言语内容真实性的方法，近些年来，一些国家的司法部门采用这一方法来评价证人证言的可信性。真实监控与陈述有效性评估有许多的相似之处，但是真实监控的评价指标比陈述有效性评估的指标要少得多，操作起来更为简单，因而也更受实践工作者的欢迎。另外，真实监控中增加了“说谎标准”，这改变了陈述有效性评估倚重“事实标准”的倾向。真实监控一经提出，就引起了学者和实践工作者的广泛关注，许多学者都致力于研究真实监控的标准，并有不少的学者提出了真实监控的标准，其中比较有代表性的是 Sporer 于 1997 年提出的 8 项标准（见表 7—6）。

---

① Johnson, M. K. & Raye, C. L. (1981). Reality monitoring. *Psychological Review*, 88 (1), 67 -85.

② ［英］维吉著：《说谎心理学》，郑红丽译，中国轻工业出版社 2005 年版，第194 页。

表 7—6 真实监控标准①

1. 清楚 陈述的内容清楚、生动。
2. 感知经验 陈述的内容中包含感知经验。
3. 空间信息 陈述的内容中包括空间、地点等信息。
4. 时间信息 陈述的内容中包括时间信息，或者陈述是以事件发生的顺序进行的。
5. 感情 陈述的内容中包含当事人在事件中的感受。
6. 叙述的重构能力 根据陈述的内容能够重构事件。
7. 真实性 陈述的内容是可靠的、真实的、合理的。
8. 认知操作 陈述者对事件的发生存在认知操作。

在 Sporer 提出真实监控的 8 项标准之后，许多的学者进行了实验研究来检验这些标准的准确性。大量研究表明，在标准 1（清楚）、标准 2（感知经验）、标准 3（空间信息）、标准 4（时间信息）、标准 5（感情）、标准 6（叙述的重构能力）、标准 7（真实性）这 7 个标准上，这些标准更常出现在真实陈述中。当然也有研究显示了相反的结论或是没有发现各指标在真实陈述和虚假陈述中的差异。研究者的结论显示标准 2、标准 3、标准 4 作为区分真实陈述和虚假陈述的标准其稳定性更高。而关于标准 8，多数的研究结论显示在真实陈述和虚假陈述中并没有显著的差异。这可见，真实监控的各项指标中有的对于区分真实和虚假是比较有效的，而有的对于区分真实和虚假的作用并不明显。

（三）关于真实监控的评价

人们对于真实监控的担心主要集中在随着时间的流逝，记忆的质量会下降，会出现外部记忆（真实经历的记忆）逐渐内化，内部记忆（想象的记忆）逐渐外化的情况。② 出现这样的情况，采用真实监控就很难区分是真实经历的记忆还是想象的记忆。这可能说明真实监控用来评估最近发生的事件会比很久以前发生的事件有效得多。另外，根据相关学者的研究，真实监控的准确率一般在 60%—80%。与陈述有效性评估技术一样，

① Sporer, S. L. (1997). The less travelled road to truth: Verbal cues in deception detection in accounts of fabricated and self-experienced events. *Applied Cognitive Psychology*, 11 (5), 373 - 397.

② ［英］维吉著：《说谎心理学》，郑红丽译，中国轻工业出版社 2005 年版，第202 页。

还存在相当高的错误率，因此，在司法实践中，应用该技术应当十分慎重。

第三节 证人生理指标的评估

对证人生理指标的评估主要是采用测谎的方式，测谎采用得最多的、历史最悠久的方式是自主反应测量技术。自主反应测量技术主要是以多道生理测谎仪为代表的传统测谎测试技术。多道生理测谎仪是心理生理测谎中最著名的测谎技术。多道生理测谎仪依靠专业人员，根据案件情况，用事先编制好的题目向被测试人提问，以形成对被测试人的心理刺激，再用心理测试仪记录其情绪的生理反应，以此分析判断被测试人与案件的关系，帮助侦查人员甄别犯罪嫌疑人、知情人和无辜者的一种心理鉴定技术。[①] 采用多道生理测谎仪测谎已有近百年的发展历史，在许多国家的应用都非常广泛，目前已有不少国家将该技术用以辨别证人证言的真伪。在下文中，我们主要对多道生理测谎仪的相关内容作分析（没有特别指出的，下文中所说的“测谎”，即指多道生理测谎仪测谎）。

一 测谎的指标与模式

（一）测谎的指标

1. 皮肤电活动。在多道生理测谎仪测谎的各项指标中，皮肤电活动是最灵敏的测试指标。皮肤电活动是用通过皮肤表面的微小电流来测定皮肤电阻或相应的皮肤电导来测量的。[②] 外分泌腺越活跃，皮肤表面的分泌物就越多，通过皮肤这一区域的电流所遇到的电阻就越小。对基础水平（如对控制问题的反应水平）的偏离被称为皮肤电反应。但是并不是每次的皮肤电反应水平都是不变的，这取决于测量的方式，以及皮肤电活动的基础水平。

2. 心血管活动。心血管活动是由交感神经系统和副交感神经系统所

① 刘邦惠主编：《犯罪心理学》，科学出版社 2004 年版，第 297 页。

② 美国国家科学院多导生理记录仪测试评估委员会著：《测谎仪与测谎》，刘歆超译，中国人民公安大学出版社 2008 年版，第 347 页。

控制的，交感神经系统通过后神经节的神经递质去甲肾上腺素的活动来加快心脏跳动、升高血压；副交感神经系统通过后神经节乙酰胆碱的活动来减缓心脏跳动、降低血压。[①] 在测谎中，心血管活动通常表现为血压和心率的混合信号，它是测量记录中最复杂的一个，因此，对其评估也更加困难。

3. 呼吸活动。呼吸活动受中枢神经系统和自主神经系统调节。此外，呼吸作用还受来自于肺、心脏、血管和上呼吸道的自主反射活动的调节。[②] 呼吸活动容易受自主控制，并且容易影响心率和皮肤电的活动。比如，急剧的吸气会带来强烈的皮肤电反应，如果被测试者在控制问题而不是相关问题后急剧吸气，就会使得被试者对控制问题的反应比相关问题的反应大。因此，需要监控呼吸活动来确定被测试者在多道仪测谎中的反应是否是故意造成的。

（二）测谎测试常用的问题模式

为了确保测谎的准确性，人们研究开发出了多种编题的方法，主要有相关/无关问题测试法、紧张峰测试法、准绳问题测试法、犯罪情景测试法。[③]

1. 相关/无关问题测试法。这种测试方法由一系列的相关和无关问题组成，相关问题与无关问题交替出现。无关问题是与案件没有任何关系的问题，相关问题是与案件有关系的问题。对于无辜者来说，相关问题没有任何的特殊意义，其所测得的生理、心理反应水平应当与无关问题测得的相同。但是对于真正与案件相关的人来说，其对于相关问题会特别的敏感，会引发较为激烈的生理、心理反应。因此，施测者仅需将被测者对无关问题的反应与对相关问题的反应进行比较，前后没有显著差异的，为无辜者。

在实践中，大多数测谎检验员已经放弃了这类程序，认为“即使一个无辜者，在对相关问题做出（诚实的）反应时，所表现出的生理活动

---

① 美国国家科学院多导生理记录仪测试评估委员会著：《测谎仪与测谎》，刘歆超译，中国人民公安大学出版社2008年版，第345页。

② 同上书，第138页。

③ 罗大华、何为民主编：《犯罪心理学》，中国政法大学出版社2007年版，第464页。

也会比他们对无关问题的反应更加强烈”[①]。

2. 紧张峰测试法。这种测试方法由多组相似的问题组成，一组问题中只有一个问题与案件相关，其他问题都与案件无关。对于案件无关人员来说，相关问题不会引起特殊的反应，因此，其对于相关问题的反应应当是与无关问题相似的。而对于作案人来说，相关问题会引起特殊的生理、心理反应，而与无关问题引起的生理、心理反应形成对比。在对案件相关人员的测试中，一组问题所测得的被测试者的生理、心理反应会出现一个明显的高峰，紧张峰就是由此而得名的。

3. 准绳测试法。在准绳问题测试法中包括三种测试题，第一种是无关问题，第二种是准绳问题，第三种是相关问题。这种测试方法最难的就是对准绳问题的编制，准绳问题是与案件无关的，但又能激起人的生理心理反应的问题，比如“你曾经偷过东西吗?”准绳问题通常是人们可能做过却不太愿意承认的事件，这样的问题会引起被测试者一定程度的焦虑。对于无辜者而言，他对准绳问题的反应会强于对相关问题的反应，而对于案件相关者而言，对于相关问题的反应会强于对准绳问题的反应。在测试中，准绳问题是衡量相关问题的标准，是相关问题的准绳。在准绳问题测试中，比较的是受测试者对准绳问题的反应与对相关问题的反应。

4. 犯罪知识测试法。犯罪知识测试法（Guilty Knowledge Test）由Lykken（1981）发明，它的目标在于监测被测试者头脑中有关犯罪的知识，而不是欺骗所伴随的情绪反应。这一测试方法依赖于只有警察、罪犯、幸存的被害人、证人所知道的事实。这种测试方式是基于以下假设：人们感知一项有意义的刺激时会有更强烈的生理反应。这被称为定向反应（orienting response）（Ben-Shakhar，Bar-Hillel & Lieblich，1986）。这种测试方法只有在案件细节不为公众所知的情况下才能进行。

犯罪知识测试法由一系列的多项选择题构成，每一个多项选择中，有一个选项与案件相关，被称为犯罪知识。比如，在一起盗窃案中，测试问题可能是：“你是从哪里盗得项链的？（1）书桌的抽屉里，（2）床头柜，（3）梳妆台的抽屉里，（4）保险柜。”其中一个选项是与实际情况吻合的。Lykken（1981）认为只有亲历过犯罪事件的人才会对案件的细节有

① ［美］Lawrence S. Wrightsman 著：《司法心理学》，吴宗宪、林遐等译，中国轻工业出版社 2004 年版，第 112 页。

记忆，因而对相关的答案会表现出强烈的反应。而无关人员对于各项答案的反应应当是没有显著差异的。犯罪知识测试存在一个问题，即需要有关案件的具体且没有被泄露出去的信息，这一点有时很难保证。

对犯罪知识测试法持怀疑态度的学者认为，有的人可能只是被告知了有关犯罪的事实而拥有了“犯罪知识”，而并未真正地感知案件；而有的人可能对案件的细节并没有过多的关注，因而缺乏犯罪知识。这些学者认为犯罪知识测试法只能用在少数的案件中。

二 测谎的原理

国内外关于测谎原理的探讨很多，比较有代表性的观点包括以下几种。

（一）恐惧假说

持恐惧假说的学者认为，被测试者假如说谎的话，会因为害怕谎言被揭穿或者谎言被发现以后遭到惩罚而产生恐惧的情绪，而这种恐惧的情绪会引起被测试者异常的生理、心理反应。这些异常的生理、心理反应被认为是被测试者说谎的象征。

（二）冲突假说

持冲突假说的学者认为，每个人都具有说实话的倾向，说谎会带来人内心的冲突。而在某些情况下，说谎会保护自身或者带给说谎者某些益处，这时人们可能会选择说谎行为。面对这两种相互冲突的心理需求时，被测试者的生理、心理会产生异常反应。这些异常的生理、心理反应被认为是被测试者说谎的象征。

（三）条件反射假说

持条件反射假说的学者认为，人对于自己亲历的事件会产生特殊的条件反射。当被问及与案件相关的情况时，案件的相关人员会由于条件反射而产生强烈的情绪体验，从而带来异常的生理心理反应。这些异常的生理心理反应被认为是被测试者说谎的象征。

（四）动机假说

持动机假说的学者认为，说谎者有强烈的动机试图使他人相信自己的陈述，而动机越强烈引发的生理、心理反应也越显著。这些异常的生理、心理反应被认为是被测试者说谎的象征。

（五）认知唤醒假说

持认知唤醒假说的学者认为，只有亲历事件的人才会对案件有认知，采用与案件相关的知识进行测验时，会使亲历事件的人产生自主的认知反应，从而引起异常的生理、心理反应。这些异常的生理、心理反应不能说明被测试者是否说谎，但能说明被测试者是否与案件有关联。

三　测谎的应用与评价

（一）测谎的应用

目前，测谎在侦查中的使用非常普遍，测谎常用于帮助侦查人员缩小侦查的范围，锁定重点嫌疑人；也可用于验证被试是否配合侦查工作，假如被试拒绝参加或者是参加测试的被试被判定使用了反测试方法，这都可能会引起侦查人员的注意。有学者对国外测谎结论的现状进行了总结，认为除德国外，测谎技术在刑事侦查中的作用受到普遍重视；对于测谎结论能否作为诉讼证据，反对和支持的态度并存；对测谎结论的态度总体上呈现从“绝对否定”到“附条件否定”的趋势。[①]

最早使用测谎仪器是美国，11 个联邦巡回区中有 9 个区的地方法院承认犯罪心理测试结果，在州法院中，有 36 个州承认犯罪心理测试结果，一些州还允许在没有其他证据的情况下，将其结果作为法庭的证据使用。[②] 测谎技术作为证据使用得到了相当一部分人的认可，但同时批评的声音也一直未曾间断，在美国等国也不乏否定测谎结论证据资格的判例。1998 年 United States v. Scheffer 一案中，美国最高法院拒绝采纳测谎获得的证据。美国最高法院的这一决定强化了各法院不承认测谎证据具有可采性的倾向。

在我国，测谎从引进至今，经历了 20 多年的发展。1990 年，“多参数心理测试（测谎）技术、设备与应用研究”由公安部科技司正式立项，1 年后，PG—1 型多参量心理测试仪研究成功，它是我国自行研制的第一台测谎仪。随后，我国开始普遍地产生和使用测谎仪，“测谎”这个字眼也越来越多地进入到人们的视野当中。据了解，截至 1998 年，北京、上

① 沈德咏、何艳芳：《测谎结论在刑事诉讼中的运用》，《政法论坛》2009 年第 1 期，第 71—81 页。

② 刘邦惠：《犯罪心理学》，科学出版社 2004 年版，第 297 页。

海、辽宁、山东、广东、江苏和浙江等28个省市的公安、检察等具有侦查权的部门配置了100多台心理测试仪，办案2000余起，在排除无辜、识别嫌疑人、明确侦查方向方面起了重要作用。[①] 随着一些涉及测谎的冤假错案被揭露，对测谎科学性的质疑越来越多。关于测谎的一系列法律问题也成了人们探讨的热点。目前，测谎已在刑事侦查领域普遍应用，但我国法律还没有明确规定测谎结论的证据效力，在司法实践中，一些法院已经采纳了测谎结论。[②] 最高人民检察院1999年9月10日《关于CPS多导心理测试鉴定结论能否作为诉讼证据使用的批复》否定了测谎结论的证据资格。1999年至今，已有十余年，法律依然没有明确的规定，不论是在理论上，还是在实践中，测谎结论的证据资格问题都成了一个亟待解决的问题。

（二）测谎的评价

通过测谎在实践中的应用情况，我们可以看出测谎从其进入人们的视线开始，质疑的声音就未曾间断。人们对于测谎的质疑主要集中于以下几点[③]：

1. 有关测谎的科学结论并不鼓励使用测谎仪。英国心理学会进行了一项对现有文献的研究，结果发现支持使用测谎仪监测的证据是“非常少的”，测谎仪检验的信度和效度是成问题的。[④] 在大众传媒文化中，多道仪被宣传成为一种神奇的机器，一种能够准确识别欺骗的测试技术，而实际上这种仪器的有效性在学术界长期没有达成共识。

2. 部分研究者的研究结论存在着误导。许多学者宣称测谎的准确率已经达到了90%以上，这种宣称是具有极大的误导性的。我们举个例子：一个工厂发生了盗窃案，在50名员工中，有1人是知情者，其他的49名都是无辜者。对这50名员工都进行了测谎，每个人都否认了知道盗窃事

---

① 武伯欣：《中国犯罪心理测试技术与应用概览》，《公安大学学报》1998年第2期，第102—105页。

② 贺晓彬：《测谎结论的证据价值》，《证据学论坛》第一卷，人民法院出版社2000年版，第399—404页。

③ 美国国家科学院多导生理记录仪测试评估委员会著：《测谎仪与测谎》，刘歆超译，中国人民公安大学出版社2008年版，第83页。

④ ［美］Lawrence S. Wrightsman著：《司法心理学》，吴宗宪、林遐等译，中国轻工业出版社2004年版，第110页。

件。测谎的结论将一名无辜者误断为知情者。这样，测谎在两个人身上出错了，一个是真实的知情者，一个是无辜者，而对其他的48人来说，测谎的结论是正确的。这样测谎的准确性就成了96%。但事实上，这样的准确率没有任何的意义，因为它在关键的问题上出错了，它没有准确地判断出谁是真正的盗窃者。

3. 生理指标并不直接说明被试说谎与否。生理指标的变化只能反映情绪反应性的变化，因此，任何关于说谎的结论都是一种推论。心理生理测试技术缺乏良好的科学理论基础，“心理生理反应与试图说谎的心理状态之间并没有建立起紧密的联系”，没有理论可以确定某种心理生理反应的出现是因为由“试图说谎”的心理状态而非其他心理状态所导致。①

4. 研究的科学性及外部效度问题。关于测谎争论的焦点集中在测谎是不是一种可以接受的有效工具。目前，可以用来评估测谎准确性的有三种方法，一种是实验室研究，但是它的外部效度时常受到人们的质疑；一种是现场研究，但许多学者认为现场研究不能很好地区分无辜者是否说了实话，对于诚实的被试存在着严重的偏见；一种是真实案例的研究，尽管真实案件的研究更具有说服力，但在实践中开展真实案例的研究却是困难重重的。

5. 存在许多影响测谎结论准确性的因素。在测谎的过程中，许多因素都可能会影响测谎的结论，比如，被测试者的个人心理特点、反测谎技术的使用、施测者不恰当的询问等等。Carroll（1988）认为，不管测谎检查在现场测验中提供的准确性如何，它们都来自检查员对被试的一般举止行为所作的结论，而不是来自被试的图表反应。② 许多学者注意到了测谎程序中的缺陷：缺乏标准化的测验程序。而这一问题到目前为止也没得到很好的解决。

6. 测谎存在道德问题。Lykken认为测谎会对他人造成紧张并且侵犯他人隐私。而且，他也注意到测谎检验员常常使用欺骗的方法使被试相信，这种测验是准确的。③ 据英国心理学会的报告（1986），在施测

---

① 郑红丽：《P300测谎技术研究》，中国政法大学博士学位论文，2008年，第1页。

② Carroll, D. (1988). How accurate is polygraph lie detection? In A. Gale (Ed.), *The polygraph test: Lies, truth and science* (pp. 19－28). London: Sage.

③ ［美］Lawrence S. Wrightsman著：《司法心理学》，吴宗宪、林遐等译，中国轻工业出版社2004年版，第114页。

时，检查员存在以下的问题：一是经常误导被试，告诉他们这种测验是如何准确的；二是为了促进供述，往往给被试造成焦虑；三是侵犯被试的隐私，可能询问关于被试的性、政治或者宗教方面的非常个人化的问题。[①]

7. 反测试技术的存在。在测谎的过程中，有的被测试者会试图采取一些措施来影响测试的结果，从而误导测试者。为了达到这一目的而采用的各种方法被称为“反测试”。反测试的方法主要可以分为生理反测试和心理反测试，生理反测试比如咬舌头、垫脚尖等，这些行为都能使个体产生多道测谎仪识别的生理反应，从而使被测试者对于控制问题产生的生理反应接近于相关问题的生理反应，增加了被测试者通过测试的可能性。心理反测试比如数绵羊、倒数的方法，采用这种方法其实就是分散被测试者的注意力，使其不去加工施测者所问的关键问题，这样就能使被测试者对所有的问题都产生一样的反应。

最著名的反测试例子或许是 Floyd 进行的反测试。他对同监舍的 27 名犯人进行了仅 20 分钟的指导，结果其中的 23 名打败了多道仪测谎。[②]这样的实验结论也得到了不少研究结论的支持，这似乎很令人沮丧。反测试技术的存在也成为批评者不赞成适用测谎仪的理由之一。

运用测谎评估证人证言的可信性，首先要解决几个问题：一是规范测谎的方法，测谎的方法（主要是指前期的编题方法）有很多种，在实践中，操作者常常不知道应当选择何种方法或者说何种方法才是最有效的；二是规范测谎的操作，目前在我国还没有相关测谎操作的规范，这增加了操作者在实践中的困惑；三是测试人员的素质，许多国家对于实施测谎的人员有很高的要求，这是确保测谎结论准确的一个前提条件。

测谎仪记录是指由被测试者情绪变化所引起的一系列的生理反应指标，如心跳、血压、呼吸、皮肤电等。生理指标相对于非言语行为和言语行为都难控制得多，因此，许多人认为通过生理指标来判断证人证言的可信性应该是最准确的。通过测谎仪所测得的生理指标是确实存在的，但通过这些生理指标是否能够判断一个人说谎呢？草率得出结论显然是不妥

---

① ［美］Lawrence S. Wrightsman 著：《司法心理学》，吴宗宪、林遐等译，中国轻工业出版社 2004 年版，第 110 页。

② ［英］维吉著：《说谎心理学》，郑红丽译，中国轻工业出版社 2005 年版，第 252 页。

的，测谎建立在人说谎会产生一定的情绪反应，而一定的情绪反应会带来生理变化的假设基础之上。这一假设得到了不少实证研究的证实，但问题是人的情绪反应是非常丰富的，如害怕、紧张、内疚等，这些情绪会引起相同的生理反应，测谎仪能够记录人的生理反应，它却不能区分这种生理反应是由何种情绪状态所引起的（比如，心跳加速是由于证人在说谎还是由于证人接受询问而产生的紧张所造成的?）。因此，在运用测谎仪检测证人证言可信性时，要综合整个案情及证人的人格特征等方面作出判断，而不能草率地根据测谎所测得的生理指标作出判断。

关于反测谎的问题，我们认为过多的忧虑是不必要的。从许多关于测谎的著作和文献中我们发现，反测谎技术确实是存在的，这样的真实案件①也发生过。但是知悉并懂得测谎技术，能使用该技术成功反测谎的人毕竟是少数。我们不能因为存在测谎失败的案件，就否定测谎的价值。人的情绪变化与生理反应之间是确有联系的，而测谎仪能记录人的生理反应参数也是毫无疑问的。

从生理指标来评估证人证言的可信性是目前比较推崇的做法，人们对这一评估抱有很高的期望，而目前用以检测证人生理指标的最常用的方法就是多道仪测谎，除此之外还有脑部扫描测谎、眼动等，由于这些都是比较新兴的技术，还没有进行广泛深入的研究，因此，在司法实践中这些技术也很少被采用。2008 年的 9 月印度出现了第一例根据脑部扫描测谎定罪的案例②，引起了人们广泛的争议。我们预期根据生理指标来评估证人证言的可信性会成为未来法庭科学发展的趋势。

四 测谎的趋势

20 世纪 50 年代以后，随着认知神经科学的发展，人们开始关注大脑

① 美国中央情报局 Ames 在间隔 5 年时间的两次测谎检验（分别在 1986 年和 1991 年），通过了测谎检验。（［美］Lawrence S. Wrightsman 著：《司法心理学》，吴宗宪、林遐等译，中国轻工业出版社 2004 年版，第 114 页。）

② 印度一位法官最近审理一桩杀人案时，采信嫌犯脑部扫描测谎结果，认定一名涉嫌杀害未婚夫的 24 岁企管硕士班女学生阿蒂提，对犯罪过程有独具的“经验知识”，因而判她无期徒刑，创下法庭以脑部扫描结果为判决凭据的全球首例，引发争议。（中国新华网：《印度法庭脑波测谎定罪创全球首例》［EB/OL］.［2012－05－20］. http：//news. xinhuanet. com/world/2008－09/16/content_ 10025105. htm）

反应与说谎之间的关系。两项脑功能测量技术（ERP 和 fMRI）逐渐被应用于测谎研究中。脑功能测量技术基于这样的假设：一是大脑储存了关于经历过的事件的信息，二是它对刺激会产生神经生物反应。从理论上说，脑功能测量技术比传统的自主反应测量技术更具有优势，它直接测试的是大脑的各种活动，这种测试具有更高的精准性，且不易被“反测试”技术打败。目前，关于脑功能测量技术基本处于试验研究阶段，在实践中加以应用的情况非常少。在理论上，它还存在着缺陷，已有研究不能说明大脑反应与说谎行为之间的关系是否是唯一的、固定的。在实践中，运用脑功能测量技术会耗费更多的时间与金钱，并且对于施测人员的要求也更高。目前，脑功能测量技术还没有进行充分的实验，但它在科学群体中已经受到了广泛的关注。

本章小结

证人证言可信性评估备受关注，目前对于证人证言可信性的评估主要围绕证人的非言语行为、证人的言语行为和证人的生理指标三个方面进行。但现有的各种评估方法还不足以得出证言是否可信的确定的结果。在三种评估方法中，证人非言语行为的评估受到的认可程度最低，到目前为止，没有法庭采纳心理学关于证人非言语行为的研究作为评估证人证言可信性的依据。关于证人言语行为的评估主要有两种方法，一种是陈述有效性评估，一种是真实监控。陈述有效性评估已经得到了司法部门一定程度的认可，被认为是最常使用的评估证言有效性的方法。真实监控类似于陈述有效性评估，但真实监控的评价指标比陈述有效性评估的指标要少得多，操作起来更为简单，因而也更受实践工作者的欢迎。尽管陈述有效性评估和真实监控都受到了一定程度的认可，但研究表明这两种评估方法都存在一定的错误率，因此，在实践中应用这两种方法应该特别谨慎。对证人生理指标的评估，最常用的方法是测谎，关于测谎结论的证据效力一直都存在争议。目前，测谎在我国的刑事侦查领域已经得到普遍应用，但我国法律还没有明确规定测谎结论的证据效力。

第八章
有效收集证人证言的方法

本章内容，我们主要探讨什么方法可以用来有效收集证人证言，或者说是否存在一定的方法或技术能使我们收集到更多更可信的证人证言。本章共分为两节，第一节主要介绍有效收集证人证言的一般做法，包括收集证人证言对于环境、询问员的要求，以及收集证言所应当遵循的程序。第二节主要介绍有效收集证人证言的技术，主要包括认知访谈和催眠访谈。关于有效收集证人证言方法的探讨，体现了人们的主观能动性，面对证人证言这种极容易受各种因素影响的证据，人们也并非是无能为力的。

第一节　有效收集证人证言的一般做法

一　有效收集证人证言对环境的要求

有效收集证人证言对环境的要求主要体现在两个方面，一是通过物理环境的建构来帮助证人回忆/再认，二是通过对心理环境的建构来帮助证人回忆/再认。

物理环境的建构包含两方面的含义，一是通过环境布置，建构一种令人舒适的环境，证人置身其中，觉得非常的放松，从而愿意如实的陈述。在一种舒适的环境中，人的精神会比较放松，会更倾向于表达。二是建构案件发生时的物理环境，以帮助证人回忆/再认。相似的物理环境中包含着许多背景线索，这些背景线索的出现能有效地帮助证人回忆/再认。假设我们通常是在工作地点碰到某人，那么在工作地点认出这个人就相对比较容易，而当这个人出现在商场时，我们就可能会发生识别的困难。这不是因为我们对这个人缺乏记忆，而是因为缺乏一些特定的背景作为线索。在提取信息时，物理环境的不同会减损证人的回忆能力。有学者曾做过相关的实验研究，让佩戴水下呼吸器的潜水员在海滩上或在水下学习一些单词序列，然后让其回忆，结果发现当编码和回忆的环境相匹配时，潜水员的回忆成绩提高了近50%。[①] 我们在感知某事件后，会对信息进行编码，在回忆这些信息时，假如回忆的背景与编码的背景相匹配，则回忆更为有效。在司法实践中，有时侦查人员会带证人去案发现场以帮助回忆，原因就在于此。如果不便或不能将证人带去案发现场，在其他的询问场所布置一些与案件相关的背景（比如犯罪嫌疑人所携带的挎包等）来帮助证人回忆也是可行的。

除了通过建构物理环境来帮助有效地收集证人证言以外，还可以通过心理环境的建构来帮助证人回忆。心理环境的建构主要是指询问者引导证人回忆案件发生时的情境（比如案件发生的时间、地点、天气等），帮助证人对关键信息的回忆。相对于物理环境的建构，心理环境的建构被学者们认为是更可行的。关于心理环境的建构，我们将在认知访谈中加以探讨。

二　有效收集证人证言对询问者的要求

有效收集证人证言不但对环境具有较高的要求，对于询问者也有一些起码的要求。对于询问者的要求主要表现为禁止暗示和及时记录证人的自信心两个方面。

（一）禁止暗示

根据《心理学大词典》的解释，暗示是指：“通过某种手段使人不自觉地接受某种观点、信念、态度或行为模式的影响，从而在心理状态或行为上发生相应变化的过程。”[②] 在询问者收集证言的过程中，暗示几乎时时刻刻都有发生的可能。我们在前面提到的各种影响证人证言可信性的因素中，都会对证人产生暗示，比如提问方式、指导语、反馈等。暗示的发生很多时候可能是人们所不觉知的，要完全地排除暗示的影响也几乎是一件不可能的事。在实践当中，尽量减少暗示最好的方法是让不知情的主持人来询问证人，这样可以避免由于主持者知道案件的相关情况而产生先入为主的观念，从而有意无意地给予证人某种暗示。国外的司法实践中通常

---

① ［美］理查德·格里格、菲利普·津巴多：《心理学与生活》，王垒、王甦等译，人民邮电出版社2003年版，第203页。

② 林崇德、杨治良、黄希庭主编：《心理学大词典》，上海教育出版社2003年版，第14页。

采用“双盲”程序，这能有效地避免暗示的发生。在我国目前对于证人的询问都是由案件的相关调查人员进行的，这对于避免暗示的发生十分不利。

当然，在司法实践中，也并非所有带有暗示性的行为都是不被允许的。比如，在许多国家诱导性的询问是被允许的，当然必须要满足特定的条件，如证人的提取发生了困难，或是在证人陈述后，为了得到一些更准确的信息。当然，诱导性的问题必须是有切实根据的。毕竟诱导性提问带有很强的暗示性，实践中应当尽量避免使用诱导性询问，以减少不必要的暗示。

（二）及时记录证人的自信心

在前文中，我们已经提到证人的自信心是至关重要的，因为人们倾向于相信自信的证人。而证人的自信心又很容易受到其他因素的影响，这些因素可能来源于询问者，也可能来源于其他的证人，或是报纸、媒体。似乎到处都存在影响证人自信心的因素。避免这些因素对证人自信心产生影响的最好方法就是在收集证言后及时记录证人的自信心，使证人的自信心能最真实地反映其记忆的情况。

三　有效收集证人证言的规则

有效收集证人证言对环境、询问者都有所要求。综合上述要求和证人证言形成的规律，我们认为有效收集证人证言应当遵循如下规则：

第一，放慢提问速度。在对证人进行提问时，应当尽量放慢提问的速度，确保证人听清、听懂所问的问题。在每一次提问之后，应该有一定时间的停顿，确保证人思考问题。

第二，开放式的提问方式与封闭式提问方式相结合。在上文中，我们已经提到采用开放式的提问方式收集的证言准确性更高，可是证人提供关于细节的信息却会相对减少，因此，在提问时应当将开放式的提问方式与封闭式的提问方式相结合。一般地，先采用开放式的提问方式，再采用封闭式的提问方式。

第三，尽量不要打断证人的回答。在证人回答的过程中，尽量不要打断证人的陈述，中途打断证人的回答会造成证人思路的不连贯，也可能会使证人产生厌烦的情绪。

第四，尽量不要重复提问。尽量不要对证人重复提问，重复提问会使证人觉得自己先前的回答是有问题的，当询问者再次询问时，证人可能会改变自己的答案来迎合询问者。另一方面，重复提问也会使证人对自己的陈述变得不自信。重复提问的这种危害后果在儿童证人的身上体现得更明显。

第五，使面谈以证人为中心而不是以询问者为中心。在询问的过程中，要尽可能的尊重证人，让证人以自己的方式、速度充分地陈述。询问者应该表达他们希望从证人那里获得更多的信息。

以上提到的是提高收集证人证言时一般应当遵循的规则。较之成年人，儿童在生理上心理上都相对的不成熟，在针对儿童证人时，收集证人证言的方式也应有一些特殊之处。根据学者 Schuman，Bala 和 Lee（1999）的研究，在对儿童提问时应当注意以下几个方面[①]：

第一，确保每一个问题都是简短的，并且每个问题都只包含一个主题。

第二，尽量避免采用肯定的问法，如"……是吗?"因为针对这样的提问，儿童证人容易做出肯定的回答，也要尽量避免采用否定的问法，如"……不是吗?"因为针对这样的提问，儿童证人容易做出否定的回答。

第三，尽量不要使用代词，在对儿童证人提问时，重复名词便于他们理解。如应采用"张三到学校的时候，张三迟到了吗?"的提问方法，而不是"张三到学校的时候，他迟到了吗?"儿童有时会不清楚"他"指谁。

第四，尽可能的使用日常化的语言，而不是专业术语。这样才能确保儿童证人能真正理解询问者的提问。

相较于成人，儿童身心的发展还不成熟，对于儿童证人我们应该有些特殊的措施来确保收集到可信的证言。上述收集证人证言的规则在实践当中起到了一定的作用。除此之外，在实践当中，也有借助精致玩偶[②]、画画[③]等方式来帮助提高证人回忆的。

---

① Schuman, J. P., Bala, N., & Lee, k. (1999). Developmentally Appropriate Questions for Child Witnesses. *Queen's Law Journal*, 25 (1), 251 - 304.

② 精致玩偶是指模仿人形制造的玩偶，用来帮助儿童表达一些难以用言语传达的意思，精致玩偶常在儿童遭受性侵犯的案件中被使用。

③ 画画是收集证言的一种协助方法，当证人觉得用言语表达有困难的时候，可以让其用画画的方式来表达。

第二节 有效收集证人证言的技术

一 认知访谈

(一) 认知访谈的原理

认知访谈技术最早是由美国的 Geiselman 等人（1984）应用于提高证人的回忆。认知访谈技术建立在心理学关于记忆和证人表现的研究基础之上。认知访谈强调两个过程，一是记忆的过程，二是交流的过程。在收集证言的过程中，证人会努力地回忆这些信息，并与询问者交流这些信息，因此，成功的访谈依赖于这两个过程。访谈者的任务是通过提问来引导证人回忆相关的信息。根据 Geiselman 等人（1984）的观点，认知访谈技巧应该基于下述观点：

第一，记忆痕迹通常非常复杂，而且包含了各种各样的信息；

第二，一条提取线索的有效性依赖于它与记忆痕迹中所储存信息的交叉程度，这就是编码特异性原则；

第三，各种提取线索都可以介入任何特定的记忆痕迹；如果一条提取线索是无效的，那就再寻找另一条线索。①

认知访谈技术是迄今为止，被广泛承认的有效收集证言的方法。从认知访谈的理论提出以来，学者们就投以无限的热情，认知访谈技术也不断地得到发展和改进。最初认知访谈的形式包括四个原则：一是重构事件的情境；二是报告每一个细节，包括那些看起来琐碎和无关的；三是按不同的时间顺序来报告事件；四是从不同的角度来描述事件，比如，从另一个当事人的角度。②

重构事件的情境包括证人在案件发生前、发生时和发生后所体验到的心境、背景和经历。当应用这项技术时，询问者鼓励证人从心理和物理环境两个层面来重构案件发生时的相关情况，以激发回忆的线索。重构事件情境的原因在于事件不是在真空的状态中发生的，而是证人所经历的，假

---

① ［英］M. W. 艾森克、M. T. 基恩著：《认知心理学》，高定国、肖晓云译，华东师范大学出版社 2004 年版，第 345 页。

② Dando, C. J. & Milne, R. (2009). The Cognitive Interview. In R. N. Kocsis (Ed.). *Applied Criminal Psychology: A Guide to Forensic behavioural Sciences* (pp. 147 – 168). Springfield: Charles C. Thomas.

如仅让证人回忆其中的一部分可能不会产生细节的回忆。因此，重构事件的情境对于唤起证人当时的感受非常重要。询问者在询问的过程中要给予证人很多小的说明，在每次说明之后要有适当的停顿，以使证人有足够的时间去重构事件。

比如，我将会帮助你尽可能多地回忆。我希望你去思考我所说的每一件事情。闭上眼睛或者是看着墙壁可能会帮助你。现在我希望你回到事件发生的当天。想想那天……你做了什么……天气怎么样……想想事件发生的地点……在你的头脑里画出一幅图。想想那个地方是怎么样的……想想那里都有些什么……想想那里有些什么颜色和气味。你当时有什么感觉？现在想想当时都有哪些人？……发生了什么事情？……如果你准备好了，请你用你自己的方式和速度告诉我你所记得的一切。①

有时候人们不能回忆相关事件不是因为相关事件的痕迹已经消失了，而是因为不能找到有效的线索。比起外部环境，我们的记忆更多地受心理感受的影响。重构事件使得证人重新体会当时编码的情况，以使回忆最大化。

让证人报告每一个细节的原因在于我们通常会编辑我们的回忆或总结我们的感受来符合我们认为应该与案件相关的信息，这样做会使我们忽略很多细节，而这些细节可能对于调查来说是很关键的。运用这项技术时，询问人员应当向证人说明不要编辑任何与事件有关的细节，即便这些细节被他们认为是不重要的、无关的。

比如，有些人会隐瞒一些信息，因为他们不太确定这些信息是否是正确的或者你可能会认为我已经知道了这些信息。请不要遗漏任何事情。我对你所记得的任何事情都很感兴趣，甚至是你认为不重要的事情，请全部告诉我。②

关于对事件的记忆被认为是以一系列编码表征的方式被储存的，被记忆的并不是事件的精确复制，而是以多种交互作用的编码保存这些经历。所以，会存在一些能引起人们回忆的，却被人们认为是不重要的线索。另

---

① Dando, C. J. & Milne, R. (2009). The Cognitive Interview. In R. N. Kocsis (Ed.). *Applied Criminal Psychology: A Guide to Forensic Behavioural Sciences* (pp. 147 – 168). Springfield: Charles C. Thomas.

② Ibid.

外，证人通常会认为询问者是了解案件情况的，他们只对重要的、能够完全回忆的信息感兴趣。这样就导致很多信息被隐瞒。询问者向证人说明让其报告每一个细节，可以降低证人报告信息的主观标准，这样就有希望通过一些看起来不重要的、不全面的线索来激发一些不能回忆的信息。

改变报告事件的顺序是基于有多条途径可以达到记忆的编码这一假说。改变报告事件的顺序，可以使证人关注事件的不同部分，从不同的顺序对事件进行回忆可以填补证人记忆的空白。心理学的研究表明，证人采用一种途径无法有效地获得信息，并不能说明信息不在人的记忆中，这时候应该鼓励证人采用别种途径来获得有效的线索。很多时候证人在一次提取失败后，往往会认为自己已经忘记了，不愿做新的尝试。这时，询问者应该鼓励证人采用其他的途径进行回忆，其中改变报告事件的顺序就是一种非常有效的方法。

比如，以你自己的顺序来回忆事件是非常自然的。我将会尝试做一些可以使人们回忆得更多的方式。我想请你用倒叙的方式告诉我发生了什么？你所记得的发生的最后一件事是什么？之前发生了什么？这之前又发生了什么（这一说明可以重复，有必要的话，可以用至证人回忆出事件的最初情节）。①

Whitten 和 Leonard（1981）的研究发现，采用倒叙的方式进行回忆比顺序和随机回忆更有效，回忆的错误率也更低。其他的一些研究也发现采用倒叙的方式进行回忆比顺序的方式能收集到更多的细节。

从不同的角度来描述事件可以使证人回忆出更多的细节。采用这项技术的目的是在前三项技术都不能获得有效的线索时，能激起相关的记忆编码。

比如，试着从另一个知道事件的人的角度来回忆事件。想想他在哪？他看到了些什么？②

许多研究表明，改变角度进行回忆可以得到一些新的信息。

（二）认知访谈的应用

上述四个程序构成了认知访谈技术的核心。许多的实证研究都证实

---

① Dando, C. J. & Milne, R. (2009). The Cognitive Interview. In R. N. Kocsis (Ed.). *Applied Criminal Psychology: A Guide to Forensic behavioural Sciences* (pp. 147 - 168). Springfield: Charles C. Thomas.

② Ibid.

采用认知访谈的方法能够收集到更全面、更准确的信息。Geiselman 等人（1986）的研究发现采用认知访谈技术能增加准确信息数量，而错误信息和虚假信息的数量并没有增多。Geiselman 和 Padilla（1988）以儿童为被试，对认知访谈与传统访谈进行了比较，结果发现采用认知访谈的方式收集到的准确证言增加了 21%，而错误的证言和虚构的证言都没有增加。目前，许多国家（如美国、英国、加拿大、澳大利亚等）都已采纳认知访谈技术作为收集证人证言的方法。实践也证明无论在证人证言的数量方面还是质量方面，采用认知访谈技术相对于传统的方法都更有效。

认知访谈理论的逻辑依据包括记忆的复杂性，以及回忆可以通过多种途径实现。认知访谈一直被认为是收集证言的有效形式，但是在现实生活中，证人会经历更多的焦虑和面对更多的困惑。为了解决这些问题，Geiselman 和 Fisher 改进了认知访谈技术。改进后的认知访谈技术包括原始的四个程序，增加了访谈过程中的对话成分。

改进后的认知访谈技术关注于三个核心内容，一是知识的表达，二是记忆恢复的过程，三是交流的技巧。[①] 并对访谈者提出了更高的要求。Fisher，Geiselman 和 Raymond（1987）进行了实验研究，比较了改进前后的认知访谈技术在收集证人证言方面的差异，结果发现改进后的认知访谈技术比原始的认知访谈技术多收集了 40% 的准确信息，而在错误信息和虚构信息方面，两者没有差异。1989 年，Fisher，Geiselman 和 Amador 在真实的案件中运用了此项技术，结果发现询问者在经过改进后认知访谈技术的培训以后比原先多收集到 47% 的信息。另外，Stein 和 Memon（2006）的研究也支持了这一结论。

（三）关于认知访谈的评价

通过已有的研究，可以看出认知访谈技术是一种有效收集证人证言的方法。而在实践中，认知访谈的这种优势并没有很明显地体现出来，询问者有时候会不使用或不完全使用认知访谈技术去收集证言，原因在于不是所有的询问者都真正掌握了认知访谈技术。认知访谈技术需要询问者掌握

---

① Dando，C. J. & Milne，R. （2009）. The Cognitive Interview. In R. N. Kocsis（Ed.）. *Applied Criminal Psychology：A Guide to Forensic behavioural Sciences*（pp. 147 – 168）. Springfield：Charles C. Thomas.

一些基本的心理学知识和技术，而这往往需要经过专门的培训。目前，在国内外的司法实践中，对询问者进行相关访谈培训的力度显然是不够的。英国、美国、加拿大等国家在法庭上运用认知访谈技术几乎是没有什么争议的，新入职的警察和专门的询问者都要接受认知访谈培训，但通常培训的时间都较短。

总之，到目前为止，认知访谈技术是提高证人回忆数量和质量最有效的方法之一。但在我国，法律工作者对认知访谈还很陌生，更谈不上在实践中运用该技术。今后，我们可以借鉴国外的研究成果，尝试将认知访谈运用于实践。

二 催眠访谈

（一）催眠访谈的原理

催眠一直是一个充满着神秘色彩的词语，从古埃及、古巴比伦时期就有关于催眠的记载。最初催眠是用来治疗人们的生理心理疾病的，比如成瘾、恐惧、焦虑等，随着历史的发展，催眠被广泛地运用于医学、教学、司法等领域，并取得了一定的效果，但是关于催眠的原理、程序、效果等一直都是人们争论的话题。

《心理学大辞典》对催眠的定义是："人为诱导（如放松、单调刺激、集中注意、想象等）引起的特殊心理状态。"① 美国医学会对催眠的定义是："人为引导引起的注意力的改变，在这种状态中，被催眠者自主能力减弱或丧失、感知觉发生歪曲或丧失。"② 以上两个定义的内涵基本是一致的，都认为催眠是一种介于睡眠与清醒之间的意识状态，在催眠状态下，人的意识范围变得狭窄，只能对某些刺激作出反应。

关于催眠产生机制的学说有很多，最具代表性的有两种，一是暗示感应说，二是潜意识说。暗示感应说的代表人物是法国著名医生 Bernheim，他和他的追随者认为催眠是被试接受施术者的暗示所引起的一种现象。暗示感应说认为暗示是一种普遍存在的心理现象，每个人都存在不同程度的

---

① 林崇德、杨治良、黄希庭主编：《心理学大词典》，上海教育出版社 2003 年版，第 167 页。

② Webert, D. R. (2003). Are the courts in a trance? Approaches to the admissibility of hypnotically enhanced witness testimony in light of empirical evidence. *American Criminal Law Review*, 40 (3), 1301 - 1327.

受暗示性，施术者正是利用了人们的这种受暗示性，而使被试进入催眠的状态。在众多的关于催眠产生机制的学说中，暗示感应说占据着无人可比的地位，到现在，仍有很多人认为催眠就是暗示。

潜意识说的最著名代表人物是 Freud，他将人的意识分为潜意识、前意识和意识三个层面，潜意识是隐性的，是人们在清醒的状态下不觉知的，意识是显性的，是人们在清醒的状态下觉知的，前意识是介于潜意识和意识之间的一种状态。人们对于外界信息的感知，被存储在人的大脑中，有一部分在意识状态，能够被人们回忆，还有一部分存在于潜意识状态，人们无法回忆。只有当意识的作用减弱时，潜意识层面的信息才能被唤醒。潜意识说认为催眠现象的原理在于催眠师设法减弱了被催眠者的意识作用，使其意识不对各种外部刺激产生反应；同时，潜意识的作用得到加强，可以对催眠师的暗示进行感应，从而积极地搜寻潜意识内存储的相关记忆，使其得以显现。①

在司法实践中，采用催眠访谈的方式来帮助回忆，要求有相关知识背景的人按照一定的程序进行。采用催眠访谈的方法收集证人证言，主要用于一些时间间隔比较长久，证人无法回忆，或者是证人遭受了创伤性的打击而无法回忆的情况。学者们和司法实践工作者都希望通过催眠的方法能使证人回忆起其在清醒状态下无法回忆的信息。目前，在国外比较认可的催眠访谈包括下面几个步骤：

一是与被访谈者建立和谐的关系。催眠访谈是一种需要被访谈者配合的询问方法，只有被访谈者愿意接受，才有可能使其进入催眠状态。在正式的访谈前应当向被访谈者介绍催眠的原理、程序及目的，让被访谈者充分地了解并信任访谈者，并与其建立良好和谐的关系。

二是受暗示性调查。许多研究表明每个人的受暗示性是不同的，有的人受暗示性较高，能够进入深度催眠状态；有的人受暗示性较低，只能进入轻度的催眠状态；还有的人几乎没法进入催眠状态。在进行催眠之前，了解证人的受暗示性是必须的。

三是导入过程。导入是使被访谈者从清醒状态进入到催眠状态的一个过程。这个过程非常关键，如果导入不成功，被访谈者将不能进入催眠状

① 参见赵桂芬《侦查中的催眠方法探析》，《中国人民公安大学学报》（社会科学版）2006年第1期，第77—82页。

态，也就谈不上催眠访谈了。导入的方式有很多种，比如，让被访谈者数数，或盯着某个固定的地方，这些方法都是让被试的注意力集中于某一点，而使其注意范围狭窄化。

四是访谈。当被访谈者进入到催眠状态时，主试就案件相关的情况对证人进行访谈。这个过程是催眠访谈的中心环节，因为证人的信息是通过访谈获得的。在此阶段，主试要注意不能给予访谈者不正确的暗示，因为这些暗示可能进入到证人的头脑，而成为其记忆的一部分。

五是恢复清醒状态。访谈结束以后，主试应该让被访谈者从催眠的状态恢复到清醒的状态，至此催眠访谈结束。

（二）催眠访谈的检验

在司法实践中采用催眠访谈帮助证人回忆主要是通过上述五个阶段。在催眠的各种作用中，司法工作者最为关心的是用催眠来帮助回忆。20世纪70年代以前，在司法实践中采用催眠来帮助回忆的案例非常少。70年代之后，人们开始对催眠投以无比的热情。据学者Scheflin（1994）的统计，美国在1970年以后涉及催眠的案例大约1000件，在这些案件中采用催眠多是与帮助回忆有关的。[①] 如1976年在美国加州乔奇拉发生的一起绑架案中，警察采用了催眠访谈技术帮助公交司机回忆起绑匪的车牌号，从而缩小了调查的范围，逮捕了绑匪。[②] Kleinhauz，Horowitz和Tobin（1977）引证了以色列警方的经验，这些经验证明，在催眠状态下，证人往往能够回忆起非催眠状态下根本想不起来的罪行情节。[③] 在一起事件中，一名公共汽车司机只有在催眠后才能正确地描述犯罪嫌疑人，他说犯罪嫌疑人埋了一枚炸弹，这在后来得到了证实。并且根据他的描述所作的模拟画像与犯罪嫌疑人完全吻合。

Geiselman在1987年对1930—1985年发表的30篇论文中的38个实验进行了考查，结果显示，其中21项实验的研究发现采用催眠访谈的方法收集到了更准确的信息，13项实验没有发现采用催眠访谈对人们的准确

① Weiner，I. B.，& Hess，A. K.（2005）. *The handbook of forensic psychology.* Publisher：Wiley，John & Sons.

② ［美］Lawrence S. Wrightsman著：《司法心理学》，吴宗宪、林遐等译，中国轻工业出版社2004年版，第138页。

③ Kleinhauz，M.，Horowitz，I.，& Tobin，T.（1977）. The use of hypnosis in police investigation：a preliminary communication. *Journal of the Forensic Science Society*，17（2），77－80.

回忆有帮助，4 项实验发现采用催眠访谈的方法收集到的信息的准确性反而更低。

在对待是否可以采用催眠访谈的方式来收集证人证言，以及采用这种方式收集到的证人证言的可采性的问题上，许多国家的法庭经历了一个由完全承认到完全否认再到有限制地承认的过程。1968 年，Harding v. State 案中，美国上诉法院首次肯定了催眠访谈帮助证人回忆的做法。① 自此以后的十多年时间中，美国及其他的一些国家对采用催眠访谈来帮助证人回忆几乎都持肯定态度，法庭上也承认采用催眠访谈所收集到的证人证言。这种对待催眠访谈的开放性态度使得通过催眠所取得的证言越来越多地出现在法庭上，同时分歧的意见也越来越多。1978 年，美国第九巡回法院在审理 United State v. Adams 的案件时，提出了采用催眠访谈来帮助回忆的各种危险。② 这使得人们开始重新审视这一方法的科学性，并产生了非常严格的排除规则（per se exclusion rule）。1980 年，State v. Mack 一案是美国 20 世纪 70 年代后第一起拒绝采用催眠访谈所收集证言的案例。③ 此后许多的法庭都效仿这一案例，甚至有的法庭认为接受过催眠的证人就完全不能再作证，因为他们的记忆已经受到了污染。采用催眠访谈帮助证人回忆的方法至此跌入了低谷，而批判催眠访谈的声音占据了上风。尽管如此，多数的学者仍然认为对催眠访谈所收集到的证言采取完全否认的做法是不可取的，学者们的坚持，以及催眠技术的不断改进使得法庭对待催眠访谈的态度有所好转。到目前为止，绝大多数国家的刑事司法系统对待催眠访谈的态度是比较谨慎的，在美国大约有 2/3 的州完全排除采取催眠访谈收集的证据，1/3 的州和联邦政府有条件地采用通过催眠访谈收集的证据。④

（三）关于催眠访谈的评价

在催眠应用于司法实践的 100 多年历史中，关于它的争论就一直没有停止过，批评者认为催眠者的回忆是不准确的，原因主要在于两点，一是

---

① Weiner, I. B. & Hess, A. K. (2005). *The handbook of forensic psychology*. Publisher: Wiley, John & Sons.

② Ibid.

③ Ibid.

④ 参见赵桂芬《侦查中的催眠方法探析》，《中国人民公安大学学报》（社会科学版）2006 年第 1 期，第 77—82 页。

在催眠状态下，人们更容易接受暗示，因此，可能受催眠师的影响，产生一些不准确的记忆；二是证人会因为讨好催眠师而虚构事实，迎合催眠师的需要，从而产生错误的信息。另外，由于在催眠的状态下，证人有努力回忆（memory hardening）的体验，因此对于其回忆的信息，无论是正确的还是错误的，证人都会显得非常有自信，而这种自信可能会误导法官和陪审团。

支持者认为证人回忆的错误是缘于记忆，而不是催眠，并不是催眠带来了回忆的不准确，采用其他的方式收集证言亦有可能会得到不准确的信息。支持者还认为必须分清使用催眠和滥用催眠，在一些特殊的案件中，采用催眠的方法来获取一些有关的线索是可行的，使用催眠访谈的方式并不是说在任何情况下，任何人都可以使用，由受过专业催眠培训的人员按照严格的程序进行催眠访谈就能避免催眠师对证人造成的错误暗示。

迄今为止，完全承认通过催眠访谈收集的证言具有可采性的国家并不多，但是多数的国家都将催眠访谈用在侦查当中，对于一些没有明确线索或是线索很模糊的案件，采用催眠访谈的方法在某些时候能够获得意想不到的效果。催眠访谈对于我国的法律工作者来说还是相当陌生的，在实践当中也几乎没有通过此种方法收集证言的实例。根据催眠的机制以及相关实证研究的结论，我们认为只要方法得当，采用催眠访谈是能够帮助证人回忆的，但为了确保能收集到较为准确的信息，需要对催眠访谈进行一定的指导。Spiegel 等学者对催眠访谈提出了如下指导原则：

第一，催眠者的资格　催眠需要实施者掌握一定的生理学、心理学等方面的知识，一般都要求实施者经过一段时期的培训，以确保减少对受访者诱导性的暗示，从而收集到准确的信息；

第二，催眠前的记录　应该在采用催眠访谈前，记录下证人所知道的案件相关情况，这样才能对催眠前后收集到的证言进行比较；

第三，对催眠全程录音录像　应当记录下催眠访谈的整个过程，为事后的分析留下资料；

第四，对受暗示性的测量　每个人的受暗示性是不同的，有的人极易受暗示而进入催眠状态，而有的人几乎不能进入催眠状态，在催眠之前进行受暗示性的测量，可以确定是否有必要进行催眠访谈；

第五，催眠前的情况介绍　在催眠之前，向被施测者介绍催眠的相关情况，让其了解催眠，并对施测者产生信赖；

第六，对催眠活动的管理　在催眠的过程中，实施者只是给予一定的引导，而不能给予证人任何诱导；

第七，有选择的使用　不能将催眠访谈作为一种常规的收集证言的方式，只有在必要的时候才能使用。①

综上所述，采用催眠访谈帮助证人回忆的案件中既有成功的也有失败的，各国司法系统对于催眠访谈仍持非常谨慎的态度。在采用此种方法的时候必须要遵循一定的指导原则，这样我们才能确保被测试者的记忆不受污染。

在国外，认知访谈和催眠访谈是提高证人回忆的最常见的方法。自这两种方法提出以来，就一直伴随着质疑之声。从某种意义上说，反对者的声音是促成这两种技术不断改进和发展的动力。目前，认知访谈已受到许多国家的认可，他们认为采用认知访谈的方法能够帮助证人回忆。而催眠访谈的地位就要尴尬得多，多数国家对于催眠访谈的科学性仍然持怀疑态度，并不承认通过催眠访谈收集的证人证言具有可采性。但是在各国的司法实践中，完全否定催眠访谈的做法也并不多见，催眠访谈常被用于辅助侦查，在一些疑难案件中（如没有足够的线索或是间隔时间很久的案件），运用催眠访谈的方法也确实收到了意想不到的效果。因此，我们认为完全地否认催眠访谈对于回忆的帮助是有待商榷的。

由于许多主客观原因的存在，我国对于认知访谈和催眠访谈几乎还是很陌生的，在我国的司法实践中，几乎从未采用过这些方法来帮助证人回忆。笔者认为，在日后的司法实践中，可以逐步地引入认知访谈的方式，毕竟这种访谈方式在一定程度上已经受到了法庭的认可，在实践中对相关人员进行必要的培训，使其掌握认知访谈技术，对于提高证人证言的可信度会有所帮助。关于催眠访谈，其涉及的技术更为深奥，其对帮助记忆的作用也没有获得普遍的认可，在我国现行的法律体系中还不宜采用和推广，但是在一些毫无线索或线索模糊、调查无法开展的案件中，也可以尝试采用催眠访谈，但必须要由专业人员进行操作。

---

① ［美］Lawrence S. Wrightsman 著：《司法心理学》，吴宗宪、林遐等译，中国轻工业出版社 2004 年版，第 108 页。

本章小结

探索有效收集证人证言的方法是法律工作者和心理学工作者共同关注的问题。影响证人证言可信性的因素众多，其中有的是人们能控制的，有的是人们不能控制的。事实上，人们可以控制的因素主要出现在收集证言的过程中，因此，对于有效收集证人证言方法的探讨是人们能够有所作为的地方。

本章共分为两节，第一节探讨收集证人证言的一般方法，通过分析收集证人证言对环境的要求、收集证人证言对询问者的要求，以及收集证人证言应当遵循的规则，来避免收集证人证言过程中的一些普遍性的错误。第二节探讨两种收集证人证言的技术，一是认知访谈，二是催眠访谈。认知访谈被学者们普遍认为是一种有效收集证人证言的技术，许多国家的法庭都承认采用认知访谈收集的证人证言的有效性。相对于认知访谈技术，催眠访谈的地位要尴尬得多，关于催眠访谈能否有效地收集证人证言的争论颇多。在借鉴这两项技术时，应当有区别地对待，笔者认为认知访谈可以作为收集证人证言的常规技术，而催眠访谈只能在特定的案件中采用。需要说明的是，认知访谈和催眠访谈的技术性都比较强，要求施测者掌握心理学、生理学等多学科的知识。因此，在实践中，需要由接受过专门培训的人员进行操作。

第九章
心理学专家证人

20世纪初，就心理学是否是一门科学存在着很大的争论，相当一部分人认为心理学是一门“伪科学”，而“伪科学”是不能进入法律殿堂的。随着心理学的不断发展、成熟，越来越多的人开始熟悉这门学科，并对心理学的研究有所了解，也有越来越多的心理学家应邀走上法庭，提供专家证言。目前，当证言是定案的主要证据时，邀请心理学家提供专家证言在国外的法学界与心理学界已经得到了一定程度的认可。1977年，大法官Wutchell对美国的法庭采纳这种证据的诉讼案件作了评述，并表示赞同。他认为“目击证人辨认的不可靠性已成为刑事审判中最严重的问题之一”。他主张，为避免根据错误辨认作出有罪判决，应邀请心理学家提供专家证言，以帮助裁判者评估这种证据。

有学者对美国上诉法院从1988年1月到1998年12月所有邀请了专家证人的案例作了调查，结果显示美国上述法院中临床心理学家作为专家证人提供证言的有96起，占所有专家证言的13.9%；实验心理学家作为专家证人提供证言的有25起，占所有专家证言的3.6%。① 由此可见，在美国，心理学专家证人已经占到了相当大的比例。本章内容以美国为例，主要介绍心理学专家证人的发展历史、心理学专家证人提供专家意见的范围，心理学专家证言的采信标准，以及关于心理学专家证人的争论。心理学专家证人所提供的专家意见的领域非常广泛，在本书中，我们仅探讨在证人证言领域心理学专家证人的作用。

---

① Groscup, J. L., Penrod, S. D., Studebaker, C. A., Huss, M. T., & O'Neil, K. M. (2002). The Effect of Daubert on the Admissibility of Expert Testimony in State and Federal Criminal Cases. *Psychology, Public Policy, and Law*, 8 (4), 339-372.

第一节 心理学专家证人概述

一 心理学专家证人的含义

依据英美法系国家法律对专家证人的定义，心理学专家证人是指具有特定的心理学实践经验或专门的心理学知识，并对案件事实提出判断性意见的人。在多数情况下，心理学专家证人都是由诉讼双方雇用的；只有在极少数的情况下，是由法庭雇用的，这类专家证人的地位最高。但是决定心理学专家证人是否具有可接受性的则是法官。在法官看来，审判中的心理学专家证人担任证人的角色，既不是某一方的辩护人，也不是某一方的决策者，他应该承诺他所讲的都是真实的。心理学专家证言不是辩护词，也不能代替陪审团的最终意见，它仅仅是证言的一种。但是心理学专家证言又不同于普通的证人证言，它是利用专家证人的心理学知识，基于案件的客观分析所提出的一种意见。

心理学专家意见的一个最主要的目的是引起裁判者的怀疑，改变裁判者过于相信证人的倾向，使他们了解各种影响证人证言可信性的因素，结合案件的具体情况，对证人证言的可信性作出准确的评估。

二 心理学家提供专家证言的形式

心理学家提供专家证言的形式可以分为两种，一种是在审前提供咨询，一种是在法庭上发表专家意见。

心理学专家证人的作用在法庭审判之前，就已经有所体现。审前咨询是指在法庭审判之前，双方当事人所聘请的律师，在为当事人准确辩护材料的时候，有时会咨询心理学专家的意见，特别是证人证言作为案件的关键证据时，律师咨询心理学专家证人的可能性就大大增加了。在审判前，心理学专家可能会被邀请审查关于案件中涉及证人证言的相关内容，包括警察的询问、辨认的形式、辨认列队的组成等，判断在收集证人证言的过程中是否存在一些影响证人证言可信性的因素。律师可能也会要求心理学专家提供一些可能影响证人感知的因素。并不是所有的心理学专家都会走上法庭，在审前给予相关人员咨询意见，也是心理学专家发挥作用的体现之一。心理学专家还可以帮助律师如何准备进行交叉询问，借助心理学专家的意见，可以激发律师的思路，以更好地为当事人进行辩护。

心理学家提供专家证言的第二种形式是在法庭上发表专家意见。在一些案件当中，经法官允许，部分心理学家得以在法庭上发表专家意见。心理学家对案件中证人证言相关的内容发表意见，提出各种危险性与可能性。心理学家所陈述的必须是关于证人证言的客观研究，而不能对相关问题发表倾向性的判断意见。心理学关于证人证言研究的范围很广，在法庭上，法官会要求心理学家仅对案件的相关内容发表意见。心理学家在法庭上发表意见，会对法官和陪审团产生直接的影响。因此，在实践中，法官对于是否允许心理学家走上法庭也是极为谨慎的。

三　心理学专家意见的范围

在国外，近代心理学最早对于法庭的涉足就是从证人证言开始的，到目前为止，已有100多年的历史。心理学家就证人证言问题应邀走上法庭的案例也越来越多。心理学专家就证人证言的相关问题发表意见，以供裁判者参考。事实上，在前文中我们提到的各类影响证人证言可信性的因素、关于证人证言可信性的评估，以及收集证人证言方法，都有可能是心理学专家证言的内容。因此，心理学家提供专家意见的内容是非常广泛的，但其中有的内容涉及的频率较高。总结相关的文献资料，我们认为心理学专家就证人证言问题提供的专家证言主要涉及以下几个方面的内容。

（一）记忆的工作原理问题

解释记忆的工作原理可能是心理学专家证人首先要做的工作。向裁判者说明记忆是如何工作的，让他们了解记忆并不像录像机一样能准确无误的记录是必要的。为了达到这一目的，心理学家最常用的方法是让裁判者回忆一些日常生活中的事件，比如，你上周三穿了什么衣服？你走进法庭的时候，站在门口的警察的面部有什么特征？硬币的正反面各是什么图形？通过对这些事件的回忆，人们能够很快地意识到，记忆并不像我们想象得那么准确。心理学专家证人的作用不仅在于向人们呈现研究的结果，还在于改变人们思考的方式。

（二）证人的作证能力问题

心理学工作者关于证人作证能力的研究，主要集中于年龄的问题。是否年幼的儿童，其提供的证言就完全是不可信的？年幼究竟应该是指多少岁？儿童是否真的比成人的受暗示性要高？心理学家通过向裁判者呈现相关的心理学研究成果，提供心理学家对于研究的分析，帮助裁判者进行判断。

（三）证人证言的证明力问题

关于证人证言的证明力问题，心理学家主要是从两个方面进行分析，一是分析各类影响证人证言可信性的因素，二是分析证人证言可信性的预测指标。心理学家通过分析在案件中是否存在影响证人证言可信性的因素，这些因素会对证人证言的可信性产生什么影响，为裁判者的判断提供参考。关于证人证言可信性的预测指标主要集中在辨认方面，心理学家通过向裁判者呈现心理学关于辨认自信心、辨认反应时、判断策略的研究，提示裁判者通过这些指标判断辨认是否准确或存在危险。

（四）收集证言的程序问题

公安司法人员在收集证言的过程中，存在很多不当行为，这些不当的行为可能会对被试产生错误的暗示。在收集证言的过程中，辨认前的指导语、辨认列队的呈现方式、反馈等都可能影响证人证言的准确性，而裁判者可能意识不到这些行为的危险性。心理学专家通过向裁判者呈现收集证言过程中暗示可能会对证人证言可信性产生的影响，帮助裁判者作出准确判断。

（五）裁判者对证人证言的信念问题

裁判者对证人证言的信念包含三方面的含义，一是裁判者对证人证言的依赖，多数裁判者愿意相信证人；二是裁判者对证人证言的偏见，多数裁判者对哪类证人比较可信存在固有的偏见；三是裁判者对证人自信心的态度，多数裁判者更愿意相信自信的证人。心理学专家通过呈现心理学关于这些问题的研究，以使裁判者对自己可能犯的错误有所了解。

以上是心理学家就证人证言问题提供专家意见常会涉及的方面。目前，在许多国家都允许心理学家作为专家证人出现在法庭上。很多时候，在判断证人证言可信性的问题上，裁判者愿意借助心理学家的力量。

四　心理学专家证人的价值

（一）法律工作者对于证人证言可信性的影响因素没有足够了解

关于为什么需要专家证人，其实本书一直都在讨论。证人证言作为七种证据种类之一，其重要性不言而喻，许多案件都会涉及证人证言，并且证人证言常会作为一种重要的证据出现在法庭上。而实践中却屡屡出现因为错误的证人证言而导致的冤假错案。对于错误证人证言的采信在很大程度上是由于裁判者不具备准确判断证人证言可信性的能力造成的。大量研究表明，裁判者与心理学家对于证人证言可信性问题的认识存在很大差异。有学者（Deffenbacher & Loftus，1982；McConkey & Roche，1989；Noon & Hollin，1987）采用目击证人行为知识问卷（Knowledge of Eyewitness Behavior Questionnaire，KEBQ）对陪审团对证人证言的了解进行了调研，结果发现陪审团对于亲种族效应是有所了解的，而对于证人的年龄、辨认反应时等却了解得很少。最近，Schmechel，O'Toole，Easterly 和 Loftus（2006）对陪审团对证人证言的了解进行了大规模的调查，参与调查的共有 1296 名预备陪审团，结果发现预备陪审团对于无意识迁移、证人自信心和准确性的易染性有一定的认识，但是对于武器的出现和辨认指导语对证人证言准确性的影响几乎没有认识。更令人感到不安的是，有 83% 的被调查者认为证人证言是比较准确或是相当准确的，有 77% 的被调查者认为他们自己的记忆是非常准确的。Schmechel 等人（2006）指出陪审团可能会将对于自己记忆的确信投射到证人身上，从而高估证人证言的可信性。

还有研究采用模拟法庭的方式来研究陪审团对于证人证言可信性判断的能力。采用模拟法庭的方式主要通过两种方法，一种是让陪审团分辨提供准确证言的证人和提供错误证言的证人，一种是检验陪审团对影响证人证言可信性因素的理解。这些研究中的大部分都得出了不太令人满意的结果。Lindsay 等人（1989）、Wells 等人（1979）的研究表明，在区分提供准确证言的证人还是提供错误证言的证人方面，陪审团是存在困难的。陪审团对于观察条件（Lindsay，Lim，Marando & Cully，1986）、武器的出现（Cutler et al.，1988）、跨种族辨认（Abshire & Bornstein，2003）、证人自信心（Cutler et al.，1988；Lindsay，Wells & Rumpel，1981；Wells et al.，1979）对证人证言准确性的影响是了解较少的。

Benton，Ross，Bradshaw，Thomas 和 Bradshaw（2006）采用了问卷调查的方法，研究了陪审团和心理学家对影响证人证言可信性因素的看法，结果发现在 15 个因素（问卷共涉及 16 个因素）上陪审团和心理学家存在显著差异。比如，有 41% 的陪审团（VS. 98% 的心理学家）认为有偏指导语会导致证人作出更多的积极辨认；有 50% 的陪审团（VS. 95% 的心理学家）认为自信心会受到其他因素的影响；有39%的陪审团（VS. 95%的心理学家）认为武器的出现会损害辨认的准确性；有47%的陪审团（VS. 90%的心理学家）认为存在亲种族效应；有33%的陪审团（VS. 90%的心理学家）认为在感知事件后的很短时间内，大量的内容会发生遗忘。由此可见，对于证人证言可信性的影响因素，陪审团与心理学家的认识存在较大差异。

从上述的调研中我们发现，关于证人证言的心理学研究结论并非是人人知晓的，显然陪审团对于一些因素是有所认识的，而对于另一些因素并没有足够的认识。陪审团对于证人证言可信性的知识还不足以使他们作出准确的判决。心理学工作者进行了大量关于证人证言的调查研究，得出了很多有意义的结果，对于发现收集证人证言过程中的问题，有效的评估证人证言的可信性具有十分重要的参考价值。因此，实践需要心理学专家证人就证人证言问题发表专家意见。

（二）传统措施不足以使裁判者对证人证言可信性作出准确评估

在国外的司法实践中，相关的司法人员已经意识到证人证言的危险性，因此，制定了一些措施试图阻止错误证人证言被采信。这些措施主要包括律师在场、法庭警告和交叉询问。

1. 律师在场。律师的最主要职责是保护当事人不受错误的判决。在国外，为了保护当事人不因错误证言而导致错误判决，法律允许警察组织辨认、询问证人时，律师在场，并进行记录。关于律师在场的法律规定，主要是基于两点假设：第一，律师对于影响证人证言的因素是知晓的，能够觉知警察在辨认和询问的过程中是否存在影响证人证言可信性的因素；第二，律师能够就其观察到的问题，在审前提出疑义或者是在法庭上发表质疑的意见。关于律师在场是否能够有效地保障证人证言的可信性，学者们进行了探讨。Wogalter 等人（2004）对 199 名警察进行了调研，结果49%的人表明，通常情况下他们在收集证言的时候，律师并不会在场。实践中，律师在场的比例大大限制了对于证人证言可信性的保障。另外，有学者对律师关于证人证言可信性影响因素的了解进行了相关研究，结果发现律师对各种影响证人记忆的因素有一定的了解，但不全面、深入，比如对列队呈现方式（Stinson，1996）、“武器聚焦”（Brigham & Wolfskeil，1983）等问题律师就没有足够的认识。有学者认为在律师的群体中，只有少数人拥有心理学背景，没有理由期待他们对于证人证言的影响因素有足够的了解。显然，与心理学家相比，律师对于证人证言问题的认识是不够的，期望他们在涉及影响证人证言可信性的相关问题上提出质疑也是不现实的。基于以上理由，笔者认为律师在场不足以保障证人证言的可信性。

2. 法庭警告。法庭警告是指在正式审理之前，法官给予陪审团一定的警告，使他们格外注意某些问题。涉及证人证言的问题，法庭警告主要体现在辨认准确性的评估上。比如，美国最高法院认为以下因素影响辨认准确性："（1）在犯罪发生时证人目睹犯罪人的机会；（2）犯罪发生和后来的辨认之间的时间间隔；（3）证人在辨认时表现出的肯定程度；（4）犯罪期间证人注意的程度；（5）证人在以前描述犯罪人的准确性。"① 因此，在涉及辨认证据时，法官会告知陪审团判断辨认准确性时应当考虑以上因素。

那么，这些法庭警告是否就足以使陪审团对证人证言的准确性作出正确评估呢？显然，这些警告是不充分的。第一，它并没有告诉陪审团每种影响因素对于辨认准确性的作用，以及在具体的案件中应该如何来评估。第二，法庭警告仅涉及一些影响辨认准确性的因素。关于其他没有说明的因素是否就不用考虑了？或者其他因素对于证人证言可信性的影响作用就小于这些因素呢？关于这些，都无法从简单的法庭警告中获得答案。Cutler，Penrod 和 Dexter（1990）研究了警告对陪审团的影响，结果发现在评价证人证言的可信性时，法官对于陪审团的警告并没有发挥作用。Ramirez，Zemba 和 Geiselman（1996）的研究表明法官的警告增加了陪审团对证人证言可信性的怀疑，而并没有影响陪审团对于影响证人证言可信性因素的了解。由此可见，法庭的警告并不足以使陪审团对证人证言可信性作出准确的评估。

3. 交叉询问。在交叉询问阶段，控辩双方围绕证人证言可信性问题展开激烈辩论。通过对证人的询问，暴露证人证言中的矛盾、错误或不真实的因素，以此确定证人证言的证明力。交叉询问的有效开展，必须基于法官、公诉人、律师等法律工作者对证人证言可信性影响因素的充分了解，只有他们对这些因素有足够的认识，才能发现问题。而心理学的研究

① ［美］Lawrence S. Wrightsman 著：《司法心理学》，吴宗宪、林遐等译，中国轻工业出版社 2004 年版，第 138 页。

显示法律工作者对于证人证言可信性影响因素的认识是不全面、不充分的(Brigham & Wolfskeil, 1983; Wise, Pawlenko, Safer & Meyer, 2007)。

另外，法律工作者预期，在交叉询问阶段，控辩双方对于证人的提问和质疑，能使陪审团对证人证言可信性问题产生较深刻的认识，从而将在交叉询问中形成的意见带入陪审团的决定过程中。但是 Devenport 等人(2002) 的研究表明，即使陪审团从交叉询问中了解了影响证人证言可信性的因素，他们也不会将对这些问题的考虑带入到最后的决定过程中。交叉询问或许并不能很好地帮助陪审团作出准确地判断。

由此可见，现有的防止错误评估证人证言可信性的措施并非是充分有效的，司法实践需要引入心理学家关于证人证言的专家意见。

第二节 心理学专家证人的发展历史

一 心理学专家证人的源起

关于心理学专家证人的发展历史，可以追溯至 20 世纪初期。德国心理学家 Stern 可能是最早的心理学专家证人，早在 1903 年，他就对一起性侵犯案件发表过专家意见。Stern 认为在案件中宣称自己遭受性侵害的儿童对于侵害事件的记忆不是来源于亲身的经历，还是来源于暗示性的提问(Stern, 1926)。这一类型的案件，包括后来发生的其他性侵害案件，是早期心理学家提供专家意见最常涉及的案例。著名的心理学家 Münsterberg 也是最早试图走上法庭的心理学家之一。他在《在证人席上》(1908) 一书中，介绍了一些证人证言与知觉、记忆联系起来的经典性研究。Münsterberg 曾说过："……法官在法庭上不向心理学家咨询，不向心理学家请求对暗示进行的现代研究可以提供的所有帮助，就从事司法工作，这似乎是令人感到惊讶的。"[①] 他的研究引起了心理学工作者和法学工作者的关注。Charles Moore 撰文抨击了 Münsterberg，他使用了"黄色心理学"(yellow psychology) 这样的标题，他认为实验室的研究对法庭几乎是没有帮助的。

1910 年在美国法庭上出现的第一位心理学专家证人 Whipple 采用了创

---

① [美] Lawrence S. Wrightsman 著：《司法心理学》，吴宗宪、林遐等译，中国轻工业出版社 2004 年版，第 14 页。

造性的实验[①]证实了儿童容易受到成人的暗示。他甚至认为儿童是最危险的证人。Stern（1910）赞同 Whipple 的观点，认为暗示问题作用的大小很大程度上依赖于被询问者的年龄。[②] 在当时，尽管法庭上开始出现了心理学家的声音，但整个法律界对于心理学的研究仍然持否定的态度。造成此种局面的原因，一方面是当时大多数人对心理学研究的科学性有所怀疑，另一方面是当时的心理学工作者常常对其研究夸大其词。因此，在当时，心理学研究并没能对司法活动产生实质性的影响。

在 20 世纪 70 年代之前，法庭对于心理学家关于证人证言提供的专家意见几乎都是持否定态度的。1923 年，Frye v. United States 一案中，法庭就拒绝了心理学关于测谎的研究，原因是心理学的研究没有达到普遍接受的标准（关于此案，我们将在下文作详细探讨）。1931 年美国 Criglow v. State 一案中，法庭拒绝心理学家作为专家证人，法官认为对目击辨认是否正确的判断是陪审团的工作而不是心理学家的工作。在随后的几十年中，法庭对于心理学家几乎都持拒绝态度。

二　心理学专家证人的发展

随着记忆研究的蓬勃发展，20 世纪 70 年代开始掀起了一股证人研究的热潮，心理学的研究开始不断地出现在人们的视线中。随后，许多心理学家被邀请就证人证言可信性提供专家证言。1983 年 State v. Chapple 一案和 1984 年 People v. McDonald 一案法庭都采纳了心理学家关于证人证言提供的专家意见。在此之后，几乎每年都有心理学家应邀走上法庭就证人证言问题发表意见。在这一时期，最著名的心理学专家证人莫过于美国的心理学家 Loftus，她撰写了《辩方证人》（"Witness for the Defense"）（1992）一书，探讨了许多她作为专家证人出庭作证的案例，其中不乏成功的案例。

当然，20 世纪 80 年代以后，心理学专家证人走上法庭的道路也并非都是一帆风顺的。关于心理学专家意见是否科学的争论一直没有停止过。

---

① Whipple 的创造性实验是指采用带有暗示性的问题询问儿童，比如，在老师没有胡子的情况下，对 18 名学生提问——老师的胡子是什么颜色的？其中 16 名学生回答是黑色的。Whipple 通过这一实验证明了儿童的高暗示性。

② Stern，L. W.（1910）. Abstracts of lectures on the psychology of testimony and on the study of individuality. *American Journal of Psychology*, 21（2）, 270 – 282.

2006 年，Untited States v. Rodriguez-Felix 一案中，法庭排除了心理学家的意见，法官认为通过法庭警告和交叉询问，陪审团有能力对证人证言可信性作出准确的判断。在司法实践中，还存在因为法官认为心理学专家证人缺乏作为专家的资格而排除在外的案例。2007 年，Garcia v. State 一案中，法官拒绝了心理学家出庭的申请，因为法官认为他缺乏相应的资格：

“证据显示这位心理学家对于证人证言的一些知识来源于阅读了几篇相关的文章和参加了几次相关的学术会议……目击证人只是他研究领域的很小一个部分，他没有发表过任何关于证人证言的文章。他所阅读的文章大约仅占所有目击证人相关文章的 0.0025%，在他的学术生涯中，也没有接受过关于证人证言的正规教育。”①

至今，关于心理学专家证人仍然充满着争论，法庭对待心理学研究的态度也存在着很大的不确定性，时而赞同，时而拒绝。可以预测，心理学研究成果在法庭上的应用还有很长的路要走。

第三节　心理学专家意见的采纳标准

随着心理学的不断发展、成熟，越来越多的人开始熟悉这门学科。有学者根据学科性质，将专家们所在的学科划分为“硬科学”（hard science）和“软科学”（soft science）。② 硬科学是指具有较强的可检验性，学科发展成熟，可为法庭提供较为准确信息的学科，如化学、物理学等，在 20 世纪初，人们往往赞同将这些领域的专家作为专家证人。软科学是指学科发展不太成熟，可验证性较差，往往不能为法庭提供准确信息的学科，心理学就属于“软科学”。目前，在英美法系国家，比较主流的观点认为，心理学是一门科学，但是它与传统的自然科学之间存在着差异。各国对科学证据的认定都规定了严格的标准，其中尤以美国关于科学证据采纳标准的规定最具有借鉴意义。美国对科学证据的确立和认定标准主要体现在 Frye 案、Daubert 案中。心理学专家的证言作为一种科学证据也必然要遵循这些标准。

---

① *Garcia v. State*, Tex. App. LEXIS 10059 * 17 (Tex. App. Houston 14th Dist. Dec. 6, 2007).

② Cecil, J. S. (2005). Ten years of judicial gatekeeping under Daubert. *American Journal of Public Health*, 95 (1), 74 - 80.

一 Frye 标准

1923 年，哥伦比亚上诉法院在 Frye v. United States 一案中，首次遭受了测谎结论能否作为证据使用的问题。Frye 被控二级谋杀，其辩护律师提供了专家对被告人进行“测谎”所得出的结果，认为被告人情绪的变化将引起血压的变化，从而使收缩压曲线升高，当被检查者的精神状态在恐慌和为了欺骗检查者而企图控制情绪时，收缩压曲线也会变化。当时法官指出专家证言应建立在其依据的科学原理已被相关领域的专家普遍接受的前提下，而测谎技术尚未得到生理学家和心理学家的普遍认同，所以拒绝将其结果作为证据应用于法庭。

这一案的裁决创设了 Frye 标准，即普遍接受标准。具体来说，专家证言的采信必须满足如下条件：专家证人推导结论所依赖的规则、方法等，必须在其所属的特定领域内获得普遍认可。[①] 检验专家证言是否符合上述条件的做法被称为 Frye 测试，Frye 测试包括法官对专家证言所涉及的领域进行甄别，并判断专家证言所依据的理论和方法是否被业内人士，特别是业内权威人士所认可。Frye 规则得到了美国各州法院的认可，影响力逐渐增强。但是 Frye 规则也存在着很大的局限性，如怎么有效地确定专家证言所涉及的领域？普遍接受的标准究竟在哪？任何专家证言都采取普遍接受的标准是否过于苛刻？这些问题在随后的案件中日益显现出来，Frye 规则受到越来越多人的质疑。

二 Daubert 标准

近几十年来，Frye 标准的局限性日益显现出来，关于 Frye 标准的争论越来越激烈。许多的实际工作者和学者们认为 Frye 标准过于保守，以它作为科学证据的评估标准，会将许多有科学根据的，但还未被同行业所熟知的原理和方法获取的证据排除在法庭之外。在此种情况下，美国联邦证据规则赋予了法官更多的自由裁量权，来决定证据是科学的或是不科学的。美国《联邦证据规则》第 702 条规定：“如果科学、技术，或其他专业知识帮助事实的判定者理解证据或者断定有争议的事实，那么凭其知识、技能、经验、所受训练或教育有资格作为专家的证人可以因此而以意

---

① 徐继军：《专家证人研究》，中国人民大学出版社 2004 年版，第 29 页。

见的形式或其他形式作证。”从该条可以看出科学证据的评估标准已经不再强调“普遍接受”。

1993 年，Daubert v. Merrell Dow 一案对科学证据具有里程碑式的意义。在此案中法官认为美国《联邦证据规则》的颁布实际上放松了对科学证据评估标准的要求，Frye 规则的要求过高，对新的科学方法在诉讼中的应用不利，并根据《联邦证据规则》第 702 条创立了采纳科学证据的新标准，即 Daubert 标准。为了指导法官检验专家证言所依靠的科学方法是否合理并最终决定专家证言是否具有“可靠性”，Daubert 案的法官认为应当考虑如下几个因素：（1）形成专家证言所依靠的科学理论与科学方法是否建立在可检验的假设之上；（2）形成专家证言所使用的科学理论与科学方法是否与现有的专业出版物当中记载的原理相同；（3）有关理论的已知的或者潜在的错误率以及该理论现存的研究标准；（4）指导相关理论的方法论及研究方法为相关科学团体所接受的程度。①

Daubert 案为美国法院系统评估科学证据创立了新的标准，目前美国联邦法院在审理案件时大多采用 Daubert 标准，但是许多州法院仍然继续沿用 Frye 标准，但其适用的范围却已经大幅缩小。许多州法院仍然继续沿用 Frye 标准的一个很重要的原因是，他们担心采用 Daubert 标准会导致“伪科学”为法庭所认可，法官不可能精通各个领域，而当赋予他们自由裁量权，以确定证据是科学或是不科学时，难免会出错。

事实上，Frye 案、Daubert 案确定的科学证据的评估标准并没能解决关于心理学家能否作为专家证人的争论。法院在案件的判决中对是否准许心理学家作为专家证人，以及心理学专家证言的采纳标准上仍然比较混乱。有的法官认为临床得出的证据，包括心理学的综合征不能通过科学证据的标准，它并没有科学的基础。2006 年，United States v. Libby 一案中，法庭排除了心理学专家意见，理由是：Daubert 规则和《联邦证据规则》都没有要求法庭采纳由心理学家作出的基于一堆数据的专家意见。数据与意见之间存在很大的差异。② 因此，在实践中，各个法院对待心理学家的态度仍然是混乱的。

---

① Black, B., Ayala, F. J., & Saffran-Brinks, C. (1994). Science and the law in the wake of Daubert: A New Search for Scientific Knowledge. *Texas Law Review*, 72 (4), 715 - 802.

② *United States v. Lewis Libby*, Cr. No. 05 - 394 (2006).

第四节　关于心理学专家证人的争论

一　批评者的意见

自心理学家在法庭上出现以来，批评的声音就一直没有停止过。很多心理学领域之外的人都认为心理学家不应当涉足法律领域，甚至在心理学界内部也存在着争论。批评者的意见主要集中在以下几点。

（一）心理学专家证言是常识

有相当一部分反对心理学家提供专家证言的人，认为心理学家提供的证言多是一些常识性的信息，心理学家并不比普通人有更多的知识，没有心理学家的证言，陪审团一样能够作出正确的判断。允许心理学家在法庭上提供专家证言只会造成不必要的浪费。

（二）心理学专家证言未达到科学证据的标准

对心理学专家证言持批评意见的人，认为许多心理学家提供的证言所依据的研究是不充分，不足以得出正确的结论。他们认为心理学专家证言在其领域内都没有达成一致的意见，在心理学关于证人证言的各个研究领域中，几乎都有不同的声音，这说明心理学关于证人证言的研究并没有达到稳定，因此，不足以将其应用到法律领域。

（三）心理学研究缺乏生态效度

批评者认为心理学的研究既缺乏真实的案件，又缺乏真实的证人。大多数的心理学研究，比如目击证人的研究，都是在实验室内进行的，大多数的研究都选取视频或图片呈现案件，在这种境况下，被试卷入案件的程度不同于真实案件中的证人，被试所体会到的害怕、恐惧等情绪也不同于真正的证人。另外，在心理学的研究中，通常会选取大学生或是自愿者作为被试，这些被试的选取缺乏代表性，这影响了心理学研究的外部效度。并且在实验研究中，被试知道自己所做的任何行为不会产生严重的后果，比如导致无辜者得到错判，因此研究中的被试可能会更随意，比如在辨认中，他们的选择标准可能会更低，因为他们知道即使选错了也没有关系。因此，批评者认为将心理学的研究结论推广到法庭审判中时，必须十分谨慎。

（四）心理学专家证言是不必要的

有许多的学者提出关于目击证言的影响因素和准确性方面的心理学专

家证言完全是没有必要的。法庭可以通过对陪审团的警告，提示其注意目击证人证言在形成过程中会受到很多因素的影响来排除陪审团的错误决定。也可以通过交叉询问来确定证人所提供的证言是否准确。他们认为这样的方法就足以排除不正确的证言，邀请心理学家作为专家证人完全没有必要。

（五）专家意见不能有效地帮助裁判者作出判断

批评者还认为专家证人的工作仅仅是在法庭上提醒法官和陪审团不要轻信证人证言，不应该过多地关注证人的自信心，应当多关注证人感知案情时的条件、提取证言时的情境，而这些都是关于证人证言的一般的心理学研究结论，与真实案件的关联度不高。借助这些知识，裁判者不能有效地评估一个实际的案例。

（六）心理学专家意见干扰司法裁决

提出这一意见的人，担心心理学家的证言会误导陪审团，让他们怀疑自己的判断，从而接受心理学家的意见。陪审团不是专家，当心理学家在法庭上提供专家证言时，陪审团往往不能很好地判断心理学专家证言的科学性，这会造成陪审团盲目地相信心理学家，并接受专家证人的意见而作出相应判断。因此，在法庭上提供心理学专家证言会侵犯陪审团的权力。

二　支持者的意见

面对批评者的观点，支持心理学家提供专家证言的人提出了有力的驳斥。

（一）心理学家提供的专家证言不是常识

支持者认为将心理学的研究成果看成是一些人人都知道的常识，是对心理学研究成果的一种磨灭。心理学研究发现人们时常会认为他们知道一些其实在事前他们根本就不知道的事情，这被心理学家称为“事后聪明”。心理学家在法庭上提供依据心理学研究得出的结论，陪审团、法官在听取心理学专家证言后，也同样会觉得其实他们早就知道结论是这样的，得出心理学专家证言是不必要的结论，而事实上可能并非如此。

（二）心理学研究是科学的

支持者认为心理学研究经过长期的发展，已经形成了较为成熟的研究范式，根据科学的原理、严格的程序所得出的研究结论，是可以为法庭所采纳的。Daubert 案已经改变了普遍接受的标准，不能再以心理学的研究结论是否为人所知、为同行普遍接受来作为衡量其是否科学的标准。心理学的研究结论可以通过科学证据的评估标准进入法庭。

（三）心理学的研究成果并非没有推广的价值

缺乏生态效度，是心理学研究中普遍存在的一个问题。心理学家们也一直力图通过其他的研究方法来解决这一问题。如采用档案分析的方法，从真实的案例中，得出结论。Wagstaff 等人（2003）对 70 名真实案例中的目击证人的证词进行了档案分析，发现在案件的暴力程度、武器聚焦等问题上和心理学实验研究的结论基本一致。这说明心理学研究并非是没有任何意义的，在某种程度上，它起到了推测的作用。此外，许多的学者通过现场模拟实验，选择不同群体的被试，来提高研究结论的生态效度。

（四）法庭警告、交叉询问是不够的

许多对心理学专家证言持批评意见的人认为通过法庭警告、交叉询问，就足以排除不准确的证人证言。支持者认为这种观点是错误的，法官、律师、陪审团等法律相关人员不可能完全具备心理学的专业知识。期望他们能像心理学家一样对证人证言可信性的影响因素有充分了解是不现实的，因此，准许心理学家提供专家证言是必要的。

（五）心理学家并没有侵犯陪审团的权力

作为专家证人的心理学家仅仅提供与案件相关的知识与意见，并不能替代陪审团作出判断。陪审团依据自己的知识和经验对心理学家提供的专家证言作出取舍，在此基础上，结合案情和其他证据，作出最终的判断。心理学专家证言是证言的一种，而不是最终的判断。

应该说批评者的意见也并非是没有道理的，如何突破心理学研究的局限性，使心理学研究具外部效度，是心理学工作者首要解决的问题。心理学研究应该更多地关注真实案件的研究，应当采用本领域所认可的研究方法，在研究达到一定稳定性后，再推广到司法实践中。只有这样，心理学专家证人的意见才有可能受到法律工作者的认可。当然，法律工作者也应该更客观地看待心理学的研究，并积极地去了解心理学的研究。

本章小结

在国外的司法实践中，心理学专家证人对于裁判者准确地判断证人证言可信性起到了重要的作用。本章共分为四节，第一节为心理学专家证人概述，包括心理学专家证人的含义、心理学家提供专家证言的形式、心理学专家证言的范围、心理学专家证人的价值。第二节探讨了心理学专家证人的历史，20 世纪初到 20 世纪 70 年代，司法实践部门对于心理学专家证人几乎是完全排斥的，到目前为止心理学专家证人受到了人们一定程度的认可，已经有越来越多的心理学家走上法庭提供专家意见。第三节探讨了心理学专家意见的采纳标准。以美国为例，对于科学证据的采纳标准，主要有 Fyre 标准和 Daubert 标准。对于心理学专家证言是否为科学证据，采用这两个标准似乎不能得出确定的答案。至今，国外的法庭对于心理学专家意见的采纳并没有形成统一的标准。第四节探讨了人们关于心理学专家证人的争论，争论主要围绕心理学专家证人的必要性、心理学研究的科学性等方面展开。

结束语

作为言词证据的一种，证人证言与心理学有着紧密的联系，因此，证人证言一直备受法律工作者与心理学工作者的关注。本书以法学和心理学的双重视角探讨证人证言的相关议题。

本书共分为九章，探讨了证人证言心理学研究概述，证人证言心理学的研究历史，错误记忆的研究方法、范式和理论假说，证人证言的形成过程和影响因素，伪证与伪证动机，辨认，证人证言可信性评估，有效收集证人证言的方法，以及心理学专家证人等内容，尝试构建证人证言心理学研究较为系统的理论框架。

在分析证人证言心理学研究的过程中，笔者感慨于心理学工作者对于证人证言的热情与付出，特别是在20世纪70年代以后，证人证言的心理学研究成果可谓是铺天盖地。应该说心理学对于法律的推进是功不可没的，证人证言的心理学研究对司法实践、警察培训和法律政策等都产生了重要的影响。但是心理学工作者并没有因此而获得应有的名声，司法系统对于心理学研究的认可程度还不是很高。出现这一状况的原因，笔者认为与以下几方面的问题是分不开的。

1. 法律工作者与心理学工作者不能同平台交流。在研究的过程中，我们发现存在一种很奇怪的现象，即心理学工作者和法律工作者都处在自说自话的状态。正像法学家Wigmore所言："绝大多数的法律人认识到心理学家关于证言错误问题的研究已经进行了100多年无不感到惊讶！"①

笔者分析造成这一状态的原因主要有以下几个方面：第一，知识背景的不同，心理学工作者没有接受过系统的法律教育，他们缺乏基本的法律知识，比如，不理解证人证言的含义、证据的种类、辨认的方式等。因

① Ainsworth, P. B. (1998). Psychology, Law and Eyewitnesses testimony. Chichester: John Wiley & Sons.

此，在这种情况下，要让法律工作者接受心理学研究可能是一件比较困难的事。同样地，法学工作者也没有心理学的知识储备，因而，他们对于心理学研究的理解是存在困难的。第二，在研究方法上，心理学与法学存在很大的差异，心理学研究十分注重实证研究，讲究研究的规范化，对于统计分析的要求较高。而这些对于一个没有经过系统心理学培训的法律工作者来说，心理学的研究可能是一堆看不懂的数据。法律工作者认为心理学工作者太过注重实验研究，用实验研究的结论来解决实际问题是不可行的，因此，心理学的研究结果不能推广到司法实践中。第三，交流中介的不同。目前，进行证人证言心理学研究的主要有两类人群，一类是法学工作者中对证人证言的心理问题有所认识的人，另一类是心理学工作者中对于心理学研究应用于法学领域充满兴趣与热情的人。但笔者发现这两类人员的研究与交流似乎是没有交集的，法律工作者通常在法学的刊物上发表自己的观点，心理学工作者则常在心理学的刊物上发表自己的观点，而两者之间却相互的陌生。

2. 心理学研究急功近利，良莠不齐。心理学研究在涉足证人证言领域的漫长跋涉中，很有一种妄图将法庭翻个底朝天的架势。他们急切地想把自己的研究推广到实践中，恨不得今天的研究结果明天就能得到采纳。这种急于“建功立业”的心情使得心理学的研究出现了一些普遍性的问题，主要表现在以下几个方面：一是部分研究不够规范，在证人证言的大量研究中，有相当一部分的研究是缺乏规范性的，比如无关变量没有得到很好的控制、实验过程的操作不够规范等。二是部分研究缺乏稳定性，心理学关于证人证言的各个议题都进行了大量的研究，而目前较为棘手的问题是，往往关于相同议题，不同的研究得出了不同的结论。面对这一情况，心理学工作者的态度是有些消极的，存在刻意回避研究稳定性的嫌疑。三是部分学者有选择地进行研究。研究者为了证实自己的预期，常常有选择地进行研究，研究结论存在误导读者的倾向。

3. 理论基础不够扎实。证人证言心理学研究到目前为止仍然处于星罗棋布却杂乱无章的状态，研究铺天盖地，但在这基础上没有形成足够多的具有较好概括性的理论。在证人证言心理学研究的100多年历史中，没有形成主流的理论观点。实际的研究中缺乏共享的理论关照和连贯的指导思路。学者们依据不同的研究范式进行研究，采用不同的理论解释结果。并且，就现有的理论来看，许多理论的基础也是不够扎实的，在研究的结论没有显现出确定性与稳定性的情况下，就推演出一些概括性的理论解释，似乎是不够严谨的。另外，在现有理论还没有厘清的情况下，仍不断地有新的理论提出，心理学工作者对于“标新立异”的追求似乎大于对理论基础的探索。

4. 对于心理学研究的援引缺乏有效的指导。在面临无法用法学知识解决的问题时，当实践需要得到心理学的帮助时，法律工作者面临着一个挑战：面对纷繁复杂、良莠不齐的心理学研究，该如何选择？目前的情况是，在援引心理学研究时，法律工作者往往不能区分良莠。由于不了解对方学科的相关情况，很多用于支撑研究的资料都是不正确的或是缺乏稳定性的。在援引心理学研究时，法律工作者倾向于选择一些与常识相反的研究结论，可能这样更能吸引人们的眼球，但这些与常识相反的研究结论中有很多都是不具有稳定性的。从某种意义上讲，法律工作者也在追求“标新立异”。帮助法律工作者更好地认识和有效地区分心理学的研究，可能是目前心理学工作者最应该做的工作之一。

显然，在证人证言的研究中，心理学工作者已经并将持续发挥重要的作用。而目前，法学界对于心理学研究的认可程度并不是很高。如何使心理学研究更好地服务于法律实践，是我们共同关注的问题。一方面，期待法律工作者对于心理学研究有更开放和包容的态度；另一方面，心理学工作者也应不断地完善自身的研究，将更为成熟、稳定的研究成果推向实践。

参考文献

白绿铉:《美国民事诉讼》,经济日报出版社 1996 年版。

毕玉谦、郑旭、刘善春:《中国证据法草案建议稿及论证》,法律出版社 2003 年版。

卞建林主编:《证据法学》,中国大学出版社 2005 年版。

陈光中主编:《刑事诉讼法》,北京大学出版社、高等教育出版社 2005 年版。

戴昕:《心理学对法律研究的介入》,《法律和社会科学》第二卷,法律出版社 2007 版。

樊崇义、锁正杰、牛学理、吴宏耀、苏凌著:《刑事证据法原理与适用》,中国人民公安大学出版社 2001 年版。

郭秀艳、张敬敏、朱磊、李荆广:《误导信息效应中年龄差异与自信差异初探》,《应用心理学》2007 年第 4 期。

何家弘主编:《证人制度研究》,人民法院出版社 2004 年版。

何家弘、何然:《刑事错案中的证据问题——实证研究与经济分析》,《政法论坛》2008 年第 3 期。

何家弘、刘品新:《证据法学》,法律出版社 2004 年版。

贺晓彬:《测谎结论的证据价值》,《证据学论坛》第一卷,人民法院出版社 2000 年版。

姜丽娜、罗大华、应柳华:《事件后信息影响目击证言准确性的实验研究》,《心理科学》2009 年第 1 期。

林崇德、杨治良、黄希庭主编:《心理学大词典》,上海教育出版社 2003 年版。

刘邦惠主编:《犯罪心理学》,科学出版社 2004 年版。

刘家琛主编:《刑事诉讼法条文释义》,人民法院出版社 2002 年版。

刘立霞、吴丹红:《证人制度的实证分析》,《证据学论坛》第七卷,中国检察出版社 2004 年版。

刘亚菁、耿文秀：《儿童目击证人取证过程的玩偶辅助研究》，《心理科学》2007 年第 5 期。

罗大华、何为民主编：《犯罪心理学》，中国政法大学出版社 2007 年版。

罗大华、张家源：《证人证言心理》，群众出版社 1992 版。

《罗大华 70 华诞文集》，中国政法大学出版社 2006 年版。

毛伟宾、孙丽苹、于婷婷：《压力和认知方式对基于事件错误记忆的影响》，《应用心理学》2009 年第 3 期。

彭聃龄主编：《普通心理学》，北京师范大学出版社 2004 年版。

沈德咏、何艳芳：《测谎结论在刑事诉讼中的运用》，《政法论坛》2009 年第 1 期。

苏彦捷、孙金鑫：《反馈对目击证人辨认信心的影响》，《心理与行为研究》2003 年第 1 期。

孙金鑫、王刚：《如何使目击证人进行有效辨认》，《公安教育》2001 年第 3 期。

徐继军：《专家证人研究》，中国人民大学出版社 2004 年版。

王凡：《现场实验的内部和外部效度——兼与实验室实验的效度比较》，《心理科学》2008 第 4 期。

王佳：《刑事错案与辨认》，《人民检察》2011 年第 14 期。

王亚新等：《法律程序运作的实证分析》，法律出版社 2005 年版。

吴丹红、张洁：《证人证言的形成问题反思——以庭审改革为切入点》，《湘潭工学院学报》2001 年第 3 期。

吴中林：《证人心理学》，四川大学出版社 1987 年版。

武伯欣：《中国犯罪心理测试技术与应用概览》，《公安大学学报》1998 年第 2 期。

夏凌翔：《元分析方法的几个基本问题》，《山西师大学报》（社会科学版）2005 年第 3 期。

杨治良、郭立平、王沛、陈宁编著：《记忆心理学》，华东师范大学出版社 1999 年版。

杨治良、王思睿、唐菁华：《错误记忆的来源：编码阶段/保持阶段》，《应用心理学》2006 年第 2 期。

叶奕乾、何存道、梁宁建主编:《普通心理学》，华东师范大学出版社 2004 年版。

乐国安、任克勤、金昌平编著:《证人心理学》，中国人民公安大学出版社 1987 年版。

张保生主编:《证据法学》，中国政法大学出版社 2009 年版。

赵桂芬:《侦查中的催眠方法探析》，《中国人民公安大学学报》（社会科学版）2006 年第 1 期。

郑芸珍等译:《心理学与法律》，中国政法大学出版社 1989 年版。

［意］贝卡利亚著:《论犯罪与刑罚》，黄风译，中国大百科全书出版社 1993 年版。

［美］Elliot Aronson，Timothy D. Wilson & Robin M. Akert 著:《社会心理学》，侯玉波等译，中国轻工业出版社 2005 年版。

［美］John B. Best 著:《认知心理学》，黄希庭主译，中国轻工业出版社 2000 年版。

［美］Lawrence S. Wrightsman 著:《司法心理学》，吴宗宪、林遐等译，中国轻工业出版社 2004 年版。

［美］理查德·格里格、菲利普·津巴多著:《心理学与生活》，王垒、王甦等译，人民邮电出版社 2003 年版。

［美］美国国家科学院多导生理记录仪测试评估委员会:《测谎仪与测谎》，刘歆超译，中国人民公安大学出版社 2008 年版。

［美］萨克斯、黑斯蒂著:《法庭社会心理学》，刘红松、黄熠烽、谢呈秋译，军事科学出版社 1988 年版。

［日］滨田寿美著:《自白心理学》，片成男译，中国轻工业出版社 2006 年版。

［英］维吉著:《说谎心理学》，郑红丽译，中国轻工业出版社 2005 年版。

［英］M. W. 艾森克、M. T. 基恩著:《认知心理学》，高定国、肖晓云译，华东师范大学出版社 2004 年版。

龚小玲:《目击证人证言的心理学实验研究》，西南大学博士学位论文，2007 年。

吴杲:《目击证言的有关影响因素研究》，上海师范大学硕士学位论文，2004 年。

许洁怡:《刑事诉讼程序中儿童证言之研究——以证言可信性为中心》，台湾国立成功大学硕士学位论文，2008 年。

郑红丽:《P300 测谎技术研究》，中国政法大学博士学位论文，2008 年。

Abshire, J., & Bornstein, B. H. (2003). Juror sensitivity to the cross-race effect. *Law and Human Behavior*, 27 (5), 471 - 480.

Adams-Price, C. (1992). Eyewitness memory and aging: Predictors of accuracy in recall and person recognition. *Psychology & Aging*, 7 (4), 602 - 608.

Ainsworth, P. B. (1998). Psychology, Law and Eyewitnesses testimony. Chichester: John Wiley & Sons.

Allport, G. W., & Postman, L. J. (1947). *The Psychology of Rumor.* New York: Henry Holt and Company.

Bäckman, L. (1991). Recognition memory across the adult life span: The role of prior knowledge. *Memory & Cognition*, 19 (1), 63 - 71.

Bartlett, F. C. (1932). *Remembering: A study in experimental and social psychology.* New York: Cambridge University Press.

Bartlett, J. C., & Leslie, J. E. (1986). Aging and memory for faces versus single views of faces. *Memory & Cognition*, 14 (5), 371 - 381.

Bartol, C. R., & Bartol, A. M. (1999). Historyof Forensic Psychology. In A. K.

Hess, & J. B. Weiner (Eds.), *The Hand Book of Psychology* (pp. 3 - 23). New York: John Wiley & Sons.

Baxter, J. S., & Bain, S. A. (2002). Faking interrogative suggestibility: The truth machine. *Legal and Criminological Psychology*, 7 (2), 219 - 222.

Beaudry, J. L., & Lindsay, R. C. L. (2006). Current identification procedure practices: A survey of Ontario Police Officers. *The Canadian Journal of Police and Security Services*, 4, 178 - 183.

Behrman, B. W., & Davey, S. L. (2001). Eyewitness identification in actual criminal cases: An archival analysis. *Law and Human Behavior*, 25 (5), 475 - 491.

Behrman, B. W. , & Richards, R. E. (2005). Suspect/foil identification in actual crimes and in the laboratory: A reality monitoring analysis. *Law and Human Behavior*, 29 (3), 279 – 301.

Ben-Shakhar, G. , Bar-Hillel, M. , & Lieblich, I. (1986). Trial by polygraph: Scientific and juridical issues in lie detection. *Behavioral Sciences & the Law*: *Special Issue*: *Psychology in Law Enforcement*, 4 (4), 459 – 479.

Benton, T. R. , Ross, D. F. , Bradshaw, E. , Thomas, W. N. , & Bradshaw, G. S. (2006).

Eyewitness memory is still not common sense: comparing jurors, judges and law enforcement to eyewitness experts. *Applied Cognitive Psychology*, 20 (1), 115 – 129.

Binet, A. (1900). La suggestibility. Paris: Schleicher freres.

Bolton, F. W. (1896). The accuracy of recollection and observation. *Psychological Review*, 3 (3), 286 – 295.

Boon, J. W. C. , & Davies, G. (1996). Extra-stimulus influences on eyewitness perception and recall: Hastorf and Cantril revisited. *Legal and Criminological Psychology*, 1 (2), 155 – 164.

Borchard, E. M. (1932). *Convicting the Innocent*: *Errors of Criminal Justice.* New Haven: Yale University Press.

Bradfield, A. L. , Wells, G. L. , & Olson, E. A. (2002). The damaging effect of confirming feedback on the relation between eyewitness certainty and accuracy. *Journal of Applied Psychology*, 87 (1), 112 – 120.

Brainerd, C. J. , & Reyna, V. F. (2002). Fuzzy-trace theory and false memory.

Current Directions in Psychological Science, 11 (5), 164 – 169.

Brandon, R. , & Davies, C. (1973). *Wrongful imprisonment*: *Mistaken convictions and their consequences.* London: George Allen & Unwin.

Brewer, N. , & Burke, A. (2002). Effects of testimonial inconsistencies and eyewitness confidence on mock-juror judgments. *Law and Human Behavior*, 26 (3), 353 – 364.

Brewer, N. , Caon, A. , Todd, C. , & Weber, N. (2006). Eyewitness identification accuracy and response latency. *Law and Human Behavior*,

30 (1), 31 -50.

Brewer, N., & Wells, G. L. (2006). The confidence-accuracy relationship in eyewitness identification: Effects of lineup instructions, foil similarity and target-absent base rates. *Journal of Experimental Psychology: Applied*, 12 (1), 11 -30.

Brigham, J. C. (1988). Is witness confidence helpful in judging eyewitness accuracy? In M. M. Gruneberg, P. E. Morris, & R. N. Sykes (Eds.), *Practical aspects of memory* (pp. 77 -82). Chichester, England: Wiley.

Brigham, J. C., & Bothwell, R. K. (1983). The ability of prospective jurors to estimate the accuracy of eyewitness identifications. *Law and Human Behavior*, 7 (1), 19 -30.

Brigham, J. C., & Cairns, D. L. (1988). The effect of mugshot inspections on eyewitness identification accuracy. *Journal of Applied Social Psychology*, 18 (16), 1394 -1410.

Brigham, J. C. & Wolfskiel, M. P. (1983). Opinions of attorneys and law enforcement personnel on the accuracy of eyewitness identifications. *Law and Human Behavior*, 7 (4), 337 -349.

Brown, E. L., Deffenbacher, K. A., & Sturgill, W. (1977). Memory for faces and the circumstances of encounter. *Journal of Applied Psychology*, 62 (3), 311 -318.

Buckhout, R. (1974). Eyewitness testimony. *Scientific American*, 231 (6), 23 -31.

Busey, T. A., Tunnicliff, J., Loftus, G. R., & Loftus, E. F. (2000). Accounts of the confidence-accuracy relation in recognition memory. *Psychonomic Bulletin and Review*, 7 (1), 26 -48.

Cady, H. M. (1924). On the psychology of testimony. *American Journal of Psychology*, 35 (1), 110 -112.

Carrier, J. (1990). Reflection on ethical problem encountered in field research on Mexican male Homosexuality: 1968 to present. *Culture, Health & Sexuality*, 1 (3), 207 -221.

Carroll, D. (1988). How accurate is polygraph lie detection? In A. Gale (Ed.), *The polygraph test: Lies, truth and science* (pp. 19 - 28). London:

Sage.

Cattell, J. M. (1895). Measurements of the accuracy of recollection. *Science*, 2 (49), 761 – 766.

Cecil, J. S. (2005). Ten years of judicial gatekeeping under Daubert. *American Journal of Public Health*, 95 (1), 74 – 80.

Chance, J. E., & Goldstein, A. G. (1984). Face-recognition memory: Implications for children's eyewitness testimony. *Journal of Social Issues*, 40 (2), 69 – 85.

Chance, J. E., & Goldstein, A. G. (1996). The other race effect and eyewitness identification. In S. L. Sporer, R. S. Malpass, & G. Koehnken (Eds.), *Psychological Issues in Eyewitness Identification* (pp. 153 – 176). Mahwah, N. J.: Erlbaum.

Chance, J. E., Goldstein, A. G., & Andersen, B. (1986). Recognition memory for infant faces: An analog of the other-race effect. *Bulletin of the Psychonomic Society*, 24 (4), 257 – 260.

Christianson, S. Å., Karlsson, I., & Persson, L. G. W. (1998). Police personnel as eyewitnesses to a violent crime. *Legal and Criminological Psychology*, 3 (1), 59 – 72.

Clifford, B. R., & Bull, R. (1978). *The psychology of person identification.* London: Routledge & Kegan Paul.

Clifford, B. R., & Hollin, C. R. (1981). Effects of the type of incident and the number of perpetrators on eyewitness memory. *Journal of Applied Psychology*, 66 (3), 364 – 370.

Clifford, B. R., & Scott, J. (1978). Individual and Situational Factors in Eyewitness Testimony. *Journal of Applied Psychology*, 63 (3), 352 – 359.

Cohen, G., & Faulkner, D. (1989). Age differences in source forgetting: Effects on Reality monitoring and on eyewitness testimony. *Psychology and Aging*, 4 (1), 10 – 17.

Craig, R. A. (1995). Effects of interviewer behavior on children's statements of sexual abuse. Unpublished manuscript. University of Utah, Salt Lake City. *Criglow v. State*, 183 Ark. 407, 409 (1931).

Cross, J. F., Cross, J., & Daly, J. (1971). Sex, race, age, and beauty as factors in recognition of faces. *Perception & Psychophysics*, 10 (6), 393 – 396.

Curran, T., Schacter, D. L., Johnson, M. K., & Spinks, R. (2001). Brain potentials reflect behavioral differences in true and false recognition. *Journal of Cognitive Neuroscience*, 13 (2), 201 – 216.

Cutler, B. L., Berman, G. L., Penrod, S., & Fisher, R. P. (1994). Conceptual, practical, and empirical issues associated with eyewitness identification test media. In D. F. Ross, J. D. Read, & M. D. Toglia (Eds.), *Adult eyewitness testing: current trends and developments* (pp. 163 – 181). New York: Cambridge University Press.

Cutler, B. L., & Fisher, R. P. (1990). Live lineups, videotaped lineups, and photoarrays. *Forensic Reports*, 2 (2), 93 – 106.

Cutler, B. L., Fisher, R. P., & Chicvara, C. L. (1989). Eyewitness identification from live versus v. ideotaped lineups. *Forensic Reports*, 2 (2), 93 – 106.

Cutler, B. L., & Kovera, M. B. (2010). *Evaluating eyewitness identification.* New York: Oxford University Press.

Cutler, B. L., Penrod, S. D., & Dexter, H. R. (1990). Juror sensitivity to eyewitness identification evidence. *Law and Human Behavior*, 14 (2), 185 – 191.

Cutler, B. L., Penrod, S. D., & Martens, T. K. (1987a). The reliability of eyewitness identification: The role of system and estimator variables. *Law and Human Behavior*, 11 (3), 233 – 258.

Cutler, B. L., Penrod, S. D., & Martens, T. K. (1987b). Improving the reliability of eyewitness identifications: putting context into context. *Journal of Applied Psychology*, 72 (4), 629 – 637.

Cutler, B. L., Penrod, S. D., & Stuve, T. E. (1988). Juror decisionmaking in eyewitness identification cases. *Law and Human Behavior*, 12 (1), 41 – 55.

Dando, C. J., & Milne, R. (2009). The Cognitive Interview. In R. N. Kocsis (Ed.).

Applied Criminal Psychology: A Guide to Forensic behavioural Sciences (pp. 147 - 168). Springfield: Charles C. Thomas.

Darling, S., Valentine, T., & Memon, A. (2008). Selection of line-up foils in operational contexts. *Applied Cognitive Psychology*, 22 (2), 159 - 169.

Daubert v. Merrell Dow Pharmaceuticals, 509 U. S. 579 (1993).

Davies, G. M., Ellis, H. D., & Shepherd, J. W. (1978). Face recognition accuracy as a function of mode of representation. *Journal of Applied Psychology*, 63 (2), 180 - 187.

Deffenbacher, K. A. (1983). The influence of arousal on reliability of testimony. In S. M. A. Lloyd-Bostock, & B. R. Clifford (Eds.), *Evaluating witness evidence* (pp. 235 - 251). Chichester, England: Wiley.

Deffenbacher, K. A., & Loftus, E. F. (1982). Do jurors share a common understanding concerning eyewitness behavior? *Law and Human Behavior*, 6 (1), 15 - 30.

Devenport, J. L., Stinson, V., Cutler, B. L., & Kravitz, D. A. (2002). How effective are the cross examination and expert testimony safeguards? Jurors' perceptions of the suggestiveness and fairness of biased lineup procedures. *Journal of Applied Psychology*, 87 (6), 1042 - 1054.

Devlin, the Hon. Lord Patrick. (1976). *Report to the Secretary of State for the Home Department of the Departmental Committee on Evidence of Identification in Criminal Cases.* London: Her Majesty's Stationery Office.

Dodson, C. S., Johnson, M. K., & Schooler, J. W. (1997). The verbal overshadowing effect: Why descriptions impair face recognition. *Memory & Cognition*, 25 (2), 129 - 139.

Douglass, A. B. & McQuiston-Surrett, D. (2006). Post-identification feedback: Exploring the effects of sequential photospreads and eyewitnesses' awareness of the identification task. *Applied Cognitive Psychology*, 20 (8), 991 - 1007.

Douglass, A. B., & Steblay, N. M. (2006). Memory distortion in eyewitnesses: A meta-analysis of the post-identification feedback effect. *Applied Cognitive Psychology*, 20 (7), 859 - 869.

Dunning, D., & Perretta, S. (2002). Automaticity and eyewitness accuracy: a 10 – 12 second rule for distinguishing accurate from inaccurate positive identifications. *Journal of Applied Psychology*, 87 (5), 951 – 962.

Dunning, D., & Stern, L. B. (1994). Distinguishing accurate from inaccurate identifications via inquiries about decision processes. *Journal of Personality and Social Psychology*, 67 (5), 818 – 835.

Ebner, N. C., & Johnson, M. K. (2009). Young and older emotional faces: Are there group differences in expression identification and memory? *Emotion*, 9 (3), 329 – 339.

Eekkanen, S. T., & McEvoy, C. (2002). False memories and source-monitoring problems: Criterion differences, *Applied Cognitive Psychology*, 16 (1), 73 – 85.

Ekman, P., O'Sullivan, M., & Frank, M. (1999). A Few Can Catch A Liar. *Psychological Science*, 10 (3), 263 – 266.

Fabiani, M., Stadler, M. A., & Wessels, P. M. (2000). True but not false memories produce a sensory signature in human lateralized brain potentials. *Journal of Cognitive Neuroscience*, 12 (6), 941 – 949.

Feinman, S., & Entwhistle, D. R. (1976). Children's ability to recognize other children's faces. *Child Development*, 47 (2), 506 – 510.

Finsher, R. P., Geiselman, R. E., & Raymond, D. S. (1987). Critical analysis of police interview techniques. *Jounal of police and science administration*, 15 (3), 177 – 185.

Finsher, R. P., Geiselman, R. E., & Amador, M. (1989). Field test of the cognitive interview: enhancing the recollection of actual victims and witnesses of crime. *Journal of applied psychology*, 74 (5), 722 – 727.

Fischhoff, B. (1975). Hindsight ≠ foresight: The effect of outcome knowledge on judgment under uncertainty. *Journal of Experimental Psychology: Human Perceptionand Performance*, 1 (3), 288 – 299.

Fleishman, J. J., Buckley, M. L., Klosinsky, M. J., Smith, N., & Tuck, B. (1976).

Judged attractiveness in recognition memory of women' s faces. *Perceptual and Motor Skills*, 43 (3), 709 – 710.

Flowe, H., & Ebbesen, E. (2007). The effect of lineup member similarity on recognition accuracy in simultaneous and sequential lineups. *Law and Human Behavior*, 31 (1): 33 – 52.

Forrest, K. D., Wadkins, T. A., & Miller, R. L. (2002). The role of preexisting stress on false confessions. *Journal of Credibility Assessment and Witness Psychology*, 3 (1), 23 – 45.

Foster, H. H. (1969). Confessions and the station house syndrome. *Depaul Law Review*, 18 (1), 683 – 701.

Frank, J. & Frank, B. (1957). *Not guilty*. London: Gallancz. *Frye v. United States*, 54 App. D. C. 46, 293 F. 1013, 1024 (D. C. Cir. 1923).

Fulton, A., & Bartlett, J. C. (1991). Young and old faces in young and old heads: The factor of age in face recognition. *Psychology & Aging*, 6 (4), 623 – 630.

Gabbert, F., & Memon, A., & Wright, D. B. (2006). Memory conformity: Disentangling the steps toward influence during a discussion. *Psychonomic Bulletin & Review*, 13 (3), 480 – 485.

Garcia v. State, Tex. App. LEXIS 10059 * 17 (Tex. App. Houston 14th Dist. Dec. 6, 2007).

Garrioch, L., & Brimacombe, C. A. E. (2001). Lineup administrators' expectations: Their impact on eyewitness confidence. *Law and Human Behavior*, 25 (3), 299 – 315.

Garry, M., Manning, C. G., Loftus, E. F., & Sherman, S. J. (1996). Imagination inflation: Imagining a childhood event inflates confidence that it occurred. *Psychonomic Bulletin & Review*, 3 (2), 208 – 214.

Geiselman, F. (1987). Recall under hypnosis. *American Journal of Forensic Psychology*, 1, 20 – 27.

Geiselman, R. E., Fisher, R. P., Firstenberg, I., Hutton, L. A., Sullivan, S., Avetissian, I., & Prosk, A. (1984). Enhancement of eyewitness memory: An empirical evaluation of the cognitive interview. *Journal of Police Science and Administration*, 12 (1), 74 – 80.

Geiselman, R. E., Fisher, R. P., MacKinnon, D. P., & Holland, H. L. (1986).

Enhancement of eyewitness memory with the cognitive interview. *American*

Journal of Psychology, 99 (3), 385 - 401.

Geiselman, R. E., & Padilla, J. (1988). Interviewing child witnesses with the cognitive interview. *Journal of Police Science and Administration*, 16 (4), 236 - 242.

Going, M., & Read, J. D. (1974). Effects of uniqueness, sex of subject, and sex of photograph on facial recognition. *Perceptual and Motor Skills*, 39 (1), 109 - 110.

Goldstein, A. G., & Chance, J. E. (1964). Recognition of faces. *Child Development*, 35 (1), 129 - 136.

Goldstein, A. G., & Chance, J. E. (1965). Recognition of faces: II. *Perceptual and \ Motor skills*, 20 (2), 547 - 548.

Goldstein, A. G., & Chance, J. E. (1971). Visual recognition memory for complex configurations. *Perception & Psychophysics*, 9 (2), 237 - 241.

Goldstein, A. G., Chance, J. E., & Schneller, G. R. (1989). Frequency of Eyewitness Identification in Criminal Cases: A Survey of Prosecutors. *Bulletin of the Psychonomic Society*, 27 (1), 71 - 74.

Gonzalez, R., Ellsworth, P. C., Pembroke, M. (1993). Response biases in lineups and showups. *Journal of Personality and Social Psychology*, 64 (4), 525 - 537.

Groscup, J. L., Penrod, S. D., Studebaker, C. A., Huss, M. T., & O'Neil, K. M. (2002). The Effect of Daubert on the Admissibility of Expert Testimony in State and Federal Criminal Cases. *Psychology, Public Policy, and Law*, 8 (4), 339 - 372.

Gudjonsson, G. H. (1984). A new scale of interrogative suggestibility. *Personality and Individual Differences*, 5 (3), 303 - 314.

Gudjonsson, G. H. (1987a). A parallel form of the Gudjonsson suggestibility scale. *British Journal of Clinical Psychology*, 26 (3), 215 - 221.

Gudjonsson, G. H. (1987b). The relationship between memory and suggestibility. *Social Behaviour*, 2 (1), 29 - 33.

Gudjonsson, G. H. (1991). The effects of intelligence and memory on group differences in suggestibility and compliance. *Personality and Individual Differences*, 12 (5), 503 - 505.

Gudjonsson, G. H. (1997). *The Gudjonsson Suggestibility Scales Manual.* Hove, U. K.: Psychology Press.

Gudjonsson, G. H., & MacKeith, J. A. C. (1982). False confessions: psychological effects of interrogation. In A. Trankell (Ed.), *Reconstructing the past* (pp. 253 – 269). Deventer, The Netherlands: Kluwer.

Harris, R. J. (1973). Answering questions containing marked and unmarked adjectives and adverbs. *Journal of Experimental Psychology*, 97 (3), 399 – 401.

Hashtroudi, S., Johnson, M. K., & Chrosniak, L. D. (1989). Aging and source monitoring. *Psychology and Aging*, 4 (1), 106 – 112.

Hastorf, A. H., & Cantril, H. (1954). They saw a game: a case study. *Journal of Abnormal Psychology*, 49 (1), 129 – 134.

He, Y., Ebner, N., & Johnson, M. K. (2011). What predicts the own-age bias in face recognition memory? *Social Cognition*, 29 (1), 97 – 109.

Hell, W., Gigerenzer, G., Gauggel, S., Mall, M., & Müller, M. (1988). Hindsight bias: An interaction of automatic and motivational factors? *Memory & Cognition*, 16 (6), 533 – 538.

Hildebrandt, A., Sommer, W., Herzmann, G., & Wilhelm, O. (2010). Structural Invariance and Age-Related Performance Differences in Face Cognition. *Psychology and Aging*, 24 (4), 794 – 810.

Hockley, W. E., & Consoli, A. (1999). Familiarity and recollection in item and associative recognition. *Memory & Cognition*, 27 (4), 657 – 664.

Hosch, H. M., & Platz, S. J. (1984). Self-monitoring and eyewitness accuracy. *Personality and Social Psychology Bulletin*, 10 (2), 289 – 292.

Hosch, H. M. (1994). Individual differences in personality and eyewitness identification. In D. F. Ross, J. D. Read, & M. P. Toglia (Eds.), *Adult Eyewitness Testimony: Current Trends and Developments* (pp. 328 – 347). New York: Cambridge University Press.

Howells, T. H. (1938). A Study of ability to recognise faces. *Journal of Abnormal Social Psychology*, 33 (1), 124 – 127.

Huff, C. R., Ratner, A., & Sagarin, E. (1986). Guilty until proven innocent: Wrongful conviction and public policy. *Crime & Delinquency*, 32 (4), 518 - 544.

Jacoby, L. L., & Dallas, M. (1981). On the relationship between autobiographical memory and perceptual learning. *Journal of Experimental Psychology: General*, 110 (3), 306 - 340.

James, W. (1890). *The Principles of Psychology*. New York : Holt.

Jocye, C. A. (2000). Saving faces Using eye movement, ERP, and SCR measures of face processing and recognition to investigate eyewitness identification. University of California, San Diego.

Johnson, M. K., Hashtroudi, S., & Lindsay, D. S. (1993). Source monitoring. *Psychological Bulletin*, 114 (1), 3 - 28.

Johnson, M. K., & Raye, C. L. (1981). Reality monitoring. *Psychological Review*, 88 (1), 67 - 85.

Johnson, M. K., Raye, C. L., Foley, H. J., & Foley, M. A. (1981). Cognitive operations and decision bias in reality monitoring. *American Journal of Psychology*, 94 (1), 37 - 64.

Kassin, S. M., & Kiechel, K. L. (1996). The social psychology of false confessions: Compliance, internalization, and confabulation. *Psychological Science*, 7 (3), 125 - 128.

Kassin, S. M., Tubb, V. A., Hosch, H. M., & Memon, A. (2001). On the 'general acceptance' of eyewitness testimony research: a new survey of the experts. *American Psychologist*, 56 (5), 405 - 416.

Kleinhauz, M., Horowitz, I., & Tobin, T. (1977). The use of hypnosis in police investigation: a preliminary communication. *Journal of the Forensic Science Society*, 17 (2), 77 - 80.

Kneller, W., Memon, A., & Stevenage, S. V. (2001). Simultaneous and Sequential Lineups: Decision Processes of Accurate and Inaccurate Eyewitnesses. *Applied Cognitive Psychology*, 15 (6), 659 - 671.

Krafka, C., & Penrod, S. (1985). Reinstatement of context in a field experiment on eyewitness identification. *Journal of Personality and Social Psychology*, 49 (1), 58 - 69.

Kuefner, D., Cassia, V. M., Picozzi, M., & Bricolo, E. (2008).

Do all kids look alike? Evidence for an other-age effect in adults. *Journal of Experimental Psychology: Human Perception and Performance*, 34 (4), 811 - 817.

Lampinen, J. M., Neuschatz, J. S., & Cling, A. D. (2012). *The Psychology of Eyewitness Identification: Essays in Cognitive Psychology.* New York: Psychology Press.

Lampinen, J. M., Scott, J., Pratt, D., Leding, J. K., & Arnal, J. D. (2007). 'Good, you identified the suspect, but please ignore this feedback': Can warnings eliminate the effects of post-identification feedback? *Applied Cognitive Psychology*, 21 (8), 1037 - 1056.

Lefebvre, C. D., Marchand, Y., Smith, S. M., & Connolly, J. F. (2007). Determining eyewitness identification accuracy using event-related brain potentials (ERPs). *Psychophysiology*, 44 (6), 894 - 904.

Leippe, M. R., Eisenstadt, D., & Rauch, S. M. (2009). Cueing confidence in Eyewitness identifications: Influence of biased lineup instructions and pre-identification memory feedback under varying lineup conditions. *Law and Human Behavior*, 33 (3), 194 - 212.

Leippe, M. R., Eisenstadt, D., Rauch, S. M., & Stambush, M. A. (2006). Effects of social-comparative memory feedback on eyewitnesses' identification confidence, suggestibility, and retrospective memory reports. *Basic & Applied Social Psychology*, 28 (3), 201 - 220.

Lewin, C., & Herlitz, A. (2002). Sex differences in face recognition: women's faces make a difference. *Brain and Cognition*, 50 (1), 121 - 128.

Liebman, J. I., Mckinley-Pace, M. J., Leonard, A. M., Sheesley, L. A., Gallant, C. L., Renkey, M. E., & Lehman, E. B. (2002). Cognitive and psychological correlates of adults' eyewitness accuracy and suggestibility. *Personality and Individual Difference*, 33 (1), 49 - 66.

Lindsay, D. S., Allen, B. P., Chan, J. C. K., & Dahl, L. C. (2004). Eyewitness suggestibility and source similarity: Intrusions of details from one event into memory reports of another event. *Journal of memory and language*, 50 (1), 96 - 111.

Lindsay, D. S., & Johnson, M. K. (1989). The eyewitness suggestibility effect and memory for source. *Memory & Cognition*, 17 (3), 349 - 358.

Lindsay, R. C. L., Lim, R., Marando, L., & Cully, D. (1986). Mock-Juror Evaluations of Eyewitness Testimony: A Test of Metamemory Hypotheses. *Journal of Applied Social Psychology*, 16 (5), 447 - 459.

Lindsay, R. C. L., & Wells, G. L. (1985). Improving eyewitness identifications from lineups: Simultaneous versus sequential lineup presentation. *Journal of Applied Psychology*, 70 (3), 556 - 564.

Lindsay, R. C. L., Wells, G. L., & O'Connor, F. J. (1989). Mock-juror belief or accurate and inaccurate eyewitnesses: A replication and extension. *Law and Human Behavior*, 13 (3), 333 - 339.

Lindsay, R. C. L., Wells, G. L., & Rumpel, C. M. (1981). Can people detect Eyewitness identification accuracy within and across situations? *Journal of Applied Psychology*, 66 (1), 79 - 89.

Light, L. L, Kayra-Stuart, F., & Hollander, S. (1979). Recognition memory for typical and unusual faces. *Journal of Experimental Psychology: Human Learning and Memory*, 5 (3), 212 - 228.

Lipton, J. P. (1977). On the psychology of eyewitness testimony. *Journal of Applied Psychology*, 66 (1), 79 - 89.

Loftus, E. F. (1974). Reconstructing memory: The incredible eyewitness. *Psychology Today*, 8 (7), 116 - 119.

Loftus, E. F. (1975). Leading questions and the eyewitness report. *Cognitive Psychology*, 7 (4), 560 - 572.

Loftus, E. F. (1996). *Eyewitness Testimony*. Cambridge: Harvard University Press.

Loftus, E. F. (2005). Planting misinformation in human mind: A 30 - year investigation of the malleability of memory. *Learning and Memory*, 12 (4), 361 - 366.

Loftus, E. F., Altman, D., Geballe, R. (1975). Effects of questioning upon a witness's later recollections. *Journal of Police Science and Administration*, 3 (2), 162 - 165.

Loftus, E. F., Loftus, G. R., & Messo, J. (1987). Some facts about "weapon focus". *Law andHuman Behavior*, 11 (1), 55 - 62.

Loftus, E. F., Miller, D. G., & Burns, H. J. (1978). Semantic integration of verbal information into a visual memory. *Journal of Experimental Psychology: Human Learning and Memory*, 4 (1), 19 – 31.

Loftus, E. F., & Palmer, J. C. (1974). Reconstruction of auto-mobile destruction: An example of the interaction between language and memory. *Journal of Verbal Learning and Verbal Behavior*, 13 (5), 585 – 589.

Loftus, E. F., & Zanni, G. (1975). Eyewitness testimony: The influence of the wording of a question. *Bulletin of the Psychonomic Society*, 5 (1), 86 – 88.

Loftus, G. R., & Loftus, E. F. (1976). *Human Memory: The Processing of Information.* Hillsdale, N. J.: Lawrence Erlbaum Associates.

Luus, C. A. E., & Wells, G. L. (1991). Eyewitness identification and the selection of distracters for lineups. *Law and Human Behavior*, 15 (1), 43 – 57.

Luus, C. A. E., & Wells, G. L. (1994). The malleability of eyewitness confidence: Co-witness and perseverance effects. *Journal of Applied Psychology*, 79 (5), 714 – 723.

Lykken, D. T. (1981). *A tremor in the blood: Uses and Abuses of the Lie Detector.* New York: McGraw-Hill.

MacLin, O. H., MacLin, M. K, & Malpass, R. S. (2001). Race, arousal, attention, exposure and delay: An examination of factors mediating face recognition. *Psychology, Public Policy and Law*, 7 (1), 134 – 152.

Malpass, R. S., & Devine, P. G. (1981). Eyewitness identification: Lineup instructions and absence of the offender. *Journal of Applied Psychology*, 66 (4), 482 – 489.

McConkey, K. M., & Roche, S. M. (1989). Knowledge of eyewitness memory. *Australian Psychologist*, 24 (3), 377 – 384.

McDowd, J., & Shaw, R. (2000). Attention and aging: a functional perspective. In F. Craik & T. Salthouse (Eds.), *The handbook of aging and cognition* (pp. 221 – 291). Mahway, N. J.: Lawrence Erlbaum Associates.

Memon, A., & Bartlett, J. (2002). The effects of verbalization on face recognition in young and older adults. *Applied Cognitive Psychology*, 16 (6),

635 – 650.

Memon, A., Bartlett, J. C., Rose, R., & Gray, C. (2003). The aging eyewitness: effects of age on face, delay, and source-memory ability. *Journal of Gerontology: Psychological Sciences*, 58 (6), 338 – 45.

Memon, A., & Gabbert, F. (2003). Improving the identification accuracy of senior witnesses: Do pre-lineup questions and sequential testing help? *Journal of Applied Psychology*, 88 (2), 341 – 347.

Meissner, C. A., & Brigham, J. C. (2001a). Thirty years of investigating the own-race bias in memory for faces: A meta-analytic review. *Psychology, Public Policy, & Law*, 7 (1), 3 – 35.

Meissner, C. A., & Brigham, J. C. (2001b). A meta-analysis of the verbal overshadowing effect in face identification. *Applied Cognitive Psychology*, 15 (6), 603 – 616.

Meissner, C. A., Brigham, J. C., & Kelley, C. M. (2001). The influence of retrieval processes in verbal overshadowing. *Memory & Cognition*: 29 (1), 176 – 196.

Merckelbach, H., Muris, P., Messick, S., & Damarin, F. (1964). Cognitive styles and memory for faces. *Journal of Abnormal and Social Psychology*, 69 (3), 313 – 318.

Mori, K. (2007). A revised method for projecting two different movies to two groups of viewers without their noticing the duality. *Behavior Research Methods*, 39 (3), 574 – 578.

Mueller, C. B., Laird C., & Kirkpatrick, L. C. (2003). *Evidence.* Mishawaka: Aspen.

Münsterberg, H. (1908). *On the witness stand.* New York: Doubleday.

Muscio, B. (1916). The influence of the form of a question. *British Journal of Psychology*, 8 (3), 351 – 389.

Nisbett, R. E., & Wilson, T. D. (1977). Telling more than we can know: Verbal reports on mental processes. *Psychological Review*, 84 (3), 231 – 259.

Ng, W., & Lindsay, R. C. L. (1994). Cross-race facial recognition: Failure of the contact hypothesis. *Journal of Cross Cultural Psychology*, 25

(2), 217 - 232.

Noon, E., & Hollin, C. R. (1987). Lay knowledge of eyewitness behaviour: A British survey. *Applied Cognitive Psychology*, 1 (2), 143 - 153.

Nosworthy, G. J., & Lindsay, R. C. L. (1990). Does nominal lineup size matter? *Journal of Applied Psychology*, 75 (3), 358 - 361.

Okado, Y., & Stark, C. E. L. (2005). Neural activity during encoding predicts false memories created by misinformation. *Learning and Memory*, 12 (1), 3 - 11.

Parker, J, & Carraza, L. (1989). Eyewitness of Children in target-present and target-absent lineups. *Law and Human Behavior*, 13 (2), 133 - 149.

Paterson, H. M., & Kemp, R. I. (2006). Comparing methods of encountering post-event information: The power of co-witness suggestion. *Applied Cognitive Psychology*, 20 (8), 1083 - 1099.

Patterson, K. E., & Baddeley, A. D. (1977). When face recognition fails. *Journal of Experimental Psychology: Human Learning and Memory*, 3 (4), 406 - 417.

Penrod, S. D., Loftus, E. F., & Winkler, J. O. (1982). The reliability of eyewitness Testimony: A Psychology perspective. In: N. Kerr & R. Bray (Eds.), *The Psychology of the Courtroom* (pp. 119 - 168). New York: Academic Press.

People v. McDonald, 690 P. 2d 709 (Cal. 1984).

Perfect, T. J., & Moon, H. (2005). The own-age effect in face recognition. In J. Duncan, L. Phillips, & P. McLeod (Eds.), *Measuring the mind: Speed, control, and age* (pp. 317 - 340). Oxford: Oxford University Press.

Pezdek, K., Blandon-Gitlin, I., & Moore, C. (2003). Children's face recognition memory: more evidence for the cross-race effect. *Journal of Applied Psychology*, 88 (4), 760 - 763.

Polczyk, R. (2005). Interrogative suggestibility: cross-cultural stability of psychometric and correlational properties of the Gudjonsson Suggestibility Scales. *Personality and Individual Differences*, 38 (1), 177 - 186.

Powers, P. A., Andriks, J. L., & Loftus, E. F. (1979). Eye-witness accounts of females and males. *Journal of Applied Psychology*, 64 (3), 339 - 347.

Pozzulo, J. D., Dempsey, J., Bruer, K., & Sheahan, C. (2011). The Culprit in Target-Absent Lineups: Understanding Young Children's False Positive Responding. *Journal of Applied Psychology*, 27 (1), 55 - 62.

Pozzulo, J. D., Lemieux, J. M. T., Wells, E. C., & McCuaig, H. J. (2006). The influence of eyewitness identification decisions and age of witness on jurors' verdicts and perceptions of reliability. *Psychology, Crime and Law*, 12 (6), 641 - 652.

Pozzulo, J. D., & Lindsay, R. C. L. (1998). Identification Accuracy of Children versus Adults: A Meta-Analysis. *Law and Human Behavior*, 22 (5), 549 - 570.

Pozzulo, J. D., & Lindsay, R. C. L. (1999). Elimination lineups: An improved identification procedure for child witnesses. *Journal of Applied Psychology*, 84 (2), 167 - 176.

Pozzulo, J. D., & Marciniak, S. (2006). Comparing identification procedures when the perpetrator has changed appearance. *Psychology, Crime & Law*, 12 (4), 429 - 438.

Pozzulo, J. D., & Warren, K. L. (2003). Descriptions and identifications of strangers by youth and adult eyewitnesses. *Journal of Applied Psychology*, 88 (2), 315 - 323.

Ramirez, G., Zemba, D., Geiselman, R. (1996). Judges' cautionary instructions on eyewitness testimony. *American Journal of Forensic Psychology*, 14 (1), 31 - 66.

Raskin, D. C., & Esplin, P. W. (1991). Statement validity assessment: Interview procedures and content analysis of children ' s statements of sexual abuse. *Behavioral Assessment*, 13 (3), 265 - 291.

Rassin, E., & Horselenberg, R. (2000). Dissociative experiences and interrogative suggestibility in college students. *Personality and Individual Differences*, 29 (6), 1133 - 1140.

Rattner, A. (1988). Convicted but Innocent: Wrongful Conviction and the Criminal Justice System. *Law and Human Behavior*, 12 (3), 283 – 291.

Read, J. D., Tollestrup, P., Hammersley, R., McFadzen, E., & Christensen, A. (1990). The unconscious transference effect: Are innocent bystanders ever misidentified? *Applied Cognitive Psychology*, 4 (1), 3 – 31.

Reyna, V. F., & Brainerd, C. J. (1995). Fuzzy-trace theory: An interim synthesis. *Learning and Individual Differences*, 7 (1), 1 – 75.

Roebers, C. M., Moga, N., & Schneider, W. (2001). The role of accuracy motivation on children's and adults'event recall. *Journal of Experimental Child Psychology*, 78 (4), 313 – 329.

Roediger, H. L., & Geraci, L. (2007). Aging and the Misinformation Effect: A Neuropsychological Analysis. *Journal of Experimental Psychology: Learning, Memory, and Cognition*, 33 (2), 321 – 334.

Rose, R. A., Bull, R., & Vrij, A. (2005). Non-biased lineup instructions do matter a problem for older witnesses. *Psychology, Crime, and Law*, 11 (2), 147 – 159.

Rosenthal, R. (2002). Suggestibility, reliability and the legal process. *Developmental Review*, 22 (3), 334 – 369.

Saywitz, K. J., Goodman, G. S., Nicholas, E., & Moan, S. F. (1991). Children's memories of a physical examination involving genital touch: Implications for reports of child sexual abuse. *Journal of Consulting and Clinical Psychology*, 59 (5), 682 – 691.

Schacter, D. L., Norman, K. A., & Koutstaal, W. (1998). The cognitive neuroscience of constructive memory. *Annual Review of Psychology*, 49, 289 – 318.

Scheck, B., Neufeld, P., & Dwyer, J. (2001). *Actual Innocence: When Justice Goes Wrong and How to Make it Right.* New York: New American Library.

Schmechel, R. S., O'Toole, T. P., Easterly, C., & Loftus, E. F. (2006). Beyond the ken? Testing jurors' understanding of eyewitness reliability evidence. *Jurimetrics*, 46 (2), 177 – 214.

Schooler, J. W. (2002). Verbalization produces a transfer inappropriate processing shift. *Applied Cognitive Psychology*, 16 (8), 989 – 997.

Schooler, J. W., & Engstler-Schooler, T. Y. (1990). Verbal overshadowing of visual memories: some things are better left unsaid. *Cognitive Psychology*, 22 (1), 36 – 71.

Schuman, J. P., Bala, N., & Lee, K. (1999). Developmentally Appropriate Questions for Child Witnesses. *Queen's Law Journal*, 25 (1), 251 – 304.

Scullin, M. H., & Ceci, S. J. (2001). A suggestibility scale for children. *Personality and Individual Differences*, 30 (5), 843 – 856.

Scullin, M. H., Kanaya, T., & Ceci, S. J. (2002). Measurement of Individual Differences in Children' s Suggestibility Across Situations. *Journal of Experimental Psychology: Applied*, 8 (4), 233 – 246.

Searcy, J. H., Bartlett, J. C, & Memon, A. (2000). Influence of post-event narratives, line-up conditions and individuals differences on false identification by young and older eyewitnesses. *Legal and Criminological Psychology*, 5 (2), 219 – 235.

Semmler, C., Brewer, N., & Wells, G. L. (2004). Effects of postidentification feedback on eyewitness identification and nonidentification confidence. *Journal of Applied Psychology*, 89 (2), 334 – 346.

Shapiro, P. N., & Penrod, S. (1986). A meta-analysis of facial identification studies. *Psychological Bulletin*, 100 (2), 139 – 156.

Shaw, J. I., & Skolnick, P. (1999). Weapon Focus and Gender Differences in Eyewitness Accuracy: Arousal vs. Salience. *Journal of Applied Social Psychology*, 29 (11), 2328 – 2341.

Shepherd, J. W. (1981). Social factors in face recognition. In G. Davies, H. Ellis & J. Shepherd (Eds.), *Perceiving and remembering faces* (pp. 55 – 79). London: Academic.

Shepard, L. A. (1983). The role of measurement in educational policy: Lessons from the identification of learning disabilities. *Educational Measurement: Issues and Practices*, 2 (3), 4 – 8.

Skagerberg, E. M., & Wright, D. B. (2008). The prevalence of co-witnesses and co-witness discussions in real eyewitnesses. *Psychology, Crime, & Law*, 14 (6), 513 – 521.

Slone, A. E., Brigham, J. B., & Meissner, C. A. (2000). Social and cognitive factors affecting the own-race advantage in white. *Basic and Applied Social Psychology*, 22 (2), 71 - 84.

Smith, S. M., Lindsay, R. C. L., & Pryke, S. (2000). Postdictors of eyewitness errors: Can false identifications be diagnosed? *Journal of Applied Psychology*, 85 (4), 542 - 550.

Smith, S. M. (1988). Environmental context-dependent memory. In G. M. Davies &D. M. Thomson (Eds.), *Memory in context: Context in memory* (pp. 13 - 34). New York: Wiley.

Smith, A. D., & Winograd, E. (1978). Adult age differences in remembering faces. *Developmental Psychology*, 14 (4), 443 - 444.

Sporer, S. L. (1981). Toward a comprehensive history of legal psychology. Unpublished manuscript, University of Erlagen-Nurnberg.

Sporer, S. L. (1992). Post-dicting eyewitness accuracy: Confidence, decision-times, and person descriptions of choosers and non-choosers. *European Journal of Social Psychology*, 22 (2), 157 - 180.

Sporer, S. L. (1993). Eyewitness identification accuracy, confidence, and decision times in simultaneous and sequential lineups. *Journal of Applied Psychology*, 78 (1), 22 - 33.

Sporer, S. L. (1997). The less travelled road to truth: Verbal cues in deception detection in accounts of fabricated and self-experienced events. *Applied Cognitive Psychology*, 11 (5), 373 - 397.

Sporer, S., Penrod, S., Read, D., & Cutler, B. L. (1995). Choosing, confidence, and accuracy: A meta-analysis of the confidence-accuracy relation in eyewitness identification studies. *Psychological Bulletin*, 118 (3), 315 - 327.

Stark, S. M., Yassa, M. A., & Stark, C. E. L. (2010). Individual differences in spatial pattern separation performance associated with healthy aging in humans. *Learning and Memory*, 17 (6), 284 - 288.

State v. Chapple, 135 Ariz. 281, 660 P. 2d 641 (Kan. 1996).

Steblay, M. N. (1992). A meta-analytic review of the weapon focus effect. *Law and Human Behavior*, 16 (4), 413 - 424.

Steblay, N. M. (1997). Social influence in eyewitness recall: a meta-analitic review of lineup instruction. *Law and Human Behavior*, 21 (3), 283 - 298.

Steblay, N. M., Dysart, J., Fulero, S., & Lindsay, R. C. L. (2001). Eyewitness accuracy rates in sequential and simultaneous lineup presentations: a meta-analytic comparison. *Law Human Behavior*, 25 (5), 459 - 474.

Stein, L., & Memon, A. (2006). Testing the efficacy of the Cognitive Interview in a developing country. *Applied Cognitive Psychology*, 20 (5), 597 - 605.

Stern, L. W. (1902). Zur Psychologie der Aussage. *Zeitschrift fur die gesamte Strafrechtswissenschafi*, 22 (2 - 3), 315 - 370.

Stern, L. W. (1910). Abstracts of lectures on the psychology of testimony and on the study of individuality. *American Journal of Psychology*, 21 (2), 270 - 282.

Stern, L. W. (1926). *Jugendliche Zeugen in Sittlichkeitsprozessen.* Leipzig: Quelle & Meyer.

Stinson, V., Devenport, J. L., Cutler, B. L., & Kravitz, D. A. (1996). How effective is the presence-of-counsel-safeguard? Attorney perceptions of suggestiveness, fairness, and correctability of biased lineup procedures. *Journal of Applied Psychology*, 81 (1), 64 - 75.

Technical Working Group for Eyewitness Evidence. (1999). *Eyewitness evidence: A guide for law enforcement.* Washington, D. C.: U. S. Department of justice.

Thomas, A. K., Bulevich, J. B., & Loftus, E. F. (2003). Exploring the role of repetition and sensory elaboration in the imagination inflation effect. *Memory & Cognition*, 31 (4), 630 - 640.

Thomas, A. K., Loftus, E. F. (2002). Creating bizarre false memories through imagination. *Memory & Cognition*, 30 (3), 423 - 431.

Tunnicliff, J. L., & Clark, S. E. (2000). Selecting foils for identification lineups: Matching suspects or descriptions? *Law and Human Behavior*, 24 (2), 231 - 258.

Turtle, J. W. , & Yuille, J. C. (1994). Lost but not forgotten details: repeated eyewitness recall leads to reminiscence but not hypermnesia. *Journal of Applied Psychology*, 79 (2), 260 – 271.

United States v. Lewis Libby, Cr. No. 05 – 394 (2006).

Untited States v. Rodriguez-Felix, 450 F. 3d 1117, 1125 – 1126 (10th Cir. N. M. 2006).

Valentine, T. (2006). Forensic facial identifcation. In: A. Heaton-Armstrong, E. Shepherd, G. Gudjonsson & D. Wolchover (Eds.), *Witness Testimony: Psychological, Investigative and Evidential Perspectives* (pp. 281 – 307). Oxford: Oxford University Press.

Valentine, T. , Pickering, A. , & Darling, S. (2003). Characteristics of eyewitness identification that predict the outcome of real lineups. *Applied Cognitive Psychology*, 17 (8), 969 – 993.

Vrij, A. , & Baxter, M. (1999). Accuracy and confidence in detecting truths and lies in elaborations and denials: Truth bias, lie bias and individual differences. *Expert Evidence*, 7 (1), 25 – 36.

Wagstaff, G. F. , MacVeigh, J. , Boston, R. , Scott, L. , Brunas-Wagstaff, J. , & Cole, J. (2003). Can Laboratory findings on eyewitness testimony be generalized to the real world? An archival analysis of the influence on violence, weapon presence, and age on eyewitness accuracy. *The Journal of Psychology*, 137 (1), 17 – 28.

Wall, P. (1965). *Eyewitness Identification in Criminal Cases.* Springfield, Illinois: Charles C. Thomas.

Warden, R. (2005). Illino is death penalty reform: how ithappened, what in promises. T*he Journal of Criminal Law & Criminology*, 95 (2), 381 – 426.

Webert, D. R. (2003). Are the courts in a trance? Approaches to the admissibility of hypnotically enhanced witness testimony in light of empirical evidence. *American Criminal Law Review*, 40 (3), 1301 – 1327.

Weber, N. , Brewer, N. , Wells, G. L. , Semmler, C. , & Keast, A. (2004). eyewitness identification accuracy and response latency the unruly 10 – 12 second rule. *Journal of Experimental Psychology: Applied*, 10 (3),

139 - 147.

Weiner, I. B., & Hess, A. K. (2005). *The handbook of forensic psychology*. Publisher: Wiley, John & Sons.

Wells, G. L. (1978). Applied eyewitness testimony research: System variables and estimator variables. *Personality and Social Psychology*, 36 (12), 1546 - 1557.

Wells, G. L. (1984). The psychology of lineup identifications. *Journal of Applied Social Psychology*, 14 (2), 89 - 103.

Wells, G. L. (1993). 'What do we know about eyewitness identification? *American Psychologist*, 48 (5), 553 - 571.

Wells, G. L., & Bradfield, A. L. (1998). "Good, you identified the suspect": Feedback to eyewitnesses distorts their reports of the witnessing experience. *Journal of Applied Psychology*, 83 (3), 360 - 376.

Wells, G. L., & Bradfield, A. L. (1999). Distortions in eyewitnesses' recollections: Can the Post-identification feedback effect be moderated? *Psychological Science*, 10 (2), 138 - 144.

Wells, G. L., Lindsay, R. C. L., & Ferguson, T. J. (1979). Accuracy, confidence, and juror perceptions in eyewitness identification. *Journal of Applied Psychology*, 64 (4), 440 - 448.

Wells, G. L., & Murray, D. (1984). Eyewitness confidence. In G. L. Wells & E. F. Loftus (Eds.), *Eyewitness Testimony: Psychological perspective* (pp. 155 - 170). New York: Cambridge University Press.

Wells, G. L., & Olson, E. A. (2003). Distorted Retrospective Eyewitness Reports as Functions of Feedback and Delay. *Journal of Experimental Psychology: Applied*, 9 (1), 42 - 52.

Wells, G. L., & Quinlivan, D. (2009). The eyewitness post-identification feedback effect: What is the function of flexible confidence estimates for autobiographical events? *Applied Cognitive Psychology*, 23 (8), 1153 - 1163.

Wells, G. L., Small, M., Penrod, S., Malpass, R., Fulero, S. M. & Brimacombe, C. A. E. (1998). Eyewitness identification Procedures: Recommendations for lineups and Photospreads. *Law and Human Behav-*

ior, 22 (6), 603 -647.

Whipple, G. M. (1909). The Observer as Reporter: a Survey of the Psychology of Testimony. *Psychological Bulletin*, 6 (5), 153 -170.

Whipple, G. M. (1912). Psychology of testimony and report. *Psychological Bulletin*, 9(7), 264 -269.

Whipple, G. M. (1913). Psychology of testimony and report. *Psychological Bulletin*, 10(7), 264 -268.

Whipple, G. M. (1914). Psychology of testimony and report. *Psychological Bulletin*, 11(7), 245 -250.

Whipple, G. M. (1915). Psychology of testimony. *Psychological Bulletin*, 12(6), 221 -224.

Whipple, G. M. (1917). Psychology of testimony. *Psychological Bulletin*, 14(7), 234 -236.

Whitten, W. B., & Leonard, J. M. (1981). Directed Search Through Autobiographical Memory. *Memory and Cognition*, 9 (6), 556 -579.

Wilcock, R. A., Bull, R., & Milne, B. (2008). *Witness identification in criminal cases: psychology and practice.* Oxford: Oxford University Press.

Wilcock, R. A., Bull, R., & Vrij, A. (2005). Aiding the performance of older eyewitnesses: enhanced non-biased line-up instructions and line-up presentation. *Psychiatry, Psychology and Law*, 12 (1), 129 -140.

Wilcock, R. A., Bull, R., & Vrij, A. (2007). Are old witnesses always poorer witnesses? Identification accuracy, context reinstatement, own-age bias. *Psychology, Crime and Law*, 13 (3), 305 -316.

Wise, R. A., Pawlenko, N. B., Meyer, D., & Safer, M. A. (2007). A survey of defense attorneys' knowledge and beliefs about eyewitness testimony. *The Champion*, 31 (9), 18 -27.

Witkin, H. A., Dyk, R. B., Faterson, H. F., Goodenough, D. R., & Karp, S. A. (1962). *Psychological differentiation.* New York: Wiley.

Witryol, S., & Kaess, W. (1957). Sex differences in social memory tasks. *Journal of Abnormal and Social Psychology*, 54 (3), 343 -346.

Wogalter, M. S., Malpass, R. S., & McQuiston, D. E. (2004). A national survey of U. S. police on preparation and conduct of identification line-ups. *Psychology*, *Crime*, *& Law*, 10 (1), 69 –82.

Wojcikiewwisz, J. (1990). Decodingof memory traces as a function of witness' intelligence. *Forensic Science International*, 46 (1 –2), 83 –85.

Wright, D. B., & Skagerberg, E. M. (2007). Post-identification feed-back affects real eyewitnesses. *Psychological Science*, 18 (2), 172 –178.

Wright, D. B., & Sladden, B. (2003). An own gender bias and the importance of hair in face recognition. *Acta Psychologica*, 114 (1), 101 –114.

Wright, D. B., & Stroud, J. S. (2002). Age differences in lineup identification accuracy: People are better with their own age. *Law & Human Behavior*, 26 (6), 641 –654.

Yarmey, A. D., & Matthys, E. (1992). Voice identification of an abductor. *Application Cognition Psychology*, 6 (5), 367 –377.

Yarmey, A. D., Yarmey, M. J., & Yarmey, A. L. (1996). Accuracy of eyewitness identifications in showups and lineups. *Law and Human Behaviour*, 20 (4), 459 –477.

Yonelinas, A. P., Quamme, J. R., Widaman, K. F., Kroll, N. E. A., Sauvé, M. J., & Knight, R. T. (2004). Mild hypoxia disrupts recollection, not familiarity. *Cognitive*, *Affective*, *& Behavioral Neuroscience*, 4 (3), 379 –386.

Yuille, J. C. (1993). We must study forensic eyewitnesses to know about them. *American Psychologist*, 48 (5): 572 –572.

Zaragoza, M. S., Payment, K. E., Ackil, J. K., Drivdahl, S. B., & Beck, M. (2001).

Forced confabulation and confirmatory feedback increase false memories. *Psychological Science*, 12 (6), 473 –477.

Zander, M. (1990). *The Police and criminal Evidence ACT*. London: Sweet and Maxwell.

Zhu, B., Chen, C., Loftus, E. F., Lin, C., & Dong, Q. (2009). Treat and trick: A new way to increase false memory. *Applied Cognitive Psychology*, 24 (9), 1199 –1208.

Zhu, B. , Chen, C. , Loftus, E. F. , Lin, C. , He, Q. , Chen, C. , et al. (2010a). Individual differences in false memory from misinformation: Cognitive factors. *Memory*, 18 (5), 543 – 555.

Zhu, B. , Chen, C. , Loftus, E. F. , Lin, C. , He, Q. , Chen, C. , et al. (2010b). Individual differences in false memory from misinformation: Personality characteristics and their interactions with cognitive abilities. *Personality and Individual Differences*, 48 (2), 889 – 894.

后　记

书稿总算完成了，还是有点小小的高兴，对自己而言，算是一份不小的收获。想来，本书的写作过程是焦虑和苦闷的。从2003年开始关注证人证言的问题，本书是多年以来的研究总结。本书的研究，是国家社会科学基金项目（12CFX055）“证人证言可信性研究”和教育部人文社科研究青年基金项目（12YJCZH085）“目击证人的记忆与元记忆研究”的阶段性成果。

每一章的写作与修改，都曾受惠于中国政法大学的罗大华老师。他是我的导师，是我进入法律心理学领域的领路人，曾给予我莫大的鼓励和帮助，让我永生铭记。愿老师和师母健康、幸福！

还要感谢我的家人，最朴实、最善良、最真诚的人，无保留的付出，最坚定的支持，是我前进的动力。特别要感谢我的爱人，给予了我平和的心境，求真的态度，使我有坐下来的理由。

最后，还要感谢浙江省社会科学界联合会对本书出版的资助。

姜丽娜

2012年9月28日

谨识于杭州北银公寓